Vordere Klappe: Grund-Voraussetzungen für den Einsatz eines Schulbegleithundes

Hintere Klappe: Einsatz eines Schulbegleithundes

Lydia Agsten

Schulbegleithunde im Einsatz

Das multifaktorielle System der Hundegestützten Pädagogik in der Schule (Neubearbeitung HuPäSch)

Für alle Zwei- und Vierbeiner, die meine Arbeit im Bereich Hupäsch unterstützt, bereichert und immer wieder mit neuen Impulsen versorgt haben!

Lydia Agsten

Schulbegleithunde im Einsatz

Das multifaktorielle System der Hundegestützten Pädagogik in der Schule (Neubearbeitung HuPäSch)

Unser Buch-Shop im Internet
www.verlag-modernes-lernen.de

Externe Links

Der Verlag weist ausdrücklich darauf hin, dass eventuell im Text enthaltene externe Links vom Verlag nur bis zum Zeitpunkt der Buchveröffentlichung eingesehen werden konnten. Auf spätere Veränderungen hat der Verlag keinerlei Einfluss. Eine Haftung des Verlages ist daher ausgeschlossen.

Dieses Buch entstand aus der völligen Neubearbeitung des 2009 erschienenen Werkes „HuPäSch – Hunde in die Schulen – und alles wird gut!?".

Die Materialien aus Kapitel 5 + Klappengrafiken stehen als Download zur Verfügung:
https://www.verlag-modernes-lernen.de/permalink/v1318

Gesamtherstellung in Deutschland: Löer Druck GmbH, Dortmund

2. Auflage 2022

Titelfoto: Nina Kerkhof, Detmold

Bestell-Nr. 1318 ISBN 978-3-8080-0882-9

Inhalt

Vorwort

„Nicht wenn wir den Hund schulen, sondern wenn wir die Schule ‚hundlicher' machen, bekommen die Schülerinnen und Schüler, was sie wirklich brauchen!" Cornelia Drees

Hunde sind Experten in authentischer Kommunikation. Sie leben mit allen Sinnen im *„Hier und Jetzt"*. Sie sind neugierig und aktiv und können auf der anderen Seite entspannen und genießen. Auf Menschen wirken sie anregend oder auch beruhigend. Häufig erspüren sie sensibel, was gerade gebraucht wird. Dazu benötigen sie jedoch Freiraum und müssen sich sicher und wohl fühlen.

Mit den richtigen Rahmenbedingungen können Hunde in Schulen wunderbare Lern-Begleiter für Schülerinnen und Schüler sein. Sie können Respekt für Mensch, Tier und Umwelt lehren, was in Zeiten zunehmender Digitalisierung und Entfremdung von der Natur immer wichtiger wird. Und sie können dabei unterstützen, Grenzen achten zu lernen – bei sich und bei anderen, gerade auch in inklusiven Settings eine wichtige Fähigkeit.

Dafür müssen Hunde nicht besonders *„geschult"* werden. Aber sie benötigen ausreichende Freiheit, um ihr Potenzial zu entfalten und sie müssen darauf vertrauen können, dass ihr Wohlbefinden geschützt wird. Unsere Aufgabe ist es, in der Schule die dazu notwendigen Bedingungen zu schaffen. Dies gelingt nur, wenn Lehrerinnen und Lehrer, die ihren Hund im Unterricht einsetzen, sehr gut qualifiziert sind und eine wertschätzende und vertrauensvolle Beziehung zu ihrem Hund haben.

Diese und weitere wichtige Faktoren für gelingende hundegestützte Pädagogik in der Schule stellt Lydia Agsten in diesem Buch vor. Sie gibt wertvolle Hinweise, wie hundegestützte Einsätze möglichst gut und zum Wohl aller Beteiligten vorbereitet und durchgeführt werden sollten. Tierethische Aspekte und Tierschutz spielen dabei eine ebenso wichtige Rolle wie Maßnahmen zur Qualitätssicherung. Damit leistet dieses Buch einen wichtigen Beitrag für einen qualifizierten und respektvollen Einsatz von Hunden in der Schule.

Auf dem Weg zur weiteren Professionalisierung und Qualitätssicherung tiergestützter Interventionen ist noch einiges zu tun: von der Qualifizierung über die kontinuierliche Fortbildung und Intervision bis hin zur Zertifizierung. Das Bewusstsein, die Schule *„hundlicher"* zu machen, ist dabei ein wichtiger Schritt. Lassen Sie uns alle weiter gemeinsam diesen Weg gehen!

Anne Gelhardt
Vorstand Bundesverband Tiergestützte Intervention e.V.

Einleitung

Seit 2002 beschäftige ich mich schon intensiv theoretisch und praktisch mit dem Einsatz von Hunden in der Schule. Beim Einsatz meiner ersten Hündin im Unterricht gab es keine spezielle Literatur zum Thema, und auch im Internet wurde ich erst nach intensiver Suche fündig.

2019 gibt es etliche Bücher speziell zum Einsatz von Hunden in der Schule und Artikel in Fachzeitschriften, die der Weiterentwicklung des Einsatzes dienen. Auch individuelle Konzepte und Weiterbildungen zum Schulhund-Einsatz lassen sich mittlerweile vielfältig im Netz finden. Es hat also quantitativ und qualitativ eine deutliche Weiterentwicklung stattgefunden, die dem immer weiter verbreiteten Schulhundeinsatz Rechnung trägt.

Trotzdem erhalte ich immer wieder Informationen, die einem qualifizierten Einsatz von Hunden in der Schule aus meiner Sicht widersprechen und deutlich machen, dass viele Hundebesitzerinnen die ganze Tragweite des Einsatzes in der Schule für die Schüler und den Hund noch nicht im Blick haben. Artikel in Zeitschriften, die Liebe zum Hund und das Lesen eines Buches allein reichen m. E. nicht aus, um seinen Hund adäquat im Unterricht einzusetzen und zu unterstützen!

Im Bereich der Tiergestützten Intervention werden die Schulhunde auch immer wieder belächelt, da den Schulhundführerinnen allgemein eine entsprechende Qualifikation abgesprochen wird. Dieses Buch soll auch Aspekte in diesem Bereich näher untersuchen und erläutern.

Mein erstes Buch HuPäSch (Abkürzung für **Hu**ndegestützte **Pä**dagogik in der **Sch**ule) von 2009 enthält immer noch vieles, das aus meiner Sicht auch nach 10 Jahren noch gültig ist. Aber es hat eine massive Expansion und Entwicklung im Bereich der Tiergestützten Intervention und der Hundegestützten Pädagogik in der Schule stattgefunden, so dass besonders für Neueinsteigerinnen in diesen Bereich eine Überarbeitung und Erweiterung des Buches dringend angebracht erschien.

Auch diese Neubearbeitung ist natürlich von meiner persönlichen Biografie und der Arbeit mit meinen drei Hunden in der Schule beeinflusst. Außerdem bin ich stark durch die Zusammenarbeit und die Diskussionen in unseren Weiterbildungen bei ColeCanido und im Arbeitskreis Schulhund-Team-Ausbildung geprägt, der seit Juli 2017 zum „Qualitätsnetzwerk Schulbegleithunde e.V." wurde.

Wenn ich hier also zeitweise von „wir" spreche, dann bezieht sich das auf mein Team bei „ColeCanido", mit dem ich seit 2008 Weiterbildungen zur Hundegestützten Pädagogik in der Schule anbiete, bzw. auf die Mitglieder des Vereins „Qualitätsnetzwerk Schulbegleithunde e.V.", mit denen ich mich regelmäßig seit vielen Jahren zum Thema „Schulbegleithund" und „Schulhund-Team-Weiterbildung" austausche.

Neuere Aspekte haben sich natürlich auch aus der aktuellen Literatur zum Thema ergeben und aus neueren wissenschaftlichen Untersuchungen, Aufsätzen und Vorträgen. Dadurch sollen die allgemeinen Entwicklungen der letzten zehn Jahre und neuere Ansätze und Richtungen aufgezeigt werden.

Trotzdem werden hier auch viele Aspekte aus dem alten Buch „HuPäSch" aufgegriffen, denn sie haben aus meiner Sicht weiterhin Gültigkeit. Die Neubearbeitung wird sich schwerpunktmäßig also auch wieder mit dem multifaktoriellen System der Hundegestützten Pädagogik in der Schule beschäftigen, aber das alte Buch durch einige neue Facetten und Entwicklungen erweitern. In Bezug auf Weiterbildung und Einsatz von Hunden im schulischen Bereich, sowie der Stellung der Hundegestützten Pädagogik in der Schule innerhalb der Gesellschaft und der Tiergestützten Intervention, ist einiges klarer geworden.

Mittlerweile sind etliche Bücher zum Einsatz von Hunden in der Schule auf dem Markt, auf deren Inhalte besonders im praktischen Bereich verwiesen werden kann. Zu den praktischen Möglichkeiten eines Hundeeinsatzes in der Schule habe ich 2011 auch bereits gemeinsam mit Patricia Führing und Martina Windscheif das „Praxisbuch Hupäsch" verfasst, in dem vielfältige Einsatzmöglichkeiten von Hunden differenziert erläutert werden.

Hier soll es also in erster Linie noch einmal um die vielfältigen Faktoren für den Einsatz von Hunden in der Schule gehen, die als Basis für ein gutes Gelingen beachtet werden müssen. Nur wenn dieses Fundament sicher gelegt ist, kann der Einsatz zu einer Win-win-Situation für alle Beteiligten werden.

Dieses Buch soll besonders Pädagoginnen ansprechen, die regelmäßig von ihren Hunden in die Schule begleitet werden. Zu den Schulhunden zähle ich neben den Schulbegleithunden auch die Schulbesuchshunde und die Therapiebegleithunde, die TherapeutInnen in die Schule begleiten.

Da ca. 95 Prozent der Schulhunde von Frauen eingesetzt werden, erlaube ich mir in diesem Buch in der Regel die weibliche Form zu verwenden. Natürlich sind, wie immer auch im umgekehrten Falle, ebenfalls die männlichen Kollegen angesprochen.

1. Allgemeiner Hintergrund Hupäsch

In diesem Kapitel möchte ich mich zunächst mit Aspekten befassen, die aus meiner Sicht deutlichen Einfluss auf den Einsatz von Hunden in der Schule haben, aber tendenziell nicht unbedingt immer in direktem Zusammenhang damit gesehen werden oder bekannt sind.

Sie können zum Teil aber vielleicht eine Erklärung dafür bieten, warum Hunde zunehmend auf viele Menschen so eine große Faszination ausüben und ihr Einsatz in der Schule in den letzten zwei Jahrzehnten so enormen Zuspruch gefunden hat.

Es geht u. a. um die Veränderungen in unserer Gesellschaft und im schulischen Bereich, aber auch um die Veränderungen in der Beziehung zwischen Menschen und Hunden in unserem Kulturkreis. Verschiedene Theorien zur Mensch-Tier-Beziehung sind in diesem Zusammenhang natürlich ebenfalls von Bedeutung, ebenso wie die Wirkungen von Hunden.

1.1 Veränderte gesellschaftliche Bedingungen

Alle Entwicklungen und Veränderungen müssen immer im Zusammenhang mit vielfältigen Faktoren gesehen werden, die teilweise nur begrenzt erfasst werden. Aus meiner Sicht haben u. a. auch die gravierenden Veränderungen in unserer Gesellschaft und im schulischen Bereich dazu beigetragen, dass der Einsatz von Hunden in der Schule boomt.

Während meiner eigenen Schulzeit von 1960 – 1972 wurden Zeugnisse noch mit der Hand geschrieben, und allgemein wurde mit Büchern und Heften und nicht mit Arbeitsblättern gearbeitet, obwohl die ersten Computer bereits entwickelt waren. Aber zu Beginn des 21. Jahrhunderts wurden PCs im privaten und auch im schulischen Bereich immer selbstverständlicher, und ohne sie wäre das zunehmend differenziertere Unterrichten an Schulen nicht möglich.

Aber neben dem Computer beeinflussen auch viele andere technische Veränderungen unser Leben, die Berufswelt und das menschliche Miteinander. Dadurch ergeben sich gravierende Veränderungen auch in den Familienstrukturen, die sich natürlich auch wieder auf den Alltag in der Schule auswirken.

1.1.1 Veränderte Gesellschaft

Während im Vergleich der einzelnen Gebrauchsgüter nahezu 100 % der Haushalte im Jahr 2013 in Deutschland über Telefone und Kühlschränke sowie 95 % über Fernsehgeräte verfügten, waren diese Geräte im Jahr 1963 bei weitem nicht in jedem Haushalt vorhanden: Ein Telefon besaßen lediglich 14 % der Haushalte, ein TV-Gerät 34 % und einen Kühlschrank gab es nur in jedem zweiten Haushalt (52 %).[1]

Auch die gesellschaftlichen Strukturen haben sich deutlich verändert: *Während heute 75 % der Haushalte Ein- oder Zweipersonenhaushalte sind, traf das Anfang der 1960er-Jahre nur auf 46 % der Haushalte zu.*

Nach Prognosen soll sich der Trend zum Single-Haushalt in Zukunft noch fortsetzen, und es wird 2020 doppelt so viele Einpersonenhaushalte geben wie 1990.[2]

Der Zukunftsforscher Peter Wippermann macht fünf Mega-Trends aus, die die Zukunft bestimmen werden:

- Urbanisierung – um 1800 lebten noch 75 Prozent der Menschen auf dem Land und heute mehr als 75 % in Städten
- Single-Gesellschaft – von 1950 bis 2010 hat sich die Zahl der Single-Haushalte auf 40 % verdoppelt; überproportional in Städten
- Digitalisierung – mit dem Trend zum Smartphone steigt auch kontinuierlich die Zahl der Internetnutzer und der Online-Shopper, und die reale Gemeinschaft geht zunehmend verloren
- steigender Leistungsdruck – die Digitalisierung verändert auch die Arbeitswelt rapide, und der Druck steigt
- Überalterung – 2060 wird jeder Dritte über 65 Jahre alt sein[3]

---

[1] vgl. www.destatis.de alte Pressemitteilung Nr. 363 vom 29.10.2013 (nicht mehr abrufbar)

[2] vgl. Mars GmbH 2015, S. 33

[3] vgl. Mars GmbH 2015, S. 31 ff.

1.1.2 Veränderte Schule

Je nach Bundesland ist die Schullandschaft in Deutschland unterschiedlich gestaltet. Allgemein zeichnet sich zurzeit aber überall eine Entwicklung in Richtung Ganztag, Inklusion und Digitalisierung ab. Förderschulen werden häufig geschlossen oder umstrukturiert, und viele Schüler mit verschiedensten Förderschwerpunkten werden in die Regelschulen integriert.

In der Praxis zeigt sich jedoch, dass dort allgemein die personellen und räumlichen Voraussetzungen noch nicht gegeben sind, um den individuellen Bedürfnissen aller Schüler gerecht werden zu können. Zunehmend werden neben Förderschullehrerinnen auch Schulsozialarbeiterinnen, Integrationshelferinnen o.ä. in den Schulalltag von Regelschulen eingebunden, damit die Lehrerinnen dort etwas Unterstützung bei den vielfältigen Anforderungen erhalten. Und immer wieder scheint ein Hund die Lösung für einige Probleme des Schulalltags zu sein.

Da die Anerkennung von Individualität und Heterogenität auch im Zentrum der UN-Konvention über die Rechte von Menschen mit Behinderungen steht, *hat sich in allen Ländern der Anteil sonderpädagogischer Förderung in den Regelschulen merklich erhöht*[4]. Dies erhöht aber den Bedarf an adäquaten baulichen und personellen Voraussetzungen und schon *„jetzt zeugt die vermehrte Einstellung von Personen ohne grundständige Lehramtsausbildung (Seiteneinsteigerinnen und -einsteiger) von einer sehr angespannten Personalsituation“*. Und es kommt nach dem Bildungsbericht 2018 maßgeblich darauf an, *„wie die einzelnen Schulen bzw. das dortige Kollegium mit den Gegebenheiten vor Ort umgehen“*[5]. Schulbegleithunde scheinen zunehmend als eine Möglichkeit zur Optimierung der Lernsituation gesehen zu werden.

Definitiv begleiten in den letzten Jahren immer mehr Hunde Lehrerinnen, Sozialpädagoginnen und auch Therapeutinnen in die Schule. Auch wenn es keine belegten deutschlandweiten Zahlen gibt, ist dieser Boom allein über die Berichterstattung in den Medien deutlich zu erkennen.

Natürlich kann auch ein gut ausgesuchter, trainierter und gewöhnter Hund bei Förderschülern, aber auch bei Regelschülern, helfen, Defizite in verschiedensten Bereichen etwas auszugleichen. Das ist oft besonders bei den Kompetenzen so, die beim Eintritt in die Schule allgemein vorausgesetzt werden, aber vielfältig nicht vorhanden sind und somit das weitere Lernen erschweren.

Das Buch von Anne Markgraf und Christina Grünig „Hunde in Kita und Vorschule“ widmet sich besonders den Bereichen Aufmerksamkeit, Wahrnehmung, Motorik, Phonologisches Bewusstsein, numerische Grundlagen und Sozialkompetenz, die wichtige Grundlagen für eine positive Entwicklung im schulischen Bereich darstellen.[6]

In diesen Kompetenzen sind aufgrund der veränderten Umweltbedingungen und des digitalen Medienkonsums zunehmend auch bei Regelschülern Defizite festzustellen, die in den Lehrplänen bisher allgemein wenig Beachtung finden.

---

4 vgl. Bundesministerium für Bildung und Forschung 2018, S. 126

5 Bundesministerium für Bildung und Forschung: 2018, S. 124

6 vgl. Markgraf/Grünig 2018, S. 62 ff.

1.1.3 Veränderte Hundewelt

Heute ist nachgewiesen, dass alle Hunderassen von Wölfen abstammen. Hunde begleiten den Menschen schon seit mindestens 15.000 Jahren und haben eine vielfältige Bedeutung für ihn, die auch stark vom kulturellen Hintergrund abhängig ist. Vermutlich trat der moderne Hund vor 13 – 32.000 Jahren ins Leben der Menschen, und überall auf der Welt gab es zu verschiedenen Zeitpunkten Domestikationen.[7]

Die Koevolution von Mensch und Hund beruht u. a. auf der guten Kooperationsfähigkeit des Hundes, die einen Unterschied zu der Beziehung zu anderen Tieren ausmacht. Auch die exzellente Interpretationsfähigkeit unserer Körpersprache führt dazu, dass Hunde allgemein versuchen, uns zu verstehen und zu unterstützen.

Zu den ältesten Funktionen des Hundes gehört die Unterstützung bei der Jagd, so dass verschiedene Jagdhunderassen schon sehr alt sind. Auch einige Schäfer- und Schlittenhunde begleiten uns schon über viele Jahrhunderte. Die meisten der ca. 400 Hunderassen wurden aber erst in den letzten 150 Jahren gezüchtet, und verschiedene Rassen wurden schon Anfang des 20. Jahrhunderts in Deutschland zu Blindenführhunden, Polizeihunden und Rettungshunden ausgebildet.

In den letzten Jahrzehnten hat sich die Rolle des Hundes in Deutschland vom Zwinger- und Kettenhund zum Familienhund gewandelt. Nach einer Studie von Pedigree 2007, in der 2.443 Hundehaltern und Nicht-Hundehaltern befragt wurden, sind die Deutschen sich weitgehend einig:

„Das Zusammenleben mit Hunden macht glücklich und verdient einen festen Platz in unserer Gesellschaft. Drei von vier Hundehaltern sind, ebenso wie fast jeder dritte Nicht-Hundehalter, davon überzeugt, dass man mit einem Hund glücklicher lebt als ohne (76 % bzw. 29 %). Beide Gruppen erkennen zu 97 % einvernehmlich an, dass Hunde verantwortungsvolle Aufgaben übernehmen. Nahezu übereinstimmend sind Hundehalter und Nicht-Hundehalter außerdem davon überzeugt, dass der Hund im Alltag Ausgleich und Entspannung bietet (99 % bzw. 86 %). Beide Gruppen sehen den Hund als Familienmitglied

[7] vgl. Söderström 2019, S. 207 f.

(98 % bzw. 91 %) und glauben, dass er einen festen Platz in unserer Gesellschaft verdient (95 % bzw. 85 %).“[8]

Von den insgesamt ca. 900 Millionen Hunden weltweit leben allerdings nach Söderström gut 700 Millionen als Dorf- oder Straßenhunde.[9] Im Gegensatz dazu treibt die Liebe zum Hund bei uns und in den westlichen Ländern teilweise bizarre Blüten. Ungünstige Haltungsbedingungen und mangelndes Wissen über Wesensmerkmale und Bedürfnisse der Hunde führen so oft zu einer nicht artgerechten Haltung und daraus resultierenden Verhaltensstörungen, die wiederum zu gesetzlichen Einschränkungen führen.

Silke Wechsung stellte in ihrer 2008 veröffentlichten empirischen Untersuchung fest, dass die Qualität der Mensch-Hund-Beziehung ausschließlich durch die Einstellungen und Verhaltensmuster der Halter geprägt wird und sich drei Typen von Hundehaltern unterscheiden lassen. Bei 78 % der Hundehalter ist nach ihrer Untersuchung in Deutschland die Qualität der Mensch-Hund-Beziehung aber gut.[10]

Grundsätzlich hat sich also auch für die Hunde bei uns die Lebensumwelt in den letzten Jahrzehnten gravierend verändert. Nicht nur, weil einige regelmäßig mit in die Schulen oder auch ins Büro genommen werden ...

Die weiter zunehmende Verstädterung, das Leben in Ein- bis Zwei-Personen-Haushalten und die Digitalisierung stellen völlig andere Ansprüche an den Menschen und somit auch an seine vierbeinigen Begleiter.

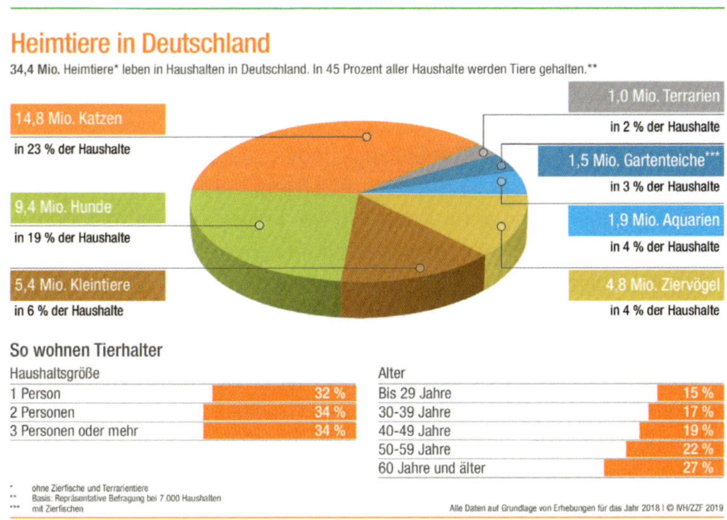

8 Pedigree, 2007, S. 3

9 Söderström 2019, S. 8

10 vgl. Wechsung 2008, S. 398 ff.

In Deutschland lebten laut einer repräsentativen Erhebung des Industrieverbandes Heimtierbedarf e.V. im Jahre 2018 ca. 9,4 Millionen Hunde in 19 % der Haushalte[11] (siehe Grafik Seite 17). Demgegenüber waren es im Jahre 2007 nur 5,3 Millionen in 13,4 % der Haushalte.[12] Innerhalb von elf Jahren gab es danach also eine Zunahme von über 4 Millionen Hunden, ohne dass sich die Bevölkerungszahlen in Deutschland stark verändert haben. Sie stieg nach dem Statistischen Bundesamt von 82,26 Millionen im Jahre 2007 auf 82,74 Millionen im Jahre 2018. Im Vergleich zu den Hunden also eine minimale Erhöhung.[13]

Hunderassen

Auch die Art der gehaltenen Hunde hat sich mit der Zeit gewandelt. Heute überwiegen in den Innenstädten Kleinhunde und nette Retriever, und Kotrschal bezeichnet unsere Gesellschaft als „retrieverisierte" Gesellschaft. *„Mit der Entwicklung der Demokratie, der Gleichstellung von Frauen und mit dem zunehmenden Interesse an sozialen und psychologischen Zusammenhängen ... kam es zu einer ‚Retrieverisierung'. Der Golden Retriever steht als Code für einen freundlichen, weitgehend aggressionsfreien Sozialpartner."*

Das war vor 50–60 Jahren anders. *„In Mitteleuropa dominierte nach dem Zweiten Weltkrieg der Deutsche Schäferhund. Er steht für Ernsthaftigkeit, Arbeitseinsatz, Wehrhaftigkeit und Verteidigungsbereitschaft – und für ein konservatives Weltbild. Seine häufige Haltung im Zwinger belegt, dass er von seinen Leuten oft nicht als voller Sozialgefährte betrachtet wird."*[14] Nach Aussage von Kotrschal ist der Anteil der Schäferhunde unter den Rassehunden in Mitteleuropa in den letzten 30 Jahren von mehr als 50 % auf ca. 20 % gesunken.

Aber die verschiedenen Listen zu den beliebtesten Hunderassen im Netz zeigen, dass der deutsche Schäferhund immer noch eine Rolle spielt. Allerdings hängen die Angaben davon ab, von wem und wofür die Hundezahlen erhoben wurden.

TASSO betreibt das größte Hunderegister Europas. Jedes über einen Transponder oder eine Tätowierung gekennzeichnete Haustier kann dort registriert werden, damit es ggf. zu seinem Besitzer zurückfindet. Wie jedes Jahr waren auch 2017 bei Tasso die beliebtesten neuregistrierten Hunde die Mischlinge, aber an 3. Stelle folgte nach dem Labrador Retriever weiter der deutsche Schäferhund (ca. 15 Tsd.), Chihuahua (ca. 13 Tsd.), Französische Bulldogge (ca. 11. Tsd.), Jack Russell Terrier (ca. 7 Tsd.) und Golden Retriever (ca. 6,5 Tsd.) folgten auf den nächsten Plätzen.

Grundsätzlich begrüßt TASSO die Vielfalt der verschiedenen Hunderassen, warnt jedoch vor dem Trend zu sogenannten Modehunden, also Tieren einer Rasse, die gerade besonders angesagt sind, denn das kann für die Hunde schnell gefährlich werden.[15]

---

11 www.ivh-online.de/News vom 16.05.2019

12 www.ivh-online.de/News vom 14.04.2008

13 wikipedia.org/DemografieDeutschlands

14 Kotrschal 2017, S. 227

15 McCreight www.tasso.net 17. Januar 2018

TASSO-Leiter Philip McCreight weist darauf hin, dass durch die Nachfrage nach Modehunden allgemein der illegale Welpenhandel gefördert wird. Aber auch die Überzüchtung gefragter Rassen führt allgemein zu keinen guten Folgen für die Hunde.

Auch der VDH veröffentlicht jedes Jahr eine Liste der beliebtesten Hunderassen. Sie wird auf Basis der offiziellen Welpenstatistik aus dem Vorjahr zusammengestellt. Dort steht der Deutsche Schäferhund 2017 sogar auf Platz 1, gefolgt von Teckel, Deutsch Drahthaar, Labrador Retriever und Golden Retriever.[16]

Andere Statistiken beruhen auf den abgeschlossenen Tierhalter-Haftpflicht-Versicherungen z. B. bei der Agila. Auch dort stand der Mischling 2016 auf Platz 1 gefolgt von Französischer Bulldogge, Labrador Retriever, Golden Retriever, Chihuahua und Australian Shepherd.[17]

Dass alle Statistiken mit Fragezeichen zu versehen sind, macht folgende Aussage deutlich: *„Auffallend ist hierbei, dass die in diesen Statistiken so beliebte Hunderasse der Französischen Bulldogge bei der VDH nicht einmal unter den Top 50 aufgeführt wird. Dies kann sowohl daher kommen, dass sich die Züchter Französischer Bulldoggen nicht beim VDH registrieren oder aber, dass diese Tiere aus anderen Quellen wie Privatpersonen oder dem Ausland stammen."*[18]

Viele Menschen in Deutschland kaufen sich aus verschiedensten Gründen für viel Geld einen Rassehundwelpen, da in Rassebeschreibungen allgemein nur die positiven Seiten der Rasse hervorgehoben werden. Häufig werden die Rassen auch mehr nach optischen Gesichtspunkten gezüchtet als nach guten Charaktermerkmalen und guter Gesundheit. Gesundheitliche Beeinträchtigungen werden häufig in Kauf genommen und führen manchmal auch zu erforderlichen Operationen, um das Leben der Hunde zu erleichtern und lebenswerter zu machen.

16 www.vdh.de 05.12.2019

17 www.agila.de 05.12.2019

18 haustiermagazin.com 05.12.2019

Definitiv ist der Stellenwert der Hunde in Deutschland in vielen Familien gestiegen, und sie werden als Familienmitglied angesehen, welches die Zweibeiner in vielen Lebenssituationen begleitet. Selbstverständlich nehmen sie an Familienfeiern, Ausflügen und Urlauben teil und werden auch unter Todesanzeigen aufgeführt oder sind Streitthema bei der Scheidung eines Ehepaares.

Der Kameruner Anthropologe Flavien Ndonko betreibt seit 1990 bundesweit Feldforschung zu dem Thema: „Was sagt die Hundeliebe über die Deutschen aus?“ Sein Blick aus einer völlig anderen Kultur auf die Deutschen und ihre Hunde lässt vieles in einem interessanten anderen Licht erscheinen und erinnert daran, dass auch der Umgang mit Hunden immer sehr von den verschiedenen Kulturen abhängig ist.

Er erzählt seinen erstaunten „*Freunden und Verwandten in Afrika von Hundeversicherungen ..., von Schönheitssalons für Hunde, von kaninen Ambulanzen und Schönheitswettbewerben, von hundebezogenen Informationszentren, von Hundefriedhöfen ...*" Dabei ist für „*viele nicht-deutsche Menschen auf der Welt ... ein Hund einfach ein Hund*“. Nach Ndonko bezeugt vieles „*das bedeutende Image des Hundes in Deutschland und demonstriert die Fürsorge und das Interesse einer Gesellschaft für eine Sorte von Zeitgenossen, die man kaum noch der Kategorie Tier wird zuordnen können*“[19].

Artgerechte Hundewelt

Nach diesen Aussagen und auch den Beobachtungen im Alltag muss die Frage gestellt werden, was eine artgerechte Welt für den Hund ist, denn artgerechte Tierhaltung ist die Grundlage einer guten tiergestützten Intervention.

Cornelia Drees weist in diesem Zusammenhang auf das „Hedonische Budget“ hin, das in ihren Augen ein Hilfsmittel zur Überprüfung oder Verbesserung der Tierhaltung sein kann. Der Begriff wurde von dem englischen Verhaltensforscher Peter Neville geprägt, der mit Hilfe einer Übersicht über den natürlichen Tagesablauf eines Tieres versuchte, Fehlverhalten von Hunden zu beeinflussen.[20]

Einen Eindruck davon, wie Hunde selber ihr Leben gestalten würden, wenn sie die Freiheit hätten, zeigt aus meiner Sicht das Buch von Stefan Kirchhoff „Streuner!“. Er hat drei Monate lang in Süd- und Südosteuropa das Leben der Straßenhunde dokumentiert und ihn hat besonders interessiert, wie die Hunde sich verhalten und sozial organisieren, wenn die Menschen ihnen die Möglichkeit dazu lassen.

Nach seinen Beobachtungen gestaltet sich das Leben eines Straßenhundes folgendermaßen, wenn die Umgebung es zulässt. Dabei sind die Tätigkeiten nach Häufigkeit sortiert:[21]

---

[19] Ndonko 2012, S. 241 ff.

[20] vgl. Drees 2018, S. 12 f.

[21] vgl. Kirchhoff 2014, S. 50 ff.

- Das Ruhen nimmt einen Großteil des Hundelebens ein und besteht aus Schlafen und Ruhen.
- Das Gucken ist bei den Hunden die wichtigste Beschäftigung, da sie allgemein gern mitten im Geschehen liegen.
- Die Wachsamkeit ist eine Reaktion auf einen Störfaktor im Umfeld und allgemein häufig zu beobachten.
- Die Futterbesorgung bereitet vielen beobachteten Straßenhunden im Süden keine besonderen Probleme und beschäftigt sie nur zeitweise.
- Spielen wird nach Untersuchungen nur in einer entspannten Situation gezeigt, wurde von Kirchhoff aber auch bei den Straßenhunden beobachtet.
- Das Streunen erfolgte nach Beobachtungen nicht so häufig und in einem relativ kleinen Kernrevier. Allgemein waren die Hunde ortstreu.
- Die sozialen Kontakte zu Artgenossen und zu Menschen waren bei den Streunern unterschiedlich ausgeprägt.
- Das Jagen wurde bei den Hunden nur begrenzt beobachtet.

Zusammengefasst bedeutet dies, dass die Hunde ein relativ ruhiges Leben an einem Ort führen und sich nur einen kleineren Bruchteil des Tages mit der Suche nach Futter und dem Streunen im näheren Umfeld beschäftigen. Das Gucken und Wachen sind neben dem Schlafen und Ruhen die wichtigsten Verhaltensweisen.

Anders Hallgren geht es in seinem Buch „einfach artgerecht“ um Ethik und Verhaltensforschung für ein glückliches Hundeleben. Dabei liegt sein Schwerpunkt bei Empfehlungen, wie man mit seinem Hund mit „weichen“ Methoden artgerecht trainieren kann. Aber natürlich schreibt er auch, welche Aspekte zur artgerechten Umwelt eines Hundes gehören.[22]

Hunde haben nach seiner Erfahrung u. a. das Bedürfnis sich frei bewegen zu können, nach sozialen Interaktionen, emotionaler Bindung und nach Körperkontakt. Sie sollten aber auch Sicherheit haben und ihre eigene Lebenssituation weitgehend selbst kontrollieren können. Ein ausgewogenes Maß an geistiger und körperlicher Beschäftigung und die Möglichkeit Eigeninitiative zu entwickeln sind aus Hallgrens Sicht wichtig für eine hundegerechte Umwelt.

Somit wäre die Freiheit der Hunde, wie die der Straßenhunde z. B. im Süden Europas, artgerecht und in ihrem Sinne. Aber wir alle wissen, dass das Leben der Streuner auch viele weniger positive Seiten hat und Vergiftungen und andere qualvolle Todesursachen an der Tagesordnung sind.

Einen interessanten Ansatz zum Leben von und mit Tieren entwickelte die niederländische Philosophin Eva Meijer in ihrer Streitschrift „Was Tiere wirklich wollen“. Es geht ihr dort um politische Tiere und tierische Politik und darum, *„wie wir mit Tieren gemeinsam unsere Beziehung zueinander anders gestalten können“*[23].

Definitiv muss es in Deutschland um einen respektvollen Umgang mit Menschen und Hunden gehen, so dass alle möglichst optimal und frei zusammenleben können. Da aber gerade in

---

22 vgl. Hallgren 2014, S. 48 ff.

23 Meijer 2019, S. 10

den Städten immer mehr Hunde wohnen, geht es leider allgemein nicht mehr ohne Leine und Sachkundeprüfungen der Hundehalterinnen.

Aus den vorher erwähnten Punkten von Kirchhoff und Hallgren und dem Ansatz von Eva Meijer ergibt sich aus meiner Sicht für eine artgerechte Haltung der Hunde, dass sie

- sich möglichst frei bewegen können
- Eigeninitiative entwickeln dürfen
- viele Möglichkeiten haben, das Geschehen um sich herum beobachten zu können
- nach ihren Bedürfnissen soziale Kontakte zu Artgenossen und Menschen haben
- körperlich und geistig in ausgewogenem Maße ausgelastet werden
- natürlich artgerecht versorgt und untergebracht sind
- viele Stunden zum Schlafen und Ruhen haben

Somit ist es nicht artgerecht, dass Hunde wie Menschen behandelt und gekleidet bzw. verkleidet werden, ihre Eigeninitiative eingeschränkt wird, indem nur Kadavergehorsam von ihnen verlangt wird, sie sich auf Spaziergängen nur an den Bedürfnissen ihrer Menschen orientieren müssen und jeden Tag vielfältige Programme absolviert werden, so dass sie keine ausreichenden Ruhephasen haben.

Siehe auch Anlagen Basisrichtlinien TGI und Hupäsch (S. 158 ff. und Download)

1.1.4 Resümee allgemeiner Hintergrund Hupäsch

In diesem Jahrtausend haben sich in Deutschland in der Gesellschaft, im schulischen Bereich und auch in der Hundewelt gravierende Veränderungen ergeben.

Die digitalen Medien haben immer weiter Einzug in die Familien, die Berufswelt und auch in den schulischen Bereich gehalten. Dadurch hat sich der Kontakt zwischen den Menschen stark verändert, teilweise lösen sich Familienverbände auf, da die Individualität des Einzelnen wichtiger erscheint als die Kompromissbereitschaft in der Familie.

Der Hund als Rudeltier nimmt bei uns in Deutschland immer mehr eine besondere Rolle als sozialer Ersatzpartner in den zunehmenden Ein- und Zweipersonen-Haushalten ein. Besonders ältere Menschen erhalten durch ihn Abwechslung und Nähe, so dass die Zahl der Hunde sich in Deutschland in den letzten elf Jahren von 5,3 auf 9,4 Millionen massiv erhöht hat.

Die veränderte Gesellschaft braucht auch andere Hunde, weshalb zunehmend kleine Hunderassen und Retriever das Stadtbild bestimmen. Es geht um freundliche, weitgehend aggressionsfreie und relativ ruhige Hunde, die die Nachbarschaft nicht belästigen und „vieles mit sich machen lassen“.

Aber es gibt viele verschiedene Rassen und Typen von Hunden, genauso wie es viele verschiedene Menschen in unserem Land gibt. Auch wenn Tiere vor dem Gesetz immer noch als Sache gesehen werden, ist der Tierschutz seit 2002 im Grundgesetz in Artikel 20a verankert.

D.h., der Staat schützt die natürlichen Lebensgrundlagen und die Tiere in Verantwortung für die künftigen Generationen.

Deshalb sollten alle Hunde artgerecht gehalten werden, so dass sie sich möglichst selbstbestimmt frei bewegen können, ihre hundlichen Bedürfnisse befriedigen können, artgerecht untergebracht und versorgt werden und einen Großteil des Tages schlafen und ruhen dürfen.

1.2 Theorien zur Mensch-Tier-Beziehung

Besonders in den letzten Jahrzehnten wurde versucht, die besondere Beziehung zwischen Menschen und Tieren durch verschiedene Hypothesen, Modelle bzw. Konzepte zu erklären. Zum besseren Verständnis des Gesamtzusammenhanges sollen hier einige in Anlehnung an die Handbücher zur Tiergestützten Intervention von Beetz/Riedel/Wohlfahrt und Vernooij/Schneider kurz erläutert werden.

Biophilie-Hypothese

Edward O. Wilson geht in seiner Biophilie-Hypothese von 1984 davon aus, *„dass der Mensch über Millionen von Jahren hinweg eine biologisch begründete Verbundenheit mit der Natur und eine Bezogenheit zu all jenen in ihr beheimateten Lebewesen ausbildete, die ihn im Laufe seines evolutionären Entwicklungsprozesses geprägt und beeinflusst haben"*. Dabei handelt es sich aber *„nicht um einen einfachen Instinkt, sondern um ein komplexes Regelwerk, welches das Verhalten, die Gefühle, aber auch die geistigen Fähigkeiten, die Ästhetik und sogar die spirituelle Entwicklung des Menschen betrifft"*[24].

Diese ererbte emotionale Affinität zur Natur ist ein Erklärungsansatz dafür, dass besonders heute im Zeitalter der Industrialisierung und Massenmedien die Begegnungen mit Tieren allgemein positive Wirkungen erzielen und in vielfältiger Weise gesundheitsfördernd wirken können. Dabei ist es interessant, dass das Verhalten von Tieren in der Umgebung meist auf einer vorbewussten Ebene wahrgenommen wird[25].

Kellert hat 1993 neun Aspekte dieser Verbundenheit herausgestellt, die im Zusammenhang mit Tiergestützten Interventionen mehr oder weniger zum Tragen kommen:[26]

- Utilitaristischer Aspekt (nützliche Verbundenheit z. B. Nahrung)
- Naturalistischer Aspekt (natürliche Verbundenheit bringt Entspannung ...)
- Ökologisch-wissenschaftlicher Aspekt (Analyse der Strukturen bringt Wissen)
- Ästhetischer Aspekt
- Symbolischer Aspekt
- Humanistischer Aspekt (tief erlebte emotionale Verbundenheit)

---

[24] Vernooij/Schneider 2018, S. 4

[25] vgl. Beetz/Riedel/Wohlfarth 2018, S. 28

[26] vgl. Vernooij/Schneider 2018, S. 6 f.

- Moralischer Aspekt (Ehrfurcht und Verantwortung)
- Dominanz-Aspekt (Beherrschung der Natur)
- Negativistischer Aspekt (Angst vor bestimmten Aspekten der Natur)

Neben den uns hier primär interessierenden Punkten des sozialen Miteinanders mit Tieren, dürfen aber auch die utilitaristischen, ökologischen, symbolischen und negativistischen Aspekte nicht aus dem Blick verloren werden.

Anthropomorphisierung

Das Konzept der Anthropomorphisierung kann erklären, warum Menschen nicht nur Interesse an Tieren haben (Biophilie), sondern auch bestrebt sind, eine Beziehung zu ihnen aufzubauen.

Dabei geht es nicht nur um die negativen Auswirkungen wie einer „Vermenschlichung von Tieren“, sondern darum, sich *„einem Verständnis der Bedürfnisse, Intentionen und dem Verhalten von Tieren anzunähern“*.[27] Dabei gelten spezielle Module im Gehirn, die soziale Interaktionen steuern, als neurologische Basis.

Die stark ausgeprägte Motivation des Menschen, soziale Verbundenheit zu schaffen oder den Aktionen anderer Lebewesen Bedeutung zuzuschreiben, spielt hierbei eine wichtige Rolle.

Du-Evidenz

Nach Greiffenhagen bezeichnet die „Du-Evidenz“ *die Tatsache, „dass zwischen Menschen und höheren Tieren Beziehungen möglich sind, die denen entsprechen, die Menschen unter sich bzw. Tiere unter sich kennen“*[28].

[27] Beetz/Riedel/Wohlfarth 2018, S. 29

[28] Vernooij/Schneider 2018, S. 7

Der Begriff wurde 1922 von Karl Bühler für den zwischenmenschlichen Bereich geprägt und dann 1931 von Geiger auf die Mensch-Tier-Beziehung übertragen. Besonders die persönlichen Erlebnisse, die subjektiven Einstellungen und die authentischen Gefühle sind entscheidend für die Entwicklung der Du-Evidenz. Nach Brockmann ist der Vorgang „*autonom und deutlich gefühlsbegleitet. Es bedarf eines erheblichen Aufwandes ihn zu kontrollieren*“[29].

Nach Beetz/Wohlfarth/Kotrschal ist „es auffällig, *dass der Mensch sich meist mit Tierarten verbunden fühlt, die ihm ähnlich sind, bzw. in denen er eigene Gefühlsregungen wie Freude, Wut oder Angst erkennen kann. Auch werden Tiere mit Fell vom Menschen bevorzugt*“[30].

Ein wichtiger Aspekt dabei ist auch die „Namensgebung“, denn „*dadurch wird das Tier unverwechselbar und hebt sich von anderen Artgenossen hervor. Ihm werden individuelle Eigenschaften, Gefühle und Bedürfnisse zugestanden und wenn es einmal stirbt, wird um seinen Tod getrauert*“[31].

Voraussetzung für die Du-Evidenz ist eine gemeinsame Basis auf der eine Beziehung entwickelt werden kann. Die facettenreichen Identifikationsmöglichkeiten, z. B. mit Hunden und Pferden, können bei Tiergestützten Interventionen gewinnbringend für beide Seiten genutzt werden.

Bindungstheorie

Andrea Beetz versucht Aspekte der Bindungstheorien zur Erklärung der Mensch-Tier-Beziehung heranzuziehen, die auf Bowlby (1969) zurückgehen. Nach Rauh (2002) besagt das Konzept der Bindungstheorie, „*dass die frühen sozial-emotionalen Interaktionserfahrungen eine Erwartungsfolie oder ein Erwartungsmodell für künftige Beziehungen zu möglichen Vertrauenspersonen bilden. Dieses anfängliche Arbeitsmodell reichert sich im Verlauf der Entwicklung des Kindes an*“.

Die Übertragung auf die Mensch-Tier-Beziehung beinhaltet, dass Tiere für den Menschen Bindungsobjekte darstellen und positive Bindungserfahrungen mit einem Tier möglicherweise auf die soziale Situation mit Menschen übertragen werden können.[32]

Aktivierung der Spiegelneurone

Spiegelneurone sind Nervenzellen, die während der Beobachtung eines Vorganges die gleichen Potenziale auslösen wie bei einer aktiv ablaufenden Tätigkeit. Sie bilden ein „*wichtiges, reflexartiges System für Gruppensynchronisation, Stimmungsübertragung und die Basis für Empathie*“[33].

[29] Vernooij/Schneider 2018, S. 8

[30] Beetz/Riedel/Wohlfarth 2018, S. 36

[31] Beetz/Riedel/Wohlfarth 2018, S. 36

[32] Vernooij/Schneider 2018, S. 11

[33] Beetz/Riedel/Wohlfarth 2018, S.30

Nach Gaschler (2006) vermuten Neurowissenschaftler, dass Spiegelneurone es dem Individuum erlauben, die Aktionen anderer zu simulieren und dadurch fremde Absichten nachzuvollziehen.[34]

Spiegelneurone sind scheinbar ein Teil eines komplexen Gebildes im Gehirn, die bestimmte Wirkungen u. a. auch für die Mensch-Tier-Beziehung erklären können. Somit ergibt sich, dass

- *„Tiere mithilfe der Spiegelneurone Verhalten und eventuell sogar Stimmungen von Menschen spiegeln können*
- *dadurch möglicherweise beim Menschen der Eindruck entsteht, vom Tier ‚verstanden' zu werden*
- *auf dieser Basis die Mensch-Tier-Beziehung intensiviert wird".*[35]

Aktivierung des Oxytocinsystems

Beschriebene Effekte in der Tiergestützten Intervention zeigen *„eine große Schnittmenge mit dem Effektspektrum des Hormons und Neurotransmitters Oxytocin. Oxytocin scheint eine wichtige, wenn nicht sogar die (Schlüssel-)Rolle für die Erklärung der positiven Effekte"* in der TGI zu spielen.[36]

Studien zeigen, dass sich der Oxytocin-Spiegel durch Kontakt mit einem Hund erhöht, wenn keine Ängste vorliegen. Das System wird dabei besonders angeregt, wenn eine gute Bindung zu dem Tier besteht oder/und Körperkontakt stattfindet.

Resümee

Durch die oben aufgeführten Theorien, Modelle und Hypothesen zeigt sich, dass es verschiedenste Erklärungen aus der Psychologie, Verhaltensbiologie und Neurobiologie gibt, die für die positiven Auswirkungen von Tieren auf Menschen herangezogen werden können. Dabei ist es aber wichtig, dass diese ggf. auch ineinandergreifen oder sich gegenseitig bedingen und nicht absolut isoliert betrachtet werden dürfen.

Die Anfang des Jahrtausends besonders für den Einsatz von Tieren herangezogenen Untersuchungen treten immer mehr hinter den oben aufgeführten Erklärungskonzepten zurück, da sich bei der Überprüfung immer wieder größere Mängel im Aufbau zeigten. Trotzdem spielen natürlich auch die verschiedenen einzelnen Wirkungen von Tieren noch eine wichtige Rolle.

---

[34] vgl. Vernooij/Schneider 2018, S. 12

[35] Vernooij/Schneider 2018, S. 13

[36] Beetz/Riedel/Wohlfarth 2018, S. 31

1.3 Wirkungen von Hunden

Bevor wir uns den Wirkungen zuwenden, ist es wichtig, sich mit dem Begriff „Gesundheit" auseinanderzusetzen. Nach der Verfassung der Weltgesundheitsorganisation (WHO) vom 22. Juli 1946 ist Gesundheit *„ein Zustand vollkommenen körperlichen, geistigen und sozialen Wohlbefindens und nicht die bloße Abwesenheit von Krankheit oder Gebrechen".*[37] Die Erfassung der gesundheitlichen Lage von Kindern und Jugendlichen 2018 in Deutschland vom Robert-Koch-Institut im KiGGS Welle 2 ergab, dass *„16,9 % der 3- bis 17-jährigen Kinder und Jugendlichen in Deutschland von psychischen Auffälligkeiten betroffen"*[38] sind.

Das Bio-psycho-soziale Krankheitsmodell geht davon aus, dass eine Erkrankung Ursachen und Auswirkungen auf der physischen, psychischen und sozialen Ebene hat. Die positive Wirkung von Tieren auf Menschen kann somit umfassend zur Gesunderhaltung beitragen. In einigen Untersuchungen wurde mittlerweile festgestellt, dass in diesem Wirkgefüge Tiere viele hilfreiche Effekte erzielen können.

Reinhold Bergler erläuterte 1986: *„Die wissenschaftliche Beschäftigung mit dem Verhältnis von Mensch und Tier, Mensch und Hund ist letztlich Ausdruck der Auflösung einer selbstverständlichen Symbiose. ... Es kommen Fragen auf, was der Hund für einen Menschen in unterschiedlichen Lebensaltern, in unterschiedlichen Situationen und Befindlichkeiten bedeutet und was er zu bewirken imstande ist. Man mag es bedauern oder nicht, mit dem Verlust der Selbstverständlichkeit der Mensch-Tier-Beziehung und der ebenfalls nicht zufälligen Aktualisierung einer notwendigerweise umfassenden ökologischen Diskussion, wird die Mensch-Tier-Bezie-*

---

[37] wikipedia.de 05.12.2019

[38] Robert Koch Institut 2018, S. 37

hung in der Vielfalt ihrer Bedeutungen und Funktionen für die menschliche Entwicklung, Erziehung, Lebensqualität aber auch Psychohygiene, gesundheitliche Prophylaxe und Therapie neu entdeckt und damit zunehmend zum Gegenstand systematischer Forschung."[39]

Leider hat sich die Mensch-Tier-Beziehung in den letzten Jahrzehnten zwar zu einem eigenständigen Forschungsgebiet entwickelt, aber es gibt immer noch kaum wissenschaftlich abgesicherte Effektivitätsstudien bzw. Evaluationsstudien, wie auch Vernooij/Schneider bestätigen.[40]

Um den speziellen Einfluss von Tieren bzw. Hunden auf den Menschen allgemein bzw. auf die Kind-Tier-Beziehung klarer zu erfassen, können wir auf einige Untersuchungen zurückgreifen, aber die Ergebnisse sind nicht immer verifiziert. Trotzdem zeigt sich in Teilbereichen und über die oben aufgeführten Erklärungsmodelle zunehmend ein deutlicherer Weg der Wirkungen von Tieren bzw. Hunden auf den Menschen.

Hier sollen nun, dem Thema entsprechend, einige Untersuchungen zu Auswirkungen von Hunden zusammengetragen werden. Neben den speziell erforschten Wirkungen von Hunden in der Schule werde ich auch kurz allgemeine Untersuchungsergebnisse zu Wirkungen von Hunden aufführen. Dabei ist immer zu beachten, dass die Effekte nie isoliert betrachtet werden dürfen, sondern immer von einer Wechselwirkung zu anderen Bereichen auszugehen ist.

Wirkungen im Unterricht

Zum Einsatz von Hunden in der Schule gibt es bisher erst wenige empirische Untersuchungen, da natürlich gerade im schulischen Bereich sehr viele Faktoren ineinandergreifen und für eine Untersuchung nur sehr schwer isoliert werden können. Trotzdem liegen im deutschsprachigen Raum einige Ergebnisse vor, die Beobachtungen in der Praxis unterstützen.

Untersuchung Ortbauer/Kotrschal

Im Buch von Olbrich/Otterstedt „Menschen brauchen Tiere" wurde eine Studie von Ortbauer/Kotrschal veröffentlicht, die hier kurz zusammengefasst ist.

Im Rahmen einer Diplomarbeit wurden die Auswirkungen von Hunden auf die soziale Integration von Kindern in Schulklassen untersucht. Die Untersuchung konnte durch die Unterstützung der Schulleitung, der Klassenlehrerin, der Eltern, des IEMT, der Universität Wien und der Konrad-Lorenz-Forschungsstelle durchgeführt werden.

In einer Klasse der Europaschule in Wien wurde über ein Semester dreimal pro Woche eine Unterrichtsstunde mit der Videokamera dokumentiert. 24 Schüler befanden sich in einer offenen Unterrichtssituation mit drei abwechselnd anwesenden Hunden. Diese gehörten der Lehrerin

[39] Bergler 1986, S. 15f.

[40] vgl. Vernooij/Schneider 2018, S. 117

Veronika Poszvek. Die Beziehung zwischen überwiegend ausländischen Schülern und Hunden gestaltete sich individuell unterschiedlich, allgemein ergaben sich aber nach Auswertung der Aufzeichnungen folgende Punkte:

- Die Schüler besuchten die Schule lieber
- Ruhige, unbeteiligte Schüler wurden aus der Isolation geholt
- Auffälligkeiten anderer Schüler reduzierten sich
- Die Schüler beschäftigten sich weniger allein, sondern hatten mehr positive Sozialkontakte
- Die Lehrerin wurde als „Herrin des Hundes“ mehr geachtet

Es waren also keine negativen, sondern nur positive Auswirkungen durch die Hunde in der Schule zu verzeichnen, wie die Veröffentlichung von 2003 deutlich macht.[41]

Dissertation Andrea Vanek-Gullner – TGHP

Ebenfalls 2003 wurde in Wien eine Dissertation von Andrea Vanek-Gullner veröffentlicht, in der sie sich wissenschaftlich mit dem „Konzept Tiergestützte Heilpädagogik“ auseinandersetzte.

Frau Vanek-Gullner entwickelte das pädagogische Konzept der Tiergestützten Heilpädagogik (TGHP) von 2000 bis 2002 als Klassenlehrerin und evaluierte es in einer Dissertation. In einer ersten Schulstufe mit 16 Schülern unterstützte ein Hund die Integration verhaltensauffälliger Schüler in die Klassengemeinschaft. Das Konzept stützte sich auf zwei Säulen: die Klassen- und die Einzelarbeit.

An einem Wochentag war der Hund regelmäßig während des Unterrichts anwesend und wurde auch durch gelenkte Aktivitäten eingebunden. Zusätzlich fand fünf- bis sechsmal eine halbe Unterrichtseinheit nach Unterrichtsschluss in Einzelarbeit mit Lehrerin, Schüler und Hund statt. Das Konzept umfasste acht Arbeitsebenen, auf denen heilpädagogische Übungen stattfanden. Das Ziel der Arbeit mit dem Hund war eine gute Klassengemeinschaft.

Durch die Einzelarbeit sollte die Lebensqualität des bedürftigen Schülers verbessert werden. Es wurde das Ernstnehmen und Artikulieren der eigenen Bedürfnisse gefördert, Selbstbewusstsein wurde über persönliche Stärken aufgebaut, der Mut zur Bewältigung neuer Aufgaben gestärkt und so die Anpassung an die Lebensumstände verbessert.

Nach Verwirklichung des Konzepts über zwei Schuljahre zeichneten sich deutliche Erfolge ab. Nach der Einzelarbeit mit dreizehn Kindern registrierten die Eltern und die Klassenkollegin eine Stärkung des kindlichen Selbstbewusstseins. Jeder Schüler freute sich auf die Einzelarbeit, und einnässende und einkotende Schüler waren sauber. Ängstliche Kinder zeigten im Klassenverband sichereres Auftreten und vermehrtes Kommunikationsverhalten. Außenseiter

[41] vgl. Kotrschal/Ortbauer 2003, S. 267ff.

gewannen als Hundeexperten das Ansehen der Gemeinschaft. Sozial verwahrloste Kinder präsentierten sich nach der Einzelarbeit auffallend stolz und fröhlich. Aggressive Schüler zeigten sich dem Hund gegenüber auffallend liebevoll und zärtlich und artikulierten in der Einzelarbeit ihre eigenen Ängste.[42]

Studie Andrea Beetz 2011

2011 wurde von Andrea Beetz in Deutschland an zwei 3. Klassen einer Grundschule in Regensburg eine Untersuchung durchgeführt. Dabei ging es um die emotionale Einstellung zum Lernen und zur Schule, die durch eine Boxerhündin, die einmal wöchentlich in einer der Klassen anwesend war, beeinflusst wurde.

Die Schüler der 3. Klasse mit Hund und der Kontrollklasse ohne Hund wurden zu Schuljahresbeginn und drei Wochen vor Schuljahresende befragt. Dabei ging es u. a. um die Faktoren Depressivität, Einstellung zur Schule, Lernfreude, Anstrengungsbereitschaft, soziale Integration, Selbstkonzept etc.

„Erste Analysen zeigten, dass sich die 26 Schüler der Schulhund-Klasse im Vergleich zu den 23 Schülern der Kontrollklasse am Ende des Schuljahres signifikant in den Bereichen Lernfreude

[42] vgl. Vanek-Gullner 2003

und positive Einstellung zur Schule verbessert hatten. Auch waren die Kinder der Schulhund-Klasse besser in der Lage, negative Emotionen adäquat zu regulieren."[43]

Experimente Gee et al.

Gee und ihre Kollegen untersuchten 2007 in einem Experiment, *„wie sich die Anwesenheit eines Hundes auf die Ausführung einer motorischen Aufgabe bei normalen und verzögert entwickelten Vorschülern auswirkt"*.[44] Es zeigte sich, dass die Kinder die Aufgaben in Anwesenheit eines Therapiehundes schneller ausführten, aber nicht weniger genau.

2009 wurde untersucht, *„wie gut sich Kinder mit und ohne Sprachprobleme an Instruktionen während einer Imitationsaufgabe hielten. Imitiert werden sollte entweder ein Therapiehund, ein Stoffhund oder ein freundlicher Erwachsener, der die motorischen Aufgaben vormachte"*.[45] Beim Nachahmen des Hundes benötigten die Kinder deutlich weniger Anleitung und Hilfe.

Auch in weiteren Experimenten 2010 kamen die Forscher zu dem Ergebnis, dass ein Hund die Kinder motiviert und die Konzentration fördert, vermutlich weil das Tier zur Entspannung und zur Reduktion von Stress bei der Bewältigung von Aufgaben beiträgt.

Allgemeine Wirkungen

Ergänzend sollen noch einige allgemeine Wirkungen von Hunden aufgeführt werden, die in den letzten Jahrzehnten in Untersuchungen belegt wurden. Die Aufzählung wird aber auf keinen Fall der Vielzahl von gemachten Untersuchungen gerecht, da dies den Rahmen dieses Buches sprengen würde.

Julius/Beetz u. a. haben 2014 in ihrem Buch „Bindung zu Tieren" Forschungen zu Effekten von Mensch-Tier-Interaktionen veröffentlicht, die ein wissenschaftliches Reviewverfahren durchlaufen haben und zuvor definierten wissenschaftlichen Standards genügten.[46] Hier möchte ich eine kleine Übersicht zu den Forschungen und ihren Ergebnissen geben, die auch für den Einsatz von Hunden in der Schule relevant sind:

- In verschiedensten Untersuchungen wurde belegt, dass besonders Hundebesitzerinnen scheinbar eine *„bessere allgemeine Gesundheit haben und z. B. eine höhere Überlebensrate nach einem Herzinfakt"*. (Friedmann, Katcher u. a. 1963; Heady & Grabka 2008; ...)
- Auch eine *„niedrigere Herzfrequenz und ein niedrigerer Blutdruck"* durch die Anwesenheit eines Heimtieres/Hundes wurde vielfach belegt. (Friedmann, Katcher u. a. 1983; Nagengar u. a. 1997; Grossberg & Alf 1985; Allen u. a. 1991 und 2002; ...)

[43] Beetz 2012, S. 56

[44] Beetz 2012, S. 58

[45] Beetz 2012, S. 58

[46] Julius, Beetz u. a. 2014, S. 53 ff.

- Dabei erhöht besonders das Streicheln eines Hundes bzw. des eigenen Hundes u. a. die *„Oxytocin-Ausschüttung und das Wohlbefinden"*. (Odendaal 2000; Miller u. a. 2009; Nagasawa u. a. 2009; Handlin u. a. 2011; ...)
- Demgegenüber wurde beim direkten Kontakt mit einem Hund, bzw. seiner sozialen Unterstützung, ein *„niedrigerer Spiegel beim Speichelkortisol"* festgestellt. (Odendaal 2000; Beetz, Kotrschal u. a. 2011;
- Beim Streicheln eines Hundes konnte auch ein *„erhöhter Spiegel von IgA"* (Immunglobolin A) festgestellt werden. (Charnetzki u. a. 2004)
- In Gruppen konnten bei Anwesenheit eines Hundes *„mehr verbale Interaktionen"* mit anderen Gruppenmitgliedern festgestellt werden. (Haugfie u. a. 1992; Fick 1993; Sams u. a. 2006)
- Menschen in Begleitung von Hunden wurde *„mehr Vertrauen und soziale Aufmerksamkeit"* entgegengebracht. (Hart & Bergin 1987; Wells 2004; Gueguen & Ciccotti 2008)
- Es wurde auch belegt, dass die Anwesenheit eines Hundes die *„Atmosphäre bzw. die Stimmung positiv beeinflusst"*. (Kaminski u. a. 2002; Schneider & Harley 2006)

Resümee Wirkungen von Hunden

Die im letzten Abschnitt aufgeführten wissenschaftlichen Untersuchungsergebnisse zu den Wirkungen in der Tiergestützten Interaktion mit Hunden bestätigen teilweise die hier aufgeführten Effekte, die sich nach Andrea Beetz für die Schule beim Einsatz von Hunden ergeben können:

- Steigerung der Empathie gegenüber Tieren
- Steigerung der Feldunabhängigkeit (als Grundlage analytischen Denkens)
- verbesserte Integration in den Klassenverband
- Reduktion von aggressivem Verhalten, v.a. bei Jungen
- Verbesserung des Klassenklimas
- gesteigerte Aufmerksamkeit gegenüber der Lehrkraft
- Steigerung der Lernfreude
- Verbesserung der Einstellung gegenüber der Schule, weniger Schulunlust
- Verbesserung in der Nutzung adaptiver Strategien zur Regulation negativer Emotionen
- gesteigerte Konzentration
- exaktere Ausführung von Aufgaben[47]

[47] vgl. Beetz 2012, S. 59

Diese hier aufgeführten möglichen Wirkungen von Hunden in der Schule dürfen aber aus meiner Sicht nicht dazu führen, dass Hunde als „Wundertiere" einfach so mit in die Schule genommen werden, da sich ja durch sie automatisch so vieles verbessert!

Nicht ohne Grund habe ich als Untertitel meines Buches „Das multifaktorielle System der Hundegestützten Pädagogik in der Schule" gewählt. Sehr, sehr viele Faktoren greifen aus meiner Sicht ineinander, um bestimmte Wirkungen hervorzurufen. Nur wenn für alle Beteiligten möglichst optimale Bedingungen vorliegen, können durch den Einsatz von Schulhunden die oben aufgeführten Wirkungen eventuell erzielt werden!

Im Kapitel 3 dieses Buches werde ich also versuchen, möglichst viele dieser Faktoren aufzuführen und näher zu erläutern, um so die Vielschichtigkeit des Einsatzes von Hunden in der Schule deutlich zu machen.

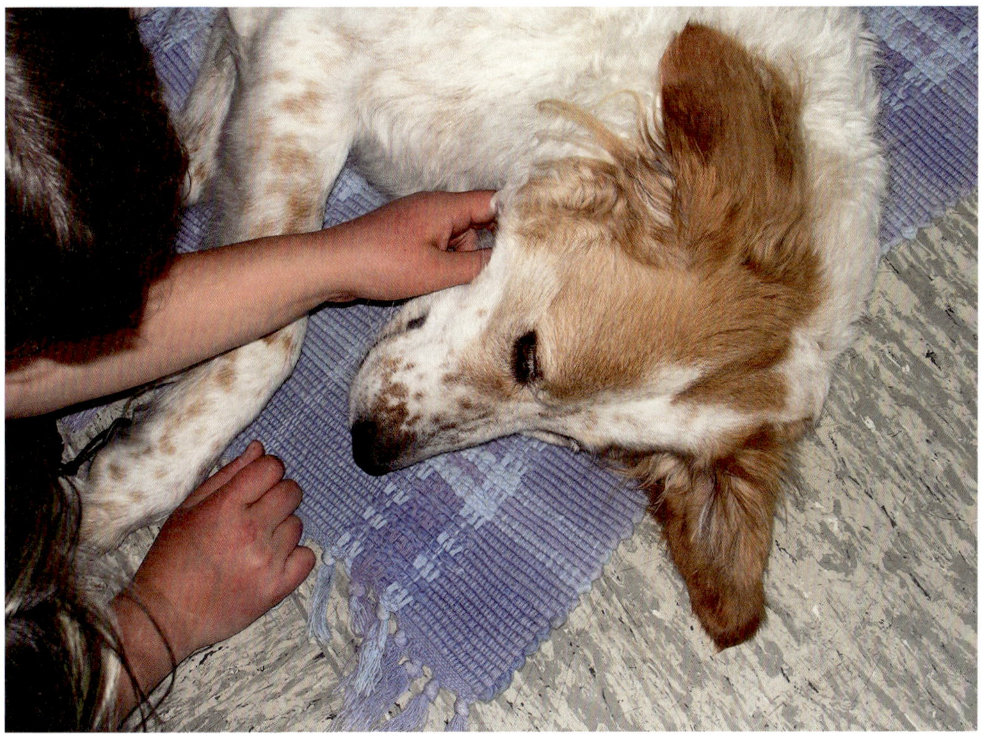

2. Geschichte und Definitionen

Wie bereits erläutert, ist die Entwicklung der Hundegestützten Pädagogik in der Schule u. a. eng verknüpft mit unserer sich stetig verändernden Umwelt und der rasanten Entwicklung der Schullandschaft in Richtung Ganztag und Inklusion. Aber auch die allgemeine Entwicklung der Tiergestützten Intervention in den letzten Jahrzehnten spielt natürlich eine Rolle.

Grundsätzlich müssen bei einem qualifizierten Einsatz von Hunden in der Schule vielfältige Aspekte beachtet werden, die ineinandergreifen. In diesem Kapitel sollen also zunächst, als theoretischer Hintergrund für den Einsatz von Hunden in der Schule, die Definitionen und allgemeinen Entwicklungen im Bereich der Tiergestützten Intervention in den letzten Jahren angerissen werden. Dieser Einblick ist für interessierte Kolleginnen wichtig, um u. a. auch ein Verständnis für die Entwicklung von Standards im Bereich Hupäsch zu erhalten.

Für die Hundegestützte Pädagogik in der Schule wird danach speziell auf Definitionen und die quantitativen und qualitativen Entwicklungen eingegangen, die sich besonders auf neuere Bücher und Artikel aus dem deutschsprachigen Raum beziehen.

Die Inhalte dieses Kapitels und ihre Schlussfolgerungen sind wichtige Voraussetzungen für die weiteren Kapitel dieses Buches. Sie machen momentane Stärken und Defizite im Bereich der Hundegestützten Pädagogik in der Schule deutlich und können bei einer weiteren qualifizierten Entwicklung helfen.

2.1 Tiergestützte Intervention

Dr. Carola Otterstedt hat 2017 das Büchlein „Tiergestützte Intervention" mit 88 Fragen & Antworten zu Methoden und tiergerechtem Einsatz in Therapie, Pädagogik und Förderung verfasst. Sie möchte die Leser dazu einladen, sich *„für eine gute Mensch-Tier-Beziehung im Rahmen der Tiergestützten Intervention zu engagieren"*.[48]

Diesen Ansatz kann ich persönlich, und mit mir meine Mitstreiterinnen, sehr unterstreichen! Wir fühlen uns diesem Ansatz verpflichtet und das vorliegende Buch soll auch dazu beitragen, dass der Bereich Hupäsch sich als professioneller Teilbereich der Tiergestützten Intervention weiterentwickelt und zunehmend anerkannt wird.

Wichtige Richtlinien für diesen Ansatz wurden auch bereits im September 1998 in Prag von den IAHAIO-Mitgliedern verabschiedet. Diesen bereits über 20 Jahre alten Richtlinien fühlen auch wir uns verpflichtet! Die aktuelle Praxis zeigt allerdings, dass sie leider auch nach über zwei Jahrzehnten noch nicht allgemein in der Praxis umgesetzt werden, wie ich später noch genauer erläutern werde.

Siehe Anlage IAHAIO Prager Richtlinien (S. 158 f. und Download).

[48] Otterstedt 2017, S. VII

2.1.1 Geschichte der Tiergestützten Intervention

Der Einsatz von Tieren zur psychischen Unterstützung des Menschen ist vereinzelt auch schon in älteren Aufzeichnungen zu finden. Besonders bei Menschen mit dem Förderschwerpunkt Geistige Entwicklung wurden verschiedenste Tiere eingesetzt um die Menschen zu aktivieren und in den Alltag einzubinden. *„In belgischen Klöstern wurden geistig kranke Waisenkinder vor allem durch die Mithilfe von Hunden erfolgreich therapiert."* (Röger-Lakenbring 2018, S. 15)

„Aus dem 18. Jahrhundert ist aus England überliefert, dass ... das York Retreat ... die Möglichkeit anbot, verschiedene Kleintiere zu halten" um die Patienten in die Betreuung und Versorgung der Tiere gezielt mit einzubeziehen. Auch Florence Nightingale und die Krankenanstalten von Bethel nutzten Tiere für den Heilungsprozess bzw. für die Therapie.[49] Aber erst seit ca. 1960 wurden gezielt überwiegend therapeutische Einsätze dokumentiert.

Das Buch des amerikanischen Kinderpsychotherapeuten Boris M. Levinson von 1969 „Oriented Child Psychotherapy" brachte einen Durchbruch im Bereich der Tiergestützten Intervention. Beobachtungen des Therapeuten bei der Arbeit mit einem sozial beeinträchtigten Jungen und Levinsons Hund ließen ihn die Einsatzmöglichkeiten von Tieren als Co-Therapeuten erkennen. *„Wissenschaftler aus ganz verschiedenen Disziplinen und Angehörige verschiedener Heilberufe begannen Experimente, Versuchsreihen und Dokumentationen. Das Psychologen-Ehepaar Sam und Elizabeth Corson, die Soziologin Erika Friedmann und der Mediziner Aaron H. Katcher setzten später mit ihren Berichten über die heilsame Wirkung von Tieren auf kranke und einsame Menschen die medizinische Welt in Erstaunen."*[50]

[49] Röger-Lakenbrink 2018, S. 15 f.

[50] Greifenhagen/Buck-Werner 2007, S. 14

1977 wurde in den USA die „Delta Society“ (seit 2012 Pet Partners) gegründet, deren Ziel die Erforschung der Qualität der Beziehung zwischen Tierhaltern, Tieren und Pflegepersonen war. Durch die Institution wurden erstmalig Standards und Richtlinien eingeführt. Heute umfasst die Gesellschaft Unterorganisationen in fast allen Staaten der westlichen Welt.

In allen angelsächsischen Ländern entstanden schnell zahlreiche Besuchsprogramme, die besonders Hunde als Co-Therapeuten einsetzten. Allgemein kam aber die Praxis schneller voran als die Theorie, obwohl wissenschaftliche Forscherteams der „Delta Society“ ständig versuchten, neue Erkenntnisse zu erforschen und weiterzugeben.

1987 wurde durch die Initiatorin Dr. Brigitte von Rechenberg in Würzburg der Verein „Tiere helfen Menschen e. V.“ ins Leben gerufen, der später über 20 Jahre von Graham Ford geleitet wurde. 1988 initiierte Dr. Große-Siestrup in Berlin den Verein „Leben mit Tieren e. V.“. Beide Vereine bauten Besuchsprogramme überwiegend mit Hunden in sozialen Einrichtungen auf und unterstützten die Tiergestützte Arbeit und Forschung sowie eine Vernetzung.

1988 wurde auch der Forschungskreis Heimtiere in der Gesellschaft gegründet. Er beschäftigt sich mit den sozialen Beziehungen zwischen Menschen und Heimtieren.

1990 gründete sich dann die IAHAIO, der „Internationale Dachverband für die Erforschung der Mensch-Tier-Beziehung“ mit Sitz bei der „Delta Society“. Der Dachverband fördert weltweit den Austausch wissenschaftlicher Erkenntnisse und deren Weiterbildung.

In Österreich wurde auf Initiative von Dr. Gerda Wittmann 1991 der Verein „Tiere als Therapie“ (TAT) gegründet und 1994 in der Schweiz der „Verein Therapiehunde Schweiz“ (VTHS).

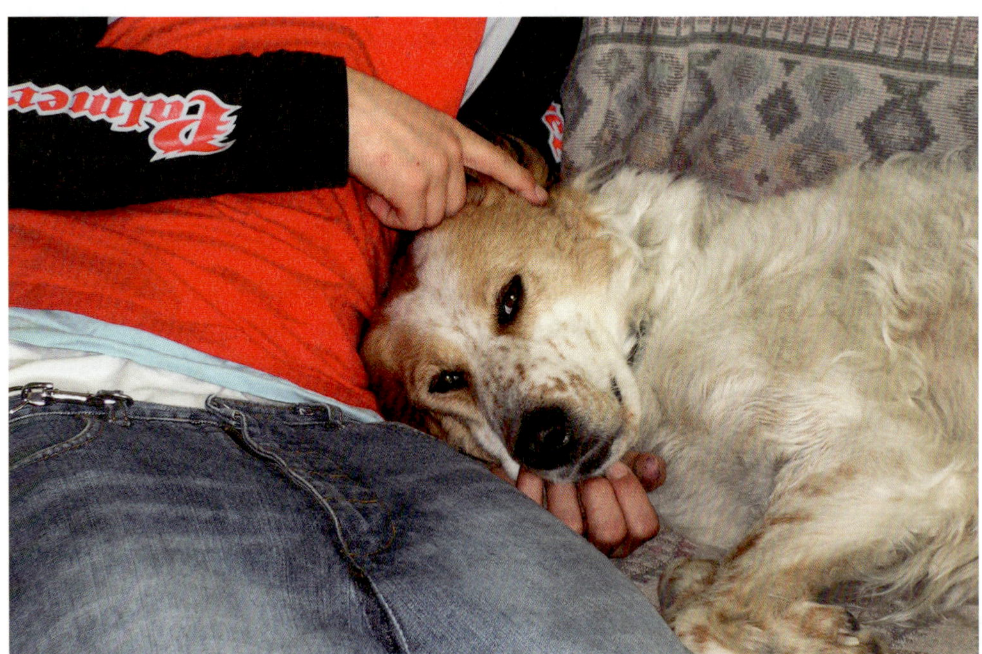

Die Gründung des europäischen Dachverbandes „ESAAT“ (European Society for Animal Assisted Therapy) geschah 2004 mit dem Ziel allgemeine Qualitätsstandards in der Tiergestützten Therapie innerhalb Europas zu erreichen. Aufgrund inhaltlicher Differenzen spaltete sich aber ein Teil der Mitglieder ab und gründete 2006 die „ISAAT“ (International Association for Animal Assistes Therapy). Parallel dazu gründete sich 2005 der Förderverein für Tiergestützte Therapie, Pädagogik und Fördermaßnahmen aus Absolventinnen der ESAAT/ISAAT-Weiterbildungen, der mittlerweile zum Bundesverband Tiergestützte Intervention (BTI) wurde.

Die Arbeit mit Tieren zur physischen, psychischen und sozialen Unterstützung der Menschen ist im deutschsprachigen Raum erst in diesem Jahrtausend mehr in die Öffentlichkeit und in den Blick der Wissenschaft gerückt. Nur das Therapeutische Reiten hat in Deutschland schon eine etwas längere Tradition, denn *„in der Bundesrepublik Deutschland gab es im Gründungsjahr“* (1970) des Deutschen Kuratoriums für Therapeutisches Reiten e. V. *„bereits 43 Einrichtungen, die das Pferd in den Dienst des behinderten Menschen stellten“*. Nach Frau Prothmann waren 2007 ca. 90 Prozent der therapeutisch eingesetzten Tiere Pferde.[51]

„Um das Jahr 2000 herum ist eine wachsende Anzahl von Vereinen, Verbänden, Instituten und Akademien entstanden, deren Initiatoren alle sichtlich bemüht sind, Ausbildungskriterien, Schulungsformen und Prüfungsrichtlinien“ zur Ausbildung von Therapiehunden *„zu etablieren – eine halbwegs einheitliche Basis ist allerdings bisher nicht entstanden!“*[52] schrieb Frau Röger-Lakenbrink 2006.

Auch wenn sich 2019 einiges weiterentwickelt hat, sind einheitliche Standards zur Weiterbildung und zum Einsatz von Tieren in Deutschland noch nicht entstanden, und es stellt sich die Frage, inwieweit das überhaupt sinnvoll und möglich ist.

2.1.2 Definition der Tiergestützten Intervention

Der Begriff „Tiergestützte Intervention“ (TGI) ist mittlerweile allgemein als Oberbegriff für den professionellen Einsatz von Tieren anerkannt und wird z. B. auch als Titel für die Bücher von Germann-Tillmann/Merklin/Näf (2014), Carola Otterstedt (2017) und Beetz/Riedel/ Wohlfarth (2018) verwandt.

Allerdings bedeutet „Intervention“ nach Wikipedia in der Pädagogik, dass jemand *„im engen Sinne direkt in das Geschehen“* eingreift, *„um ein unerwünschtes Phänomen zu beseitigen oder gar nicht erst entstehen zu lassen“.*[53]

„Intervenieren“ bedeutet nach dem Duden, *„(vermittelnd) in ein Geschehen, einen Streit o. Ä. eingreifen, sich (als Mittler) einschalten“*. Synonyme sind dazwischenfahren, durchgreifen, Ein-

[51] Prothmann 2007, S. 100

[52] Röger-Lakenbrink 2006, S. 16

[53] wikipedia.de 05.12.2019

fluss nehmen.[54] Nach meinem Verständnis geht es also bei dem Begriff „Intervention" eher um ein plötzliches Eingreifen, Einschalten als um einen langfristig geplanten Prozess.

Die Akademie für Tiernaturheilkunde schreibt dazu auf ihrer Homepage: *„Denn ‚Intervention' stellt grundsätzlich einen ‚Eingriff' dar, etwa einen zur Verhinderung oder zur Heilung einer Krankheit oder auch in einen Erziehungsprozess. Interventionen sollen Dinge, die drohen, ‚schief' zu gehen, oder die bereits schief gegangen sind, zum Guten wenden, heilen. Damit setzt Intervention im Grunde immer einen irgendwie gearteten Interventionsbedarf voraus. Im tatsächlichen Bereich der tiergestützten Intervention, der sich auf bestimmte Sektoren in Therapie und Pädagogik bezieht, ist das begrifflich durchaus richtig. Aber eben nur in Bezug auf bestimmte Sektoren in Therapie und Pädagogik, nicht hingegen in Bezug auf Therapie und Pädagogik allgemein oder gar ‚Förderung' und ‚Aktivitäten', die für sich gar nicht beanspruchen wollen, Eingriffe darzustellen."*[55]

Carola Otterstedt definiert TGI sehr weit gefasst: *„Tiergestützte Intervention ist der Oberbegriff für alle professionell durchgeführten tiergestützten Einsätze. Es besteht ein vielfältiges Weiterbildungsangebot zur Tiergestützten Intervention in deutschsprachigen Ländern mit unterschiedlicher Qualität."*[56]

Im IAHAIO Weissbuch 2014, rev. 2018 steht: *„Eine tiergestützte Intervention ist eine zielgerichtete und strukturierte Intervention, die bewusst Tiere in Gesundheitsfürsorge, Pädagogik und Sozialer Arbeit einbezieht und integriert, um therapeutische Verbesserungen bei Menschen zu erreichen."*[57]

Aus meiner Sicht erreiche ich in der Pädagogik und Sozialen Arbeit in der Regel aber keine therapeutischen Verbesserungen. Die Definitionen zeigen vielmehr, dass überwiegend Therapeuten an ihrer Entwicklung beteiligt waren. Pädagogik und Therapie haben aus meiner Sicht unterschiedliche Ansätze und Ziele.

Siehe IAHAIO: Weissbuch 2014, rev. 2018 (S. 161 ff. und Download)

---

[54] duden.de 05.12.2019

[55] Akademie für Tierheilhunde 05.12.2019

[56] Otterstedt 2017, S. 7

[57] IAHAIO.de 05.12.2019

2.1.3 Untergliederung der Tiergestützten Intervention

Die weitere Untergliederung der Tiergestützten Intervention (TGI) ist ebenso wie in meinem ersten Buch von 2009 immer noch nicht klar und eine Abgrenzung nur teilweise deutlich.[58]

Wohlfarth/Mutschler gehen in ihrem Buch von 2016 von drei Teilbereichen der TGI aus:[59]

- Therapie (TGT)
- Pädagogik (TGP)
- Aktivität (TGA)

Auch Monika A. Vernooij unterscheidet 2015 in einem Artikel in „Sonderpädagogische Förderung heute" diese drei Formen von TGI, wobei sie von „Tiergestützte Therapie/Psychotherapie" spricht und damit „Behandlung bei psycho-physischen Störungen oder Krankheiten" meint.[60]

Aus ihrer Sicht ist die TGP zwischen der TGT und der TGA verortet und *„stellt eine Form mittlerer Einwirkungsintensität dar"*. Sie *„umfasst Interventionen im Zusammenhang mit Tieren, welche auf der Basis konkreter, kindorientierter Zielvorgaben Entwicklungs- und Lernprozesse initiieren, durch die Kompetenzen in unterschiedlichen Bereichen angebahnt bzw. verbessert werden sollen".*[61]

Die TGP lässt sich nach Vernooij in die Tiergestützte Förderung und die Tiergestützte Didaktik unterteilen, wobei Letztgenannte im Rahmen des Unterrichts oder als zusätzliche Maßnahme stattfinden kann.[62]

Frau Otterstedt geht in ihrem Buch „Tiergestützte Intervention" von 2017 von vier Bereichen aus:

- Tiergestützte Therapie
- Tiergestützte Pädagogik
- Tiergestützte Förderung
- Tiergestützte Aktivität[63]

Auf diese Vierteilung weisen Vernooij/Schneider auch in der 4. korrigierten und aktualisierten Auflage von 2018 hin. Sie schlagen aber eine Dreiteilung von TGA, TGP und TGT vor.[64]

Germann-Tillmann/Merklin/Näf weisen in ihrem Buch von 2014 darauf hin, dass in der Fachliteratur ca. 20 verschiedene Begriffe verwendet werden. Aus ihrer Sicht sollte *„man sich auf*

[58] Agsten 2009, S. 23ff.

[59] Wohlfarth/Mutschler 2016, S. 26f.

[60] Vernoij 2015, S. 235

[61] Vernoij 2015, S. 236

[62] vgl. Vernoij 2015, S. 236

[63] vgl. Otterstedt 2016, S. 7

[64] vgl.Vernooij/Schneider 2018, S. 48ff.

das Wesentliche konzentrieren“ [...] „und mit allen Betroffenen aus den verschiedensten Fachbereichen in Anlehnung an Pet Partners (früher Delta Society) zwei einheitliche praxistaugliche Definitionen entwickeln: Tiergestützte Therapie und Tiergestützte Aktivität“.[65]

Der Begriff „Tiergestützte Intervention“ wird also heute allgemein als Oberbegriff anerkannt, aber die weitere Untergliederung erfolgt weiterhin nach unterschiedlichen Kriterien und mit unterschiedlichen, nicht deckungsgleichen Begriffen.

2.1.4 Entwicklungen der Tiergestützten Intervention

Nach Wohlfarth/Mutschler zeigt die bisherige Entwicklung im Bereich der Tiergestützten Intervention *„den typischen Verlauf einer sogenannten Graswurzelbewegung. Dies hat dazu geführt, dass das Feld der tiergestützten Interventionen – zumindest in Deutschland – durch eine ausgeprägte Heterogenität der Angebote, der Strukturen und der Akteure gekennzeichnet ist“.*[66] *„Die aktuelle Praxis ist der Theorie weit voraus, was dazu führt, dass der therapeutische Einsatz von Tieren nicht empirisch fundiert ist.“*[67] Viele Studien und Untersuchungen entsprechen allgemein nicht wissenschaftlichen Kriterien, wie bereits unter Punkt 1.3 erläutert wurde.

[65] Germann-Tillmann/Merklin/Stamm Näf 2014, S. 52

[66] Wohlfarth/Mutschler 2016, S. 21

[67] Wohlfarth/Mutschler 2016, S. 22

Somit ergeben sich nach Wohlfarth/Mutschler in Deutschland fünf wesentliche Grundprobleme:

- fehlende wissenschaftliche Grundlage
- Mangel an klaren Arbeitskonzepten
- fehlende Antworten auf ethische und tierschutzrechtliche Fragen
- kaum rechtliche Vorlagen
- kein Konsens, wer tiergestützte Therapie anbieten darf und welche Voraussetzungen notwendig sind

In den letzten Jahren sind nach den Autoren erste Bestrebungen zu erkennen, Qualitätsstandards sowohl in der Aus- und Weiterbildung als auch in der praktischen Durchführung tiergestützter Therapie zu implementieren.

Der im Oktober 2004 gegründete europäische Dachverband ESAAT „European Society for Animal Assisted Therapy", von dem sich aufgrund inhaltlicher Differenzen 2006 ein Teil der Mitglieder abspaltete und die ISAAT gründete, nähern sich mittlerweile wieder an. Der damalige Präsident der ESAAT Dr. Rainer Wohlfarth ist zurzeit Vize-Präsident der ISAAT.

2014 wurde von der ESAAT und ISAAT ein gemeinsamer Leitfaden von Dr. Rainer Wohlfarth und Prof. Dr. Erhard Olbrich zur „Qualitätsentwicklung und Qualitätssicherung in der Praxis tiergestützter Interventionen" herausgegeben. Im September 2016 fand in Hannover der von der ESAAT und ISAAT gemeinsam organisierte Fachkongress Tiergestützte Intervention statt, im Oktober 2017 und 2019 Tagungen in Sasbachwalden und 2021 online in Berlin.

2012 wurde der „Berufsverband für Tiergestützte Therapie, Pädagogik und Fördermaßnahmen" in Deutschland gegründet, der seit 2017 „Bundesverband für Tiergestützte Intervention e.V." (BTI) heißt. Er ist aus dem Förderverein „Tiergestützte Therapie, Pädagogik und Fördermaßnahmen" hervorgegangen, der 2005 auf Initiative von Absolventinnen und Absolventen sowie Dozentinnen und Dozenten des Instituts für soziales Lernen mit Tieren in der Wedemark bei Hannover gegründet wurde.

Die Voraussetzungen für eine Vollmitgliedschaft haben sich etwas geändert, so dass mittlerweile nicht nur Mitglieder mit einem Abschluss einer Weiterbildung in einem durch die ISAAT oder ESAAT zertifizierten Institut aufgenommen werden. Ein Aufnahmegremium des Vereins entscheidet ggf. über die Aufnahme von Mitgliedern, die qualifizierte Fachkraft-Weiterbildungen ohne ESAAT/ISAAT-Zertifizierung absolviert haben und ggf. langjährige Erfahrung im Bereich der tiergestützten Arbeit nachweisen können.[68]

Der 1990 gegründeten internationalen Dachorganisation „International Association of Human-Animal Interaction Organizations" (IAHAIO) sind nach ihrer Homepage ca. 90 Organisationen weltweit angeschlossen. Auch die deutschen Organisationen „Forschungskreis Heimtiere in

---

68 vgl. Bundesverband Tiergestützte Intervention www.tiergestuetzte.org 05.12.2019

der Gesellschaft" und das „Institut für soziales Lernen" gehören der IAHAIO an.[69] Der „Bundesverband Tiergestützte Intervention" wurde Ende 2019 ebenfalls als Vollmitglied aufgenommen und 2022 TTA-NRW.

2.1.5 Qualitätsentwicklung und -sicherung TGI

Tendenziell sind alle Organisationen im Bereich der TGI an einer qualifizierten Weiterentwicklung der Tiergestützten Intervention interessiert. Da es sich aber um eine Entwicklung aus der Praxis handelt, ist sie sehr vielfältig, und allgemeine Standards sind nur sehr schwer zu entwickeln. Jeder Einsatz von Tieren hat seine individuellen Voraussetzungen im Bereich der Tiere, der Menschen und der Einsatzorte und muss entsprechend individuell umgesetzt werden.

Problematisch sind immer wieder die glorifizierenden Presseartikel besonders zum Einsatz von Hunden. Sie führen dazu, dass der Einsatz von Tieren boomt, ohne dass entsprechende Voraussetzungen bei den Menschen und Tieren vorhanden sind.

Der „Bundesverband Tiergestützte Intervention e.V." hat 2017 in Anlehnung an das Schulhundweb eine Selbstverpflichtung entwickelt, der sich seine Mitglieder zur Qualitätssicherung verpflichten. Als Grundlage wird dort eine *„qualitativ hochwertige und umfassende Weiterbildung, die den Anforderungen des Bundesverbandes entspricht, und kontinuierliche Reflexion und Fortbildung"* angesehen. Es geht um einen respektvollen Umgang mit Mensch und Tier, eine tragfähige Beziehung zu den Tieren und entsprechende Sachkenntnisse, um für ihr Wohlergehen zu sorgen. Die Richtlinien der IAHAIO für das Wohlbefinden der beteiligten Tiere und die Empfehlungen der Tierärztlichen Vereinigung für Tierschutz werden als die Grundlagen der TGI angesehen. Der Leitfaden von Wohlfarth/Olbrich „Qualitätsentwicklung und Qualitätssicherung in der Praxis tiergestützter Interventionen" wird ebenfalls als verpflichtende Basis aufgeführt.[70]

Die IAHAIO entwickelte in ihrem Weissbuch 2014 neben Definitionen zur TGI auch Richtlinien für das Wohlbefinden der beteiligten Menschen und Tiere. Dabei geht es um die Sicherheit und das Wohlbefinden aller Beteiligten, die qualifizierte Ausbildung der Tierhalter und ihrer gesunden Tiere und dem qualifizierten Einsatz zum Wohle aller.[71]

Siehe IAHAIO: Weissbuch 2014, rev. 2018 (S. 161 ff.)

Tierärztliche Vereinigung für Tierschutz e.V.

Die Tierärztlichen Vereinigung für Tierschutz (TVT) ist ein 1985 gegründeter gemeinnütziger Verein mit Sitz in Frankfurt am Main, der sich für die konsequente und fachgerechte Umsetzung des Tierschutzes einsetzt. Auf der Homepage der TVT sind Merkblätter und Stellungnahmen zu vielen Bereichen der Tierhaltung zu finden. Neben Infos zu verschiedenen Tierarten geht es

[69] vgl. IAHAIO.de 20.02.2022

[70] Bundesverband Tiergestützte Intervention „Selbstverpflichtung" 05.12.2019

[71] IAHAIO.de 05.12.2019

beim Thema Hund u. a. auch um Kind und Hund (Merkblatt 104) Qualzucht und Erbkrankheiten beim Hund (Merkblatt Nr. 141) und BARF (Merkblatt 181). Das Merkblatt 131 „Nutzung von Tieren im sozialen Einsatz“ ist als Einführungsmerkblatt in den Bereich zu betrachten. Zusätzlich gibt es zu vielen Tierarten spezielle zusätzliche Merkblätter. Das Merkblatt 131.04 (überarbeitet 2018) behandelt die Hunde im sozialen Einsatz.[72]

In ihrem Leitfaden von 2014 zur „Qualitätsentwicklung und Qualitätssicherung in der Praxis tiergestützter Interventionen“ haben Dr. Rainer Wohlfarth und Prof. Dr. Erhard Olbrich für die ESAAT und die ISAAT aufgezeigt, was aus ihrer Sicht hohe Qualität im Bereich TGI bedeutet.

Die *„Ausführungen wollen PraktikerInnen ein Gerüst von Hinweisen und Kriterien anbieten, das zur Überprüfung der Qualität der eigenen Arbeit dienen kann“*.[73] Sie orientieren sich an der Differenzierung des Begriffes „Qualität“ im Gesundheits- und Bildungswesen und unterscheiden zwischen Struktur-, Prozess-, Ergebnis- und Planungsqualität.

2.1.6 Resümee TGI

Der Oberbegriff „Tiergestützte Intervention“ für ein zielgerichtetes Einsetzen von Tieren ist allgemein akzeptiert, auch wenn er aus meiner Sicht nicht ganz treffend ist. Ich würde als Oberbegriff den Begriff „Tiergestützte Interaktion“ als passender empfinden.

Eine einheitliche weitere Untergliederung für den sehr unterschiedlichen Einsatz von Tieren ist bisher noch nicht gefunden. Die Begriffe „Tiergestützte Therapie“, „Tiergestützte Pädagogik“ und „Tiergestützte Aktivität“ werden allgemein zur Untergliederung genutzt, sind aber teilweise mit unterschiedlichen Inhalten gefüllt. Der Begriff „Tiergestützte Förderung“ wird z. T. den drei oben genannten Bereichen gleichgestellt oder der „Tiergestützten Pädagogik“ zugeordnet.

National und international wird weiterhin nach gemeinsamen, klaren Definitionen und Qualitätsstandards gesucht. Der „Bundesverband Tiergestützte Intervention e.V.“ hat 2017 eine Selbstverpflichtung entwickelt, in der die Richtlinien der IAHAIO, Empfehlungen der Tierärztlichen Vereinigung für Tierschutz und der Leitfaden der ESAAT/ISAAT zur „Qualitätsentwicklung und Qualitätssicherung in der Praxis tiergestützter Interventionen“ als Grundlagen einer qualifizierten Tiergestützten Intervention in Deutschland verankert sind.

[72] vgl. www.tierschutz-tvt.de 05.12.2019

[73] Wohlfarth/Olbrich 2014, S. 6

2.2 Hundegestützte Pädagogik in der Schule

Nach den Aussagen unter 2.1.3 erscheint es auf den ersten Blick relativ klar, in welchen Teilbereich der Tiergestützten Intervention der Bereich Hupäsch fällt. Aber es wird immer wieder deutlich, dass Mensch-Hund-Teams, die in der Schule arbeiten, aus der Sicht verschiedener Autoren nicht dazugehören.

In der Zeitschrift „tiergestützte" 4/2011 schrieben Rainer Wohlfarth und Helga Widder als Präsident und Vizepräsidentin der ESAAT den Artikel „Zur Diskussion: Tiergestützte Therapie – Eine Definition". Dort empfahlen sie, den Begriff „Tiergestützte Therapie" als Oberbegriff für alle tiergestützten qualifizierten Maßnahmen zu nutzen.

In einer Antwort auf den Artikel in der „tiergestützte" 1/2012 stellte ich fest „Schade! Wir gehören nicht dazu ...!", was Dr. Rainer Wohlfarth in der nächsten „tiergestützte" mit dem Artikel „Stimmt! Sie gehören (teilweise) nicht dazu ...!" bestätigte.

Hier möchte ich einige Punkte wiedergeben, warum Hupäschlerinnen aus seiner Sicht nur teilweise dazugehören. Wichtig ist dabei, dass er von dem Oberbegriff „Tiergestützte Therapie" ausgeht und davon, dass eine Definition (lateinisch definitio „Abgrenzung") immer mit einer Grenzziehung einhergeht.[74] Nur so ist es in der ferneren Zukunft aus Dr. Wohlfarths Sicht möglich, *„dass tiergestützte Therapie von den Kostenträgern auch bezahlt wird"*.

Zum Teil in Anlehnung an meinen Artikel erläuterte er, dass für eine qualifizierte tiergestützte Intervention folgende Punkte wichtig sind:

- qualifizierte Fachausbildung
- kontinuierliche Weiterbildung
- schriftliche Zielplanung
- schriftliche Dokumentation der Wirkungen
- fachlich fundierte Reflexion

Dr. Wohlfarth betonte, dass es ethisch nicht vertretbar sei, *„ein Tier tiergestützt einzusetzen, wenn dadurch kein ‚Mehrwert' für die Therapie entsteht. Und dieser Mehrwert kann nur durch gezielte Beobachtung, Dokumentation und Auswertung der eigenen tiergestützten Arbeit abgeschätzt"* werden.[75]

Aus der Sicht von Dr. Wohlfarth kann jeder „tiergestützten Unterricht" machen, wenn Schulleitung, Lehrerkollegium und Elternschaft zustimmen, aber eben keine „tiergestützte Therapie" (gemeint als Oberbegriff!).

Monika A. Vernooij macht ebenfalls deutlich, dass der Bereich Hupäsch nicht zur TGI gehört und schreibt z. B.: *„Als Vorstufe zur professionellen Tiergestützten Didaktik kann das Halten*

[74] tiergestützte 2/2012, S. 20

[75] tiergestützte 2/2012, S. 21

oder Mitbringen von Tieren in der Schule / in den Unterricht unter pädagogischen Aspekten bezeichnet werden." [...] „In zahlreichen Ratgeber-Büchern finden sich inzwischen Berichte und Anregungen zur Anwesenheit bzw. zum Einbezug eines Hundes in den Unterricht. Dabei finden sich auch Ansätze zur Professionalisierung dieses Einsatzes, sowohl bezogen auf den Anbietenden und auf das Training und das Wohlbefinden des Hundes als auch bezogen auf die Entwicklung von pädagogisch-didaktischen Konzepten im Zusammenhang mit dem Tier."[76]

Dieses Buch soll u.a. auch dazu beitragen, dass sich der Einsatz von Hunden in der Schule weiter professionalisiert, denn ich gebe den VerfasserInnen der vorgenannten Artikel in vielen Punkten recht. Auch in den Schulen werden, ebenso wie in vielen anderen Bereichen, Hunde leider immer noch nicht so eingesetzt, dass es eine Win-win-Situation für alle Beteiligten ist. Grundvoraussetzung dafür ist, wie bereits seit langem im Schulhundweb gefordert wird, eine mindestens 60-stündige Team-Weiterbildung, die auf den schulischen Bereich mit dem Setting „Polyade" und nicht auf den Therapiebereich mit dem Setting „Triade" zugeschnitten ist.

Definitiv werden Hunde in der Schule nur äußerst selten in einem therapeutischen Setting eingesetzt, und die Pädagoginnen streben es auch nicht in erster Linie an, dass der Einsatz von den Kostenträgern anerkannt wird. Sie erhalten ihr Gehalt als Pädagogin an der Schule und der Hund wird zurzeit nur als zusätzliche Unterstützung gesehen, die ehrenamtlich eingesetzt wird.

---

[76] Vernoij 2015, S. 238

2.2.1 Definitionen Hupäsch

Wie bereits ausgeführt, hat sich als Oberbegriff nicht der Begriff „Tiergestützte Therapie“ durchgesetzt, sondern der Begriff „Tiergestützte Intervention“, auch wenn dieser aus meiner Sicht nicht ganz optimal ist.

Für die hundegestützte Pädagogik in der Schule gibt es mittlerweile spezielle Literatur, die natürlich auch den Begriff „Hundegestützte Pädagogik in der Schule“ genauer definiert hat.

Heyer/Kloke schrieben 2011 in ihrem Buch: „... *Wird mit dem Begriff hundegestützte Pädagogik der systematische Einsatz von ausgebildeten Hunden in der Schule zur Verbesserung der Lernatmosphäre und individuellen Leistungsfähigkeit sowie des Sozialverhaltens der Schüler bezeichnet. Als Co-Pädagoge unterstützt der Hund dabei den Lehrer/Erzieher bei dessen Erziehungs- und Bildungsauftrag.*“[77]

Andrea Beetz definierte den Begriff 2012 folgendermaßen: „*Hundegestützte Pädagogik wird von einer Fachkraft mit einer pädagogischen bzw. heil-/sonder-/sozialpädagogischen Ausbildung und entsprechendem Fachwissen über Hunde durchgeführt. Die Intervention ist auf ein pädagogisches Ziel ausgerichtet, welches Bildung und/oder Erziehung betrifft. Die eingesetzten Hunde werden speziell für den Einsatz mit Menschen sozialisiert und ausgebildet.*“[78]

Frau Beetz differenziert anschließend noch zwischen dem „Schulhund (Präsenzhund)“ und dem „(Schul-)Besuchshund“.[79]

Nach Heyer/Kloke bezeichnet der Begriff „Schulhund“ „*einen speziell ausgebildeten Hund, der zur Unterstützung pädagogischer Prozesse aktiv und regelmäßig von Pädagogen in den Unterricht integriert wird*“.[80]

Beide halten, ebenso wie wir, die Bezeichnung „Therapiebegleithunde“ für die Schule für ungeeignet, da dieser Begriff „*suggeriert, dass der schulische Kontext automatisch mit Therapien verbunden ist und folglich auf Schülerseite Defizite vorliegen müssen. Die Arbeit mit einem Schulhund hat jedoch primär die Vermittlung von pädagogischen Inhalten zum Ziel*“.[81]

Immer noch sind Begrifflichkeiten also nicht ganz klar mit Inhalt gefüllt und abgegrenzt, obwohl das für den Austausch sehr wichtig wäre. Dies zeigte sich u. a. auch, als die FDP im Juni 2016 eine kleine Anfrage an den Niedersächsischen Landtag stellte. Sie berief sich auf die Einträge im Schulhundweb zu Schulhunden, in denen eigentlich deutlich von Pädagoginnen gesprochen wird, die regelmäßig von ihren Hunden in die Schule begleitet werden.

---

[77] Heyer/Kloke 2011, S. 17

[78] Beetz 2012, S. 15

[79] Beetz 2012, S. 16

[80] Heyer/Kloke 2011, S. 18

[81] Heyer/Kloke 2011, S. 18

Die Antwort des Niedersächsischen Kultusministeriums vom 13. 07. 2016 bezog sich aber deutlich auf *„ehrenamtlich arbeitende Hundehalterinnen und Hundehalter“*, die *„stundenweise mit ihren Hunden in die Schule“* kommen und *„die Gestaltung einer Stunde kostenlos für interessierte Lehrkräfte“* anbieten. *„Bei der Beantwortung der Kleinen Anfrage wurde davon ausgegangen, dass sich die Abfrage ... neben den Schulhunden auch auf die ebenfalls bellenden sogenannten Assistenzhunde bezieht.“* Anschließend wurde in der Antwort ausführlich darauf eingegangen, dass Assistenzhunde für die Teilhabe am gesellschaftlichen Leben wichtig sind.[82]

Diese schriftliche Antwort auf eine Anfrage in einem Landtag macht aus meiner Sicht die Relevanz klarer Begrifflichkeiten sehr deutlich, wenn nicht aneinander vorbei kommuniziert werden soll!

Auch bei einem Gespräch im Kultusministerium in Düsseldorf 2017 zum Thema „Schulhund“ stellte sich heraus, dass dem zuständigen Justiziar die begrifflichen Unterschiede im Bereich Schulhund nicht klar waren, obwohl er sich intensiver mit dem Thema auseinandergesetzt und im September 2015 eine Handreichung zu Rechtsfragen zum Einsatz eines Schulhundes herausgegeben hatte.[83]

Bei der Mitgliederversammlung des Vereins „Qualitätsnetzwerk Schulbegleithunde e.V.“ am 30. September 2017 haben wir deshalb versucht, den Begriff „Schulhund“ für uns noch einmal klarer zu differenzieren und definieren:

Schulhund – Oberbegriff für alle in der Schule eingesetzten Hunde, die aus unserer Sicht grob in 3 Untergruppen eingeteilt werden können:

---

82 Niedersächsischer Landtag Drucksache 17/6113 05.12.2019

83 Ministerium für Schule und Weiterbildung NRW „Handreichung Schulhund“ 05.12.2019

Schulbegleithunde – Hunde, die ihre Besitzerin, eine Pädagogin, regelmäßig in die Schule (in Klassen bzw. Gruppen) begleiten und eine Teamweiterbildung von mind. 60 Stunden absolviert haben. Der Begriff ist gleichzusetzen mit dem Begriff „Präsenzhund", der allgemein nur Insidern bekannt ist, und beinhaltet auch „Klassenbegleithunde".

Schulbesuchshunde – Hunde, die mit ihren Besitzerinnen für einige Stunden an einem Projekt zum Thema Hund in der Schule teilnehmen und mindestens eine Teamweiterbildung von einem Wochenende absolviert haben sollten.

Therapiebegleithunde – Hunde, die ihre Besitzerin, eine Therapeutin, regelmäßig in die Schule begleiten und eine Teamweiterbildung von mind. 60 Stunden absolviert haben.[84]

Dabei ist z. B. der mittlerweile allgemein bekannte Begriff „Lesehund" noch nicht einbezogen, da die Hunde sowohl als Schulbegleithunde als auch als Schulbesuchshunde in dieser Funktion agieren können.

Der Begriff „Schulhund" wird im Alltag und in den Medien zunehmend benutzt und ist positiv besetzt. Auf der Straße versuchen Hundebesitzer ängstliche Kinder dadurch zu beruhigen, dass sie darauf hinweisen, dass ihr Hund ein Schulhund ist. In der Zeitung und im Internet wird für Welpen geworben, in dem der Einsatz der Elterntiere als Schulhund betont wird. Bei näherer Betrachtung stellt sich allerdings heraus, dass der Begriff, der in den letzten fast 20 Jahren vermehrt benutzt wird, vielfältige Bedeutungen hat, wie oben bereits erläutert wurde.

Schon immer gab es an Schulen Hunde. Diese gehörten in der Regel dem Hausmeister, lebten früher häufig im Zwinger und dienten als Wachhunde für die Schule. Zunehmend werden die Hunde in unserer Gesellschaft aber zu Familienhunden, und so wandeln sich auch häufig die Hunde der Hausmeister. Immer häufiger laufen sie frei auf dem Schulgelände herum, und die Schüler nutzen jede Chance, Kontakt zu ihnen aufzunehmen. An der Grundschule Hämelerwald in Lehrte wurde 2004 vom Hausmeister extra ein sehr sozialverträglicher Hund angeschafft, da man im Kollegium von den positiven Auswirkungen von Hunden gehört hatte. Die Schule und die „Schulhündin Sarah" wurden durch Presse und Fernsehen bekannt.

Differenzierung Pädagogik – Therapie

Da ich keine Therapeutin, sondern Pädagogin bin, empfinde ich es als falsch, meine Arbeit mit dem Hund in der Schule als Therapie zu bezeichnen, auch wenn die Grenzen zwischen Pädagogik und Therapie besonders in Förderschulen fließend sind! Eine ähnliche Meinung vertreten z. B. auch Andrea Beetz und Heyer/Kloke, wie bereits weiter vorn in diesem Kapitel erwähnt wurde.

Interessant für die Differenzierung von Pädagogik und Therapie erscheint mir ein Ansatz von Kobi von 1979[85] zum Verhältnis von Therapie und Erziehung. Analog dazu ist nach Susanne

---

84 Qualitätsnetzwerk Schulbegleithunde e.V. „Definitionen Schulhund" 05.12.2019

85 vgl. Wille 2007, S.38

Wille vielleicht ansatzweise eine begriffliche Klärung zwischen tiergestützter Therapie und tiergestützter Pädagogik möglich und dadurch auch eine Differenzierung zwischen Therapiebegeithund und Schulbegleithund?!

Therapie		**Pädagogik**
indikativ	---------	imperativ
additiv	---------	immanent
sanitär	---------	edukativ
restaurativ	---------	innovativ
kausal	---------	final-prospektiv
reparativ	---------	emanzipatorisch
objektiv	---------	subjektiv
medial	---------	personal
sporadisch	---------	kontinuierlich
partikulär	---------	ganzheitlich
funktional	---------	interaktional

Es sprengt den Rahmen dieses Buches, detaillierter auf die Unterscheidung von Therapie und Pädagogik einzugehen, denn da es in unseren Augen nicht „die Schule“ und „den Schüler“ gibt, gibt es auch nicht „den Schulhund“, sondern immer einen individuell unterschiedlichen Einsatz nach Schulform, Schüler, Pädagogin, Hund und zeitlichem Umfang, der somit nicht pauschal nach den oben genannten Kriterien untersucht werden kann.

Da in der Regel in der Schule Pädagoginnen arbeiten und der Einsatz der Hunde allgemein ganzheitlich, immanent zu sehen ist und nicht partikulär, sanitär bezogen auf die Behandlung von klar eingegrenzten Krankheiten, Verletzungen, gehe ich zurzeit von dem Begriff „Hundegestützte Pädagogik“ aus, den ich im Titel meines ersten Buches als „Hupäsch“ abgekürzt habe.

Der von Vernooij /Schneider zusätzlich vorgeschlagene Begriff „Tiergestützte Didaktik“ als Unterbegriff zur Tiergestützten Pädagogik verkompliziert die sowieso nicht klare Differenzierung m. E. zurzeit nur zusätzlich. Allerdings ist die Richtung, dass der Einsatz der Hunde sowohl in den Bereich der Inhalte und Ziele als auch in den Bereich der Methoden gehört, natürlich wichtig.

Im Schulgesetz des Landes Nordrhein-Westfalen steht in § 2, dass die Schule junge Menschen nach allgemeinen Bildungs- und Erziehungszielen unterrichtet und erzieht. Diese haben gemäß § 1 „ein Recht auf schulische Bildung, Erziehung und individuelle Förderung“. Somit handelt es sich in einer Schule eindeutig um den Bereich der Pädagogik, in dem es um eine umfassende Erziehung der Schüler geht.

Eine Therapie ist allgemein eine Maßnahme zur Behandlung eines klar eingegrenzten Problems. Hundegestützte Therapie kommt im schulischen Bereich allgemein nur in einigen Förderschulen vor, in denen Therapeuten eingesetzt werden, um Beeinträchtigungen von Schülern speziell zu lindern.

2.2.2 Quantität im Bereich Hupäsch

Später als die allgemeine Tiergestützte Intervention, aber nicht weniger rasant, hat sich in diesem Jahrtausend die Hundegestützte Pädagogik in der Schule entwickelt.

2002 wurde durch ein Seminar in Berlin von „Tiere helfen Menschen" auf Hunde in der Schule hingewiesen. Trotz intensiver Werbung kamen nur wenige Interessierte, aber die Presse hatte das Thema für sich entdeckt, so dass in vielen Medien darüber berichtet wurde und selbst die „Zeit" einen großen Artikel dazu veröffentlichte. Viele Kolleginnen wurden, genau wie ich, ab 2002 durch das Schulhundvirus infiziert!

Im Dezember 2005 stellte ich dann mit Unterstützung meines Mannes das Schulhundweb ins Netz, das in den letzten Jahren intensiv zur deutschlandweiten Vernetzung der Hupäschlerinnen beigetragen hat. Im Februar 2022 waren dort ca. 480 Schulen mit ca. 520 Kolleginnen eingetragen, die sich der Selbstverpflichtung angeschlossen hatten.[86]

Der 1. Arbeitskreis Schulhund wurde im März 2007 in Freiburg (Baden-Württemberg) gegründet, und die Teilnehmeranzahl stieg schnell auf über 30 Mensch-Hund-Teams, so dass Mitte 2009 beschlossen wurde, den „1. AK Schulhund" in den „AK Schulhund Baden-Württemberg-Nord" und den „AK Schulhund Baden-Württemberg-Süd" zu teilen.

Zurzeit gibt es deutschlandweit ca. 18 aktive AKs Schulhund, die weitgehend über den Verein „Qualitätsnetzwerk Schulbegleithunde e.V." vernetzt sind.[87]

Im Oktober 2011 fand in Dortmund die 1. Schulhundkonferenz statt, an der ca. 130 Hupäschlerinnen aus ganz Deutschland teilnahmen. Vielfältige Vorträge und Workshops zum Einsatz von Hunden in der Schule aktivierten die Kolleginnen und förderten die Vernetzung. Auch die 2.und 3. Schulhundkonferenz im Mai 2013 in Dortmund (NRW) und im März 2018 in Riedstadt (Hessen) fanden wieder guten Anklang.[88] Aufgrund der Coronapandemie wurde die Schulhundkonferenz 2020 verschoben und im Mai 2021 online durchgeführt.

2012 veranstaltete der AK Schulhund RLP gemeinsam mit dem Pädagogischen Landesinstitut RLP in Vallendar eine Fachkonferenz Schulhund. Da es über 250 interessierte Kolleginnen gab, mussten zwei Veranstaltungen im März und August 2012 stattfinden.

Wir gehen mittlerweile von einigen tausend Hunden in den Schulen in Deutschland aus, auch wenn im Schulhundweb zurzeit nur ca. 520 Kolleginnen mit Hunden an ca. 480 Schulen eingetragen sind.

---

86 schulhundweb.de 20.02.2022

87 Qualitätsnetzwerk Schulbegleithunde e. V. „Arbeitskreise Schulhund" 05.12.2019

88 schulhundkonferenz.de 20.02.2022

Es ist leider sehr schwer, abgesicherte Zahlen für den Einsatz von Hunden an deutschen Schulen zu bekommen, da die Hunde in der jährlichen Statistik nicht mit abgefragt werden. Nur in Rheinland-Pfalz (RLP) werden mittlerweile die Hunde an den Schulen auch bei der jährlichen Statistik erfasst, so dass die Zahlen in dem Bundesland deutlich klarer sind, auch wenn trotzdem noch von einer gewissen Dunkelziffer auszugehen ist.

In einer Übersicht über hinterlegte Selbstverpflichtungen RLP und Einsatzkonzepte waren am 31.10.2019 236 eingesetzte Hunde an 209 Schulen in RLP beim Bildungsserver Schulhund Rheinland-Pfalz aufgelistet.[89] Da aktuelle organisatorische Veränderungen an den Schulen nicht direkt berücksichtigt werden und die Hunde nur eine begrenzte Lebenserwartung haben, sind diese Zahlen natürlich auch immer mit einem kleinen Fragezeichen zu versehen.

Definitiv sind in RPL die Zahlen deutlich höher als die 22 Schulen, die sich im Schulhundweb der neuen Selbstverpflichtung von 2015 angeschlossen haben. Dies liegt u. a. daran, dass es nur in RLP eine eigene, vom AK Schulhund RLP erarbeitete Selbstverpflichtung gibt, die nicht ganz deckungsgleich mit der bundesweiten Selbstverpflichtung ist und andere Ausbildungskriterien für das Mensch-Hund-Team hat.

Für NRW waren im Januar 2019 im Schulhundweb 97 Schulen aufgelistet an denen 102 Kolleginnen mit 118 Hunden eingesetzt sind. Da ich aber von sehr viel mehr Hunden in den Schulen weiß, habe ich über mündliche Informationen und das Internet nach weiteren Hunden in Schulen gesucht und ca. 370 Schulen in NRW mit Hunden gefunden, die Pädagoginnen begleiten. Aber nicht alle Hunde erscheinen auf der Homepage der Schule oder in einem Pressebericht. Außerdem sind die Schulbesuchshunde, die normalerweise für wenige Stunden in der Schule aktiv sind, in diese Zahlen noch nicht integriert.

Es ist also beispielhaft für NRW von mindestens der fünffachen Anzahl von Schulen auszugehen, als den im Schulhundweb aufgeführten, in denen Hunde eingesetzt werden. In RLP ist aufgrund der Zahlen im Schulhundweb[90] und auf der Homepage des AK Schulhund RLP sogar eine zehnfache Menge an Schulen mit Schulhunden belegt.

---

89 Bildungsserver Schulhund Rheinland-Pfalz „hinterlegte Selbstverpflichtungen" 30.08.2019

90 Schulhundweb Rheinland-Pfalz 30.08.2019

Wenn man die Zahlen aus dem Schulhundweb im Oktober 2019 also verfünffacht, so würden an ca. 2.000 Schulen in Deutschland Schulbegleithunde eingesetzt, und die Schulbesuchshunde sind dabei noch nicht berücksichtigt.

2.2.3 Qualität im Bereich Hupäsch

Bereits vor über 10 Jahren, beim Gründungstreffen des Fachkreises Schulhunde am 21. April 2007 in Kassel, an dem 18 Personen teilnahmen, ging es um die Rahmenbedingungen eines qualifizierten Schulhund-Einsatzes. In weiteren Sitzungen „*wurde versucht einen Minimalstandard für die Qualifikation von Schulhunden (Tiergestützte Pädagogik mit dem Hund) und Schulbesuchshunden (Tiergestützte Aktivität mit dem Hund) sowie ihrer Besitzer zu erarbeiten*".[91] Am 01.11.2008 wurde dann in Kassel die „Freiwillige Selbstverpflichtung" verabschiedet und dieser am 04.09.2010 ein vom Patentamt geschütztes Logo zugeordnet.[92]

Der FSV hatten sich bis Ende 2015 523 Hupäschlerinnen an 444 Schulen im Schulhundweb angeschlossen, um deutlich zu machen, dass sie ihren Hund nicht einfach so mitnehmen, sondern bestimmte Voraussetzungen zur Ausbildung, den Hygienebestimmungen und beim Einsatz erfüllen.[93]

Um die Qualität im Bereich Hupäsch weiter zu verbessern, bildete sich auf der 1. Schulhundkonferenz in Dortmund im Oktober 2011 aus einem Workshop der bundesweite Arbeitskreis Schulhund-Team-Ausbildung. Es handelte sich um einen relativ festen Arbeitskreis, der sich regelmäßig zweimal im Jahr traf, um sich intensiver mit der Ausbildung von Schulhund-Teams auseinanderzusetzen bzw. mit der Abgrenzung/Überschneidung zu anderen Ausbildungen im Bereich der Hundegestützten Intervention.[94]

Der AK Schulhund-Team-Ausbildung überarbeitete gemeinsam mit dem Fachkreis Schulhunde am 17.10.2015 die FSV, die ab dem 01.01.2016 im Schulhundweb von der neuen „Selbstverpflichtung" abgelöst wurde. Diese muss von der Hupäschlerin und der Schulleitung unterschrieben auf dem Postweg geschickt werden, und die Daten werden dann im Schulhundweb eingetragen. Digital müssen Nachweise über Weiter- und Fortbildungen übermittelt werden.[95]

Siehe Anlage Selbstverpflichtung Schulhundweb 2015 (S. 169 ff. und Download)

- Neue Nutzerinnen verpflichten sich, eine mindestens 60-stündige Team-Weiterbildung zu absolvieren!
- Die Unterzeichner bekommen das geschützte Logo als Grafikdatei in schwarz–weiß per Mail zugesandt und können dieses bis auf Widerruf (z. B. wenn bekannt wird, dass offensichtlich gegen die SV verstoßen wird) verwenden.

[91] schulhundweb.de „Fachkreis Schulhunde" 31.10.2019

[92] schulhundweb.de „Logo" 31.10.2019

[93] schulhundweb.de „Freiwillige Selbstverpflichtung" 31.10.2019

[94] schulhundweb.de Arbeitskreis Schulhund-Team-Ausbildung" 31.10.2019

[95] schulhundweb.de „Selbstverpflichtung" 31.10.2019

- Die „alten eingetragenen Hupäschlerinnen“ hatten Bestandschutz und mussten nicht nachträglich eine Team-Ausbildung absolvieren!!
- Alle Schulhundführerinnen sind verpflichtet, sich regelmäßig zu den Bereichen Tiergestützte Intervention und Hund auszutauschen bzw. fortzubilden (mindestens 16 Stunden in zwei Jahren) und die Nachweise zu mailen. Weitere Infos hierzu sind im Schulhundweb unter „Weiterbildungen Selbstverpflichtung“ zu finden.
- Erfolgt dies nicht, so werden die Daten, nach vorheriger Info per Mail, im Schulhundweb gelöscht!

Der „Fachkreis Schulhunde“ und der „Arbeitskreis Schulhund-Team-Ausbildung“ existieren nicht mehr und ein Großteil der Teilnehmerinnen aus diesen Gruppen sind jetzt Mitglieder im Verein „Qualitätsnetzwerk Schulbegleithunde e.V.“, über den die Selbstverpflichtungen im Schulhundweb jetzt verwaltet werden.

2.2.4 Untersuchung Praxis Hupäsch

Um qualifiziertere Aussagen zum Einsatz von Schulhunden zu erhalten, habe ich in meinem früheren Buch „HuPäSch“ Ergebnisse einer Fragebogenaktion aus dem Sommer 2007 veröffentlicht. Da diese nach unseren Erfahrungen auch heute noch tendenziell aktuell sind, möchte ich in diesem Abschnitt kurz einige Ergebnisse wiedergeben. Nach einer Auswertung von 50 Fragebögen ergaben sich folgende Ergebnisse:

- Die Berufserfahrung der Hundeführerinnen lag zu 46 % bei 0 bis 10 Jahren. Eine weitere Splittung ergab, dass 6 von 50 Lehrerinnen nur eine Berufserfahrung von 0–2 Jahren hatten, 7 eine Berufserfahrung von 3–5 Jahren und 10 eine Berufserfahrung von 6–10

Jahren. Kolleginnen mit einer Berufserfahrung von 6–10 Jahren hatten mit 20 % also den Hauptanteil am Einsatz von Schulhunden!

- Bei der Hundeerfahrung war die Verlagerung zu weniger Erfahrung sogar noch deutlicher! 60 % der Hundebesitzerinnen besaßen eine Erfahrung von 0–10 Jahren. Von 50 Personen besaßen 11 nur Hundeerfahrung von 0–2 Jahren, 13 von 3–5 Jahren und 6 von 6–10 Jahren. Also besaßen 48 % der Schulhundebesitzerinnen sogar nur eine Hundeerfahrung von 0–5 Jahren!
- Die Befragung zum Thema Hundebesitz unterstrich das oben aufgeführte Ergebnis noch einmal. Von 50 Lehrerinnen hatten 21 (42 %) ihren ersten Hund und 14 (28 %) ihren zweiten Hund, das entspricht 70 %.
- Der zeitliche Einsatz der Hunde in der Woche war sehr unterschiedlich und umfasste eine Spanne von 2 bis über 30 Stunden. Dabei lag der Schwerpunkt mit 48 % im Zeitraum von 0–10 Stunden. 30 % der Hunde wurden in einem Rahmen von 11–20 Stunden eingesetzt und 22 % von 21–30 Stunden.
- 54 % der Schulhundbesitzerinnen hatten nach den Daten eine Teamausbildung mit ihrem Hund absolviert. Da es aber noch keine einheitlichen Ausbildungsstandards in diesem Bereich gibt, war die Ausbildung sehr unterschiedlich in Bezug auf den zeitlichen und inhaltlichen Rahmen. Allgemein waren die Ausbildungen auch nicht auf den speziellen Einsatz in der Schule zugeschnitten, sondern gingen häufig von der Einzelarbeit in Therapien aus. Viele Hunde wurden in der Schule eingesetzt, die weder eine nachgewiesene Grundausbildung noch eine Ausbildung im Team mit der Besitzerin hatten. 90 % der Schulhund-Besitzerinnen hatten keinerlei Weiterbildung im Bereich der Tiergestützten Intervention.
- Die Daten zeigten, dass 2007 bereits ein großer Teil der Hunde (82 %) nur im Team mit ihrer Besitzerin eingesetzt waren, was den Stresspegel massiv verringert. Einige Kolleginnen überlassen den Hund manchmal aus organisatorischen Gründen anderen Lehrerinnen.
- Die Befragung ergab, dass ein Großteil der Schulhunde überwiegend in einer Klasse eingesetzt wurde (70 %). Das hängt allgemein auch mit den Schulstrukturen zusammen, denn in Grund- und Förderschulen, in denen Schulhunde am häufigsten eingesetzt sind, wird allgemein nach dem Klassenlehrerprinzip unterrichtet. Ein Wechsel in verschiedene Klassen geschieht seltener, wird aber in der Regel bei Rektorinnen, die ihre Hunde oft in der Schule in verschiedenen Klassen einsetzen, nötig. Neben dem Einsatz im Klassenverband werden die meisten Hunde, wenn die Möglichkeit besteht, auch in Kleingruppen oder im Einzelunterricht eingesetzt.[96]

Die oben gemachten Angaben lassen sich mittlerweile durch verschiedene Angaben bestätigen. Es wäre allerdings spannend, wenn diese Aspekte noch einmal aktuell in größerem Rahmen untersucht würden.

[96] Agsten 2009, S. 45 ff.

2.2.5 Phasen Hupäsch

Auch wenn der Einsatz von Hunden in Schulen in Deutschland erst ca. 2002 begann, sind aus meiner Sicht auch in der kurzen Zeit tendenziell verschiedene Entwicklungen bzw. Phasen im Bereich der Hundegestützten Pädagogik in der Schule zu beobachten. Diese bauen teilweise zeitlich aufeinander auf, überschneiden sich aber auch und wiederholen sich tendenziell an vielen Schulen, wenn Hunde neu eingesetzt werden.

Einsatz eines Hundes ohne entsprechende Sachkunde

Wie bereits unter Punkt 2.2 erläutert wurde, wird von etlichen Experten der Einsatz von Hunden in der Schule nicht zur Tiergestützten Intervention gezählt. Dies ist u. a. auch dadurch zu erklären, dass in den letzten Jahren zunehmend Hunde mit in die Schule genommen werden, ohne dass die Pädagoginnen sich im Vorfeld intensiv mit dem Thema auseinandergesetzt haben und die Hunde häufig mit in die Schule genommen werden, weil sie so lieb sind und alles mit sich machen lassen.

Manchmal entsteht auch der Eindruck oder es wird argumentiert, dass der Hund nicht allein zu Hause bleiben kann und deshalb, zeitweise in allen Unterrichtsstunden, die Pädagogin in den Unterricht begleitet, denn über die Medien wird vielfach noch der Eindruck erweckt, dass nur die Anwesenheit eines Hundes bei den Schülern Wunder bewirkt ... Trotz der mittlerweile vielfältigeren qualifizierten Informationsmöglichkeiten wird so immer wieder berichtet, dass Hunde sich frei auch ohne Aufsicht der Besitzerin im Schulgebäude bewegen, Schüler mit ihnen ohne Aufsicht agieren oder spazierengehen und ihnen z. B. kein spezieller Ruheplatz zur Verfügung steht.

Wird der Begriff „Schulhund“ im Netz eingegeben, so erscheinen mittlerweile nicht nur viele Infos zu dem Thema, sondern auch Hunderte von Fotos, auf denen allgemein viele glückliche Schüler zu sehen sind und leider gleichzeitig auch viele unglückliche Hunde.

Dass Reporter und Fotografen ihre Bilder unter bestimmten Gesichtspunkten erstellen und dabei nicht unbedingt die Stimmung der Hunde lesen können, kann ich durchaus verstehen. Aber dass Kolleginnen, die ihre Hunde doch lieben und kennen sollten, Fotos veröffentlichen, auf denen es ihren Hunden definitiv nicht gutgeht, zeigt, dass wir noch ziemlich am Anfang eines qualifizierten Schulhundeinsatzes stehen.

Die im Netz verbreiteten Fotos und Filmchen zum Thema Schulhund dokumentieren häufig deutlich, dass vielen Kolleginnen das nötig kynologische Hintergrundwissen zum Einsatz ihres Hundes in der Schule fehlt. Auch eine deutliche Körpersprache des Hundes wird nicht entsprechend gedeutet, die Schüler verhalten sich übergriffig und wenig respektvoll, und die Hunde werden häufig instrumentalisiert und missbraucht.

Aber die Schule ist nicht nur oft Stress für Lehrer und Schüler, sondern definitiv auch für Hunde, auch wenn diese sich dazu häufig nicht aktiv laut und deutlich äußern. Sie werden von ihrer Besitzerin mit in die Schule genommen und haben in der Regel nur ein begrenztes

Mitspracherecht, ob sie auch wirklich mitkommen möchten. Schwanzwedeln bedeutet nicht immer Freude!

Dies führt zu Gefahren für die Schüler und zu einer Herabminderung all der Kolleginnen, die sich intensiv im Vorfeld mit den Voraussetzungen eines qualifizierten Einsatzes von Hunden in der Schule auseinandergesetzt haben. Vor allem führt es aber auch zu einer besonderen Gefahr für die mitgenommenen Hunde, die allgemein zu den introvertierten Stresstypen gehören, sich viel gefallen lassen und oft still vor sich hin leiden. Da auch die nötigen organisatorischen Grundvoraussetzungen für sie in der Schule nicht vorhanden sind, sind sie massivem Stress ausgesetzt und erhalten allgemein nicht die notwendige Unterstützung durch ihre Besitzerinnen.

Der Verein QNS e. V. hat dazu 2021 die Kampagne „Gleichwürdigkeit zeigen und leben" initiiert, zu der es u. a. eine Broschüre, Materialien, Handreichnungen etc. gibt, die über die Homepage „schulbegleithunde.de" herunterzuladen sind.

Begründeter und sicherer Einsatz eines Hundes

Als sich ab 2002 der „Schulhundvirus" in Deutschland ausbreitete, mussten die Kolleginnen einige Überzeugungsarbeit leisten, denn der Sinn des Einsatzes von Hunden war allgemein nicht klar ersichtlich. Vielmehr ging die Allgemeinheit, ebenso wie vielfach noch heute, davon aus, dass der Hund nicht allein zu Hause bleiben kann und er deshalb seine Besitzerin in die Schule begleitet.

Wirkungen von Tieren bzw. Hunden waren kaum bekannt, da es wenig allgemeine Literatur zum Thema gab, und zum Einsatz von Hunden in der Schule lagen noch gar keine Bücher vor. Auch das Internet hatte sich Anfang des Jahrtausends noch nicht so ausgeweitet und Infos waren grundsätzlich nur zur Tiergestützten Intervention zu finden.

Diese Phase beschäftigt auch nach ca. zwei Jahrzehnten jede Neueinsteigerin in das Thema, und die erstellten Konzepte machen das immer wieder deutlich, denn die allgemein möglichen Wirkungen von Hunden werden dort tendenziell überproportional dargestellt, um Überzeugungsarbeit zu leisten.

Ein wichtiges Thema war und ist zu Beginn auch immer wieder die Gefahr, die von einem Hund für die Schüler ausgehen kann. Noch heute ist die spezielle Tiergefahr durch Hunde ein Thema, besonders in den Ministerien und Schulämtern und führt auch immer wieder zu sonderbaren Entscheidungen. In Hessen durfte z. B. ein Schäferhund nur mit in die Schule gehen, wenn er einen Maulkorb trug ...

Auch deshalb setzen Kolleginnen nicht ohne Grund allgemein helle, ruhige, nett aussehende Hunde mittlerer Größe im schulischen Bereich ein. Das hilft sehr, die Zustimmung der zuständigen Personen bzw. Gremien zu erhalten.

Hupäschlerinnen, die von dunklen, größeren Hunden in den Unterricht begleitet werden, haben es allgemein schwerer, Überzeugungsarbeit zu leisten. Und wenn vielleicht sogar ein wolfsfarbener Schäferhund, ein Rottweiler oder ein Staff-Mix die Schüler beim Lernen unterstützen soll, benötigt die Pädagogin nach unseren Erfahrungen ein sehr sicheres Auftreten, eine sehr gute Sachkenntnis und definitiv eine gute Wesensbeurteilung des Hundes.

Nach der Aussage von Wohlfarth/Muschler *„liegen bisher keine gesicherten wissenschaftlichen Erkenntnisse vor, ob das Exterieur eines Hundes Einfluss auf tiergestützte Interventionen hat. Es ist nicht bekannt, ob zum Beispiel die Fellfarbe, die Größe oder der Gesichtsausdruck die Akzeptanz bei Klienten, Kindern oder Schülern beeinflusst“.*[97] Die eingesetzten Hunderassen deuten aus meiner Sicht aber eindeutig auf einen Einfluss der optischen Erscheinung eines Hundes hin und der vermehrte Einsatz von Doodle bestätigt das zusätzlich.

Andrea Beetz schrieb 2012, dass das Aussehen bzw. die Rasse des Hundes durchaus eine Rolle spielen, wie eine Beobachtungsstudie von Wells 2004 zeigte. Es wurden die Reaktionen von 1.800 Fremden in der Öffentlichkeit auf eine Studentin erfasst, die u. a. von einem Labrador-Welpen, einem erwachsenen Labrador, einem erwachsenen Rottweiler oder einem Teddy begleitet wurde. Die meisten positiven Reaktionen erhielt die Studentin in Begleitung des Welpen, gefolgt vom erwachsenen Labrador. Im Vergleich dazu bekam sie deutlich weniger positive Reaktionen in Begleitung des Rottweilers.[98]

[97] Beetz/Riedel/Wohlfahrt 2018, S. 178

[98] Beetz 2012, S. 62

Einsatz als Präsenzhund

Sind Schulleitung, Kolleginnen und Eltern von der Sinnhaftigkeit des Einsatzes und der Gefahrenlosigkeit des Schulhundes überzeugt, und die erste Heranführung an die Schule ist absolviert, so werden die Hunde allgemein zunächst als „Präsenzhund“ eingesetzt, d. h. der Hund ist *„einfach nur anwesend, kann sich nach Belieben frei in der Klasse bewegen und der Kontakt zu ihm ist möglich“*[99].

Dafür ist es natürlich notwendig, dass Hund und Schüler gut auf diese Art des Einsatzes vorbereitet sind. Unter 3.2 werden dazu noch wichtige Aspekte für den Einsatz eines Hundes in der Schule ausführlicher erläutert.

Anders als Andrea Beetz bin ich der Meinung, dass auch für diesen Einsatz eine spezielle Weiterbildung des Mensch-Hund-Teams erforderlich ist. Neben einem geeigneten Wesen des Hundes, einer guten Grunderziehung und einer guten Gewöhnung an die Schule ist aus unserer Sicht ein vielfältiges Hintergrundwissen um Prozesse und Wirkungen aus der TGI wichtig, um neben der Wissensvermittlung im Unterricht schnell Rückschlüssen aus den Interaktionen zwischen dem Hund und den Schülerinnen ziehen zu können und entsprechend zu agieren.[100]

Auf jeden Fall sollten Schule und Klasse für den Hund von Beginn an mit Ruhe gekoppelt werden, damit ein ganz normaler Unterricht stattfinden kann und der Stresspegel für alle Beteiligten minimiert ist. Nur so kann der Hund durch seine Anwesenheit die Entspannung und die Atmosphäre, sowie das Sozialverhalten der Schüler in der Klasse, positiv beeinflussen.

[99] Beetz 2012, S. 110

[100] vgl. Beetz 2012, S. 112

Vielfältiger aktiver Einsatz eines Hundes

Sind die Hürden zur Genehmigung des Hundes überwunden und der Hund hat erste Einsätze als Präsenzhund absolviert, so sind die weiteren Möglichkeiten des Schulhundeinsatzes ein Thema, das die Kolleginnen sehr intensiv beschäftigt.

Mittlerweile gibt es einiges an Literatur zu dem Thema, und auf vielen Facebook-Seiten zu Schulhunden zeigt die Zahl der Likes und Kommentare, wie wichtig den Hupäschlerinnen die praktischen Ideen rund um den Unterricht mit Schulhunden sind.

Aus meiner Sicht gibt es für den praktischen Einsatz von Hunden in der Schule keine pauschalen Lösungen, da u. a. die Schulform, die Schülerklientel und natürlich auch die Individualität des Hundes eine gravierende Rolle spielen. Ideen aus dem therapeutischen Bereich können nur begrenzt übernommen werden, da allgemein normaler Unterricht mit bis zu 30 Schülern stattfindet und der Einsatz des Hundes somit nicht in einer Einzelbetreuung erfolgt. Der Austausch der Lehrerinnen über Facebook hat zu dem Thema mittlerweile einen ziemlich hohen Stellenwert erhalten.

Überwiegend agieren meines Erachtens Kolleginnen aus dem Grundschulbereich im Netz, da die Themen in den vier Schuljahren regelmäßig wiederkehren und viele Hunde dort eingesetzt werden. Die Förderschullehrerinnen haben einen sehr, sehr unterschiedlichen Einsatzbereich bzw. eine sehr unterschiedliche Schülerklientel und somit erscheint mir ihr Austausch zu praktischen Einsatzmöglichkeiten weniger aktiv, da vieles sehr individuell auf die Fähigkeiten der Schüler und Hunde zugeschnitten werden muss.

Die Kolleginnen, die ihre Hunde im Sekundarbereich einsetzen, haben normalerweise nicht nur von der Organisation des Einsatzes her größere Probleme, sondern auch von den Möglich-

keiten des Einsatzes, da es sich um größere Schulkomplexe handelt und es in den Lehrplänen schwerpunktmäßig um Wissensvermittlung geht.

Auch wenn mittlerweile also viele Möglichkeiten des Schulhundeinsatzes bekannt sind, so fehlt es besonders im Sekundarbereich noch an Veröffentlichungen zu weiteren praktikablen Möglichkeiten während des regulären Unterrichtes, wie die Rückmeldungen der Kolleginnen zeigen.

Für den aktiven Einsatz werden die Hunde je nach ihren Vorlieben durch Apportieren, Würfeln o.ä. in das Unterrichtsgeschehen eingebunden, um den Spaß und die Motivation der Schüler zu steigern. Da dieser *„Einsatz mehr Konzentration und Aktivität vom Hund fordert, ist er im Durchschnitt anstrengender und wird daher nur für kürzere Unterrichtseinheiten verfolgt"*[101].

Qualifizierter Einsatz eines Schulhundes

Aber es geht im Bereich Hupäsch nicht nur um mögliche Wirkungen von Hunden in der Schule, ihre Gefahrlosigkeit für die Schüler und praktische Möglichkeiten des Einsatzes. In allen Bereichen der Tiergestützten Intervention geht es zunehmend um einen qualifizierten Einsatz der Tiere und um ihren Schutz.

Da es zu Beginn ja wichtig ist, dass keine Gefahr durch das Tier besteht, werden allgemein nette, liebe Hunde mit in die Schule genommen, die allerdings nach unseren Erfahrungen auch oft introvertierte Stresstypen sind. Sie äußern ihre Überforderung kaum durch ein nach außen orientiertes Verhalten, sondern sie ertragen vieles und wirken für ungeschulte Menschen oft ruhig und entspannt.

Wie kleinere Kinder können Hunde auch nur begrenzt einschätzen, was wirklich gut für sie ist, und die Besitzerin hat die Verantwortung und muss vorausschauend und präventiv agieren, damit ihr Hund sie viele Jahre gesund und freudig in die Schule begleiten kann.

Grundsätzlich sind dazu auf die Schüler und den Hund individuell zugeschnittene Regeln und Rituale wichtig, da sie entscheidend dazu beitragen, den Stress besonders bei den Hunden zu reduzieren. Bei einem qualifizierten Einsatz geht es auch um die individuellen Fähigkeiten des Hundes, die genutzt werden können. Nicht jeder Hund apportiert, würfelt oder schmust gern!

Aber das Hauptaugenmerk liegt natürlich auf der Besitzerin des Hundes, die auch die feinen individuellen Signale ihres Hundes sehr sicher lesen können muss, damit ein qualifizierter Einsatz innerhalb des regulären Unterrichtes möglich ist. Da sich auch Hunde während ihrer Entwicklung, genau wie wir Menschen, verändern, hat man in dem Bereich definitiv nie ausgelernt, und eine qualifizierte Begleitung und Supervision ist sehr wichtig.

---

[101] Beetz 2012, S. 110

Beim Einsatz von Hunden in der Schule spielt zunehmend auch der Begriff „Ethik“ eine Rolle, also das moralische Handeln der Menschen. Ist es überhaupt ethisch vertretbar, Hunde in der Schule für unsere Zwecke zu „benutzen“? Wo fängt die Instrumentalisierung an? Was können wir den Hunden auch moralisch zumuten?

Auch darauf gibt es aus meiner Sicht keine pauschale Antwort, sondern viele verschiedene Aspekte können auch aus ethischer Sicht für oder gegen den Einsatz eines Hundes in der Schule sprechen. Vor allem muss sich jede Schulhundbesitzerin klar werden, welchem ethischen Ansatz sie folgen möchte und welche Haltung sie selbst entwickelt.

Im Bereich der TGI werden die Tiere allgemein nicht als Sache gesehen, aber in der Regel sind sie dem Menschen untergeordnet, und Unterordnung und Signalkontrolle spielen noch eine recht große Rolle.

Zunehmend werden Hunde aber in unserem Kulturkreis und auch in der TGI als Partner betrachtet. Besonders im schulischen Bereich ist es m. E. wichtig, dass wir den Schülern vermitteln, dass sie eigenständige Lebewesen sind, aber keine Menschen und somit respektvoll als Hunde gesehen und behandelt werden müssen, mit all ihren artgerechten Bedürfnissen und Fähigkeiten.

Deshalb gibt es aus meiner Sicht einige Punkte, die nicht mit einem qualifizierten Einsatz von Hunden in der Schule vereinbar sind:

- Der Hund wird in der Klasse angebunden und kann nicht frei agieren.
- Der Hund wird von allen Schülern eingekreist und hat keine Chance, diese Situation selbstständig zu verlassen.

- Viele Schüler gleichzeitig fassen den Hund an bzw. streicheln ihn.
- An dem Hund oder seinem Geschirr werden zur Schulung der Feinmotorik Haarklammern, Wäscheklammern etc. befestigt oder Schilder verschiedenster Art.
- Der Hund wird zur allgemeinen Belustigung mit Mütze, Brille o. ä. ausgestattet.
- Zu Karneval wird der Hund wie die Schüler mit einem Kostüm verkleidet.
- ...

Siehe Anlage IAHAIO Weissbuch 2014, rev. 2018 (S. 161 ff. und Download)

Nur wenn wir den Hund typgerecht in der Schule einsetzen, seine individuellen Stärken und Schwächen berücksichtigen und ihn nicht instrumentalisieren, können sich die positiven Wirkungen der Hundegestützten Pädagogik im schulischen Bereich weiter entwickeln. Dabei trägt immer die Besitzerin die Verantwortung und hat die Chance über ihre respektvolle Mensch-Hund-Beziehung die Schüler, und damit die folgende Generation, positiv im Umgang mit Hunden bzw. Tieren zu beeinflussen.

Optimaler Einsatz eines Schulhundes

Auch wenn in der Praxis leider häufig ein qualifizierter Einsatz noch nicht erreicht ist, so zeichnet sich doch in meinen Augen schon ganz leicht eine Phase ab, die aufzeigt, welche differenzierten Wirkungen Hunde vielleicht in der Zukunft in der Schule entfalten könnten, wenn alle vorher aufgeführten Voraussetzungen optimal erfüllt wären und der Hund als gleichberechtigter Partner mit anderen Möglichkeiten der Wahrnehmung und des Verhaltens gewürdigt wird.

Cornelia Drees hat 2018 das Buch „Pforten auf ... TGI“ herausgegeben, in dem es um die *„möglichst freie Begegnung von Mensch und Tier“* geht. Ingrid Stephan schreibt dort im Vorwort, dass *„die Autorin um jedes Detail der tierischen Bedürfnisse weiß und daneben authentisches Vorbild bleibt mit der Liebe zu Individualität und Eigensinn, die nicht in Lehrbüchern zu finden ist“*.[102]

[102] Drees 2018, S. 1

Das spricht mich als Sonderpädagogin natürlich besonders an, denn ich bin überzeugt, dass die Vorbildfunktion der gelebten Hundegestützten Pädagogik in der Schule eine große Rolle spielt. Dazu muss die Hundebesitzerin sich aber ein gutes Sachwissen zum Hund und zur TGI erarbeitet haben, und sie muss die Sicherheit besitzen, spontan Verhaltensweisen ihres Hundes gut einzuschätzen, um sie für ihre pädagogische Arbeit optimal nutzen zu können.

Das Wort „Freiheit“ spielt nach Cornelia Dress hier eine wichtige Rolle. *„Im ewigen Abwägen zwischen Sicherheit und Freiheit übernehmen wir den Tieren gegenüber oft eine Art Elternrolle und entscheiden eher für Sicherheit.“*[103] Aber je mehr Freiheit bzw. Freiraum wir z. B. auch den Hunden in der Schule geben, desto mehr können wir ihre besonderen Fähigkeiten im zwischenmenschlichen Bereich auch für unsere Arbeit nutzen.

Voraussetzung dafür ist aber neben einer optimalen wechselseitigen Verständigung auch ein optimales Verständnis und eine optimale Verlässlichkeit zwischen Besitzerin und Hund. Nur auf dieser Grundbasis kann sich das wechselseitige Vertrauen zwischen Mensch und Hund so entwickeln, dass der Hund weiß, dass er weitgehende Aktionsfreiheit im Umgang mit den Schülern besitzt und nicht nur über „Signale“ oder gar „Kommandos“ (die absolut befolgt werden müssen) der Besitzerin agieren darf. Der Begriff „kontrollierte Selbstständigkeit“ ist an dieser Stelle vielleicht angebracht.

Norbert Sachser schreibt dazu: *„Die Erkenntnisse der Verhaltensbiologie haben unser wissenschaftliches Bild vom Tier fundamental verändert, und sie helfen uns, Tiere besser zu verstehen. ... Sie sind uns nähergerückt und wir ihnen. Es steckt sehr viel mehr Mensch im Tier, als wir uns vor wenigen Jahren noch haben vorstellen können.“*[104]

Für eine „kontrollierte Selbstständigkeit“ benötigen wir aber Hunde, die physisch und psychisch gute Grundvoraussetzungen mitbringen und zu denen sich im Laufe der Jahre eine gegenseitige vertrauensvolle Verbindung entwickelt hat. Mensch und Hund müssen die Gewissheit haben, dass auf der Basis eines wertschätzenden, vertrauensvollen Umganges mögliche Freiheiten gegeben und akzeptiert werden. Eine kontrollierte und akzeptierte Selbstständigkeit des Hundes ist in meinen Augen eine wichtige Voraussetzung für einen optimalen Schulhundeinsatz und auch für den Alltag.

Die Niederländerin Eva Meijer vertritt die Ansicht, dass *„Tiere nicht als Untertanen betrachtet werden“* sollen, *„die der Mensch in allem bevormunden kann, sondern als Mitbürger, die über ihre*

[103] Drees 2018, S. 3

[104] Sachser 2018, S. 239

und unsere Lebensbedingungen mitbestimmen können". Sie schreibt u. a. auch, dass menschliche und nichtmenschliche Lebewesen in der Schule lernen müssten, *„wie sie in ihrer Gemeinschaft mit den anderen zusammenleben können".*[105]

Diese ethische Richtung entspricht unserem Ansatz, auch wenn wir für Menschen und Tiere leider noch sehr weit von einer praktischen Umsetzung entfernt sind. Allgemein ist z. B. signalkontrolliertes Verhalten beim Hund auch in den tiergestützten Weiterbildungen noch ein wichtiges Ziel, und selbstbestimmtes Verhalten des Hundes wird nicht unbedingt positiv gesehen. Aber erst wenn wir dies ermöglichen, können wir die Fähigkeiten der Hunde (und anderer Tiere) für die TGI optimal nutzen.

Deshalb möchte ich an dieser Stelle noch einmal auf die 2022 erschienene kostenlose QNS-Broschüre „Gleichwürdigkeit zeigen und leben" hinweisen.

2.2.6 Resümee Hupäsch

Die „Hundegestützte Pädagogik in der Schule" gehört aus der Sicht einiger Autoren nicht zum Bereich der „TGI", sondern wird teilweise nur als Vorstufe zur professionellen Tiergestützen Pädagogik angesehen.

Begrifflichkeiten sind auch im Bereich Hupäsch nicht immer eindeutig und so sieht das „Qualitätsnetzwerk Schulbegleithunde e. V." den „Schulhund" als Oberbegriff für alle im schulischen Bereich eingesetzten Hunde an. Nach der Einsatzart und der Aus- und Weiterbildung der Besitzerinnen differenzieren wir weiter grob nach „Schulbegleithund", „Schulbesuchshund" und „Therapiebegleithund".

Seit 2002 hat eine rasante Entwicklung beim Einsatz von Hunden in der Schule stattgefunden, und es ist von mindestens 2.000 deutschen Schulen mit noch mehr Schulhunden auszugehen. Dabei ist die „Selbstverpflichtung" im Schulhundweb zurzeit das einzige bundesweit geltende Gütekriterium, dem sich Ende 2022 ca. 520 Hupäschlerinnen angeschlossen haben. Die SV gilt seit 2016 und basiert auf der 2008 vom Fachkreis Schulhunde in Kassel entwickelten „Freiwillige Selbstverpflichtung".

Nach meinen Beobachtungen kann zurzeit von mehreren Phasen im Bereich der Hundegestützten Pädagogik in der Schule ausgegangen werden, die zeitlich teilweise aufeinander aufbauen und sich tendenziell bei vielen neuen Schulhund-Einsätzen wiederholen:

- Einsatz eines Hundes ohne entsprechende Sachkunde
- begründeter und sicherer Einsatz eines Hundes
- Einsatz als Präsenzhund
- vielfältiger aktiver Einsatz eines Hundes
- qualifizierter Einsatz eines Schulhundes
- optimaler Einsatz eines Schulhundes

[105] Meijer 2019, S. 35

3. Der Einsatz von Hunden in der Schule

Viele Kolleginnen hätten gern Patentrezepte, wie ihr Hund in der Schule eingesetzt werden kann. Aber aus meiner Sicht gibt es hier keine pauschalen Lösungen, da der schulische Bereich mittlerweile immer vielschichtiger wird und vielfältige Voraussetzungen, organisatorische Bedingungen und Schwerpunkte der pädagogischen Arbeit ineinander verzahnt sind und sich gegenseitig bedingen.

In einem „Leitfaden Qualitätsanalyse Schulbegleithund" habe ich versucht, möglichst viele Aspekte aufzulisten, die Einfluss auf den Einsatz eines Hundes in der Schule nehmen können. Aber die Liste erhebt keinen Anspruch auf Vollständigkeit, sondern versucht nur ansatzweise die Vielschichtigkeit der ineinandergreifenden Faktoren deutlich zu machen.

Leitfaden Qualitätsanalyse Schulbegleithund (S. 190 ff. und Download)

Da sich die Schullandschaft in den letzten Jahren gravierend verändert hat, möchte ich in diesem Kapitel auch auf die verschiedenen Einsatzmöglichkeiten von Hunden im schulischen Bereich näher eingehen, um deutlich zu machen, dass es „den Einsatz" von Hunden in der Schule nicht geben kann.

Vorher muss aber zunächst auf die grundsätzlichen Voraussetzungen im Bereich Hund, Pädagogin, Schule etc. eingegangen werden und außerdem auf aktuelle Entwicklungen im Bereich der rechtlichen und organisatorischen Voraussetzungen. Je nach Einsatzbereich in der Schule und den individuellen Voraussetzungen und Möglichkeiten der Pädagogin und des Hundes müssen jeweils individuelle Einsatzziele herausgearbeitet werden.

3.1 Wichtige Grundfaktoren für den Einsatz

In diesem Kapitel möchte ich also zunächst auf verschiedene wichtige Einsatzaspekte eingehen, bevor wir uns den verschiedenen Einsatzbereichen von Hunden im schulischen Bereich widmen. Diese gelten für alle Einsatzbereiche, wenn Hunde qualifiziert im Bereich der TGI eingesetzt werden sollen.

Wie bereits mehrfach erwähnt, spielen auch beim Einsatz von Hunden in der Schule immer viele Faktoren eine Rolle und greifen sehr vielfältig ineinander. Manchmal kann schon ein einziger Punkt wie ein kranker Hund, ein nicht adäquater Stundenplan, ein ungünstiger Klassenraum oder ein neuer Schüler mit einer Allergie oder massiven Verhaltensstörungen dazu führen, dass der Schulhund nicht mehr eingesetzt werden kann. Teilweise gelingt es aber auch mit vereinten Kräften, einige Stolpersteine aus dem Weg zu räumen, wenn das Projekt Schulhund wirklich an der Schule gewünscht wird.

3.1.1 Eingesetzte Hunde

Immer wieder erhalte ich Anfragen von interessierten Kolleginnen, die sich mit dem Thema Hupäsch beschäftigen, welche Hunderasse am besten für den Einsatz in der Schule geeignet wäre. Aus meiner Sicht gibt es auch dazu keine klare Antwort, denn primär muss der Hund zu seiner zukünftigen Besitzerin und zu ihrem Lebensalltag passen.

Da es nie eine Garantie gibt, dass der Hund später regelmäßig in der Schule eingesetzt werden kann und die Beziehung zwischen Hundehalterin und Hund die wichtigste Basis für einen späteren qualifizierten Einsatz in der Schule ist, muss somit jede Pädagogin diese Entscheidung nach bestem Wissen und ggf. auch intuitiv treffen.

Aber natürlich sind Richtungen und Entwicklungen beim Einsatz von bestimmten Rassen im schulischen Bereich zu erkennen!

Seit Anfang 2008 bieten wir bei ColeCanido Weiterbildungen zur Hundegestützten Pädagogik in der Schule an, und bis Ende 2018 hatten fast 600 verschiedene Zwei- und Vierbeiner unsere Seminare besucht. Somit können aufgrund unserer Datenbank auch Infos zu den verschiedenen eingesetzten Hunderassen erhoben werden.

Um die Veränderungen bei den eingesetzten Hunderassen deutlich zu machen, wurden die an den Seminaren teilnehmenden Hunde von 2008–2013 den eingesetzten Hunden von 2014–2018 prozentual gegenübergestellt. 2013 fand die 2. Schulhundkonferenz in Dortmund statt, und dort hatte ich Tendenzen zu eingesetzten Rassen bereits aufgezeigt. Es gibt seitdem aber Veränderungen, die so deutlich gemacht werden können.

Rassen	2008–2013	2014–2018	Unterschied
Mischlinge	32 %	26 %	minus 6 %
Labrador Retriever	21 %	13 %	minus 8 %
Golden Retriever	6 %	8 %	plus 2 %
Doodle	---	9 %	plus 9 %
Australian Shepherd	6 %	6 %	---
Border Collie	5 %	2 %	minus 3 %
Elo	5 %	2 %	minus 3 %
andere Rassen	25 %	34 %	plus 9 %

Der Tabelle ist zu entnehmen, dass neben Mischlingen ein Großteil der eingesetzten Hunderassen bei uns weiterhin Retriever mit 27 % (2008–2013) bzw. 21 % (2014–2018) waren. Das sagt nichts über die tatsächliche Anzahl der Hunde aus, denn die Zahlen der Hunde in den beiden

Zeitabschnitten waren sehr unterschiedlich. Von 2008–2013 nahmen 192 Hunde an unseren Seminaren teil und von 2014–2018 mit 390 Vierbeinern ca. doppelt so viele.

Definitiv belegen diese Zahlen aber, dass die „Doodle“ in den letzten Jahren zunehmend die Schulen und allgemein den Bereich der Tiergestützten Intervention erobert haben. Dabei handelt es sich nach Angaben der Besitzerinnen ca. zur Hälfte um Golden Doodle und zu einem Großteil um Labradoodle. Aber auch Aussiedoodle, Flatdoodle, Bernerdoodle etc. erobern gerade den Markt und werden gern für viel Geld erworben, da sie angeblich keine Allergien auslösen, da Golden Retriever, Labradore, Australian Shepherds, Berner Sennhunde etc. mit Pudeln gekreuzt wurden.

Eine Liste zu den eingesetzten Hunderassen in RLP vom 05.11.2018 bestätigte die prozentuale Verteilung der Hunderassen bei Schulhunden fast genau. Es waren zu dem Zeitpunkt 203 Hunde und ihre Rassen aufgelistet. Dabei standen auch dort an erster Stelle die Mischlinge, allerdings nur mit 25 von 203 Hunden, also mit ca. 12,5 %. Weiter unten in der Liste waren allerdings noch 27 verschiedene einzelne Mixe aufgeführt, so dass insgesamt auch in RLP 26 % Mixe eingesetzt wurden.

Bei ColeCanido wurden alle Doodle in einer Gruppe zusammengefasst und in RLP zwischen Labradoodle, Flatdoodle und Minidoodle differenziert, so dass sich dort insgesamt auch 3,5 % ergaben.

Die Liste der eingesetzten Hunderassen in RLP deckt sich somit fast völlig mit der bei Cole-Canido:

- Mischlinge 26 %
- Labrador Retriever 11,5 %
- Golden Retriever 10 %
- Australian Shepherd 6 %
- Doodle 3,5 %
- Border Collie 3 %
- Elo 3 %
- Französische Bulldogge 2,5 %[106]

[106] Bildungsserver Schulhund Rheinland-Pfalz „Statistik Hunderassen“ 30.08.2019

Diese Zahlen belegen deutlich den Begriff der retrieverisierten Gesellschaft von Kurt Kotrschal und weisen auf die weitere Entwicklung in Richtung angeblich hypoallergener Rassen hin, auf die ich im nächsten Abschnitt noch weiter eingehen werde.

Die Beobachtungen in Richtung der kleineren Hunderassen, wie z. B. der Französischen Bulldogge, die auch in der Auflistung von TASSO 2017 unter den 10 beliebtesten Hunderassen eine Rolle spielte, sind danach auch beim Einsatz in der Schule langsam auf dem Vormarsch, auch wenn sie bei ColeCanido bisher nur gut 1 % der Hunde ausmachten.

Hypoallergene Rassen

Das Thema Allergie gegen Hunde spielt beim Einsatz von Hunden in der Schule immer wieder eine große Rolle und wird aus unserer Sicht manchmal auch zu sehr in den Mittelpunkt gestellt. Unter anderem auch deshalb ist in den letzten Jahren vermutlich ein deutlicher Trend zu angeblich hypoallergenen Rassen zu erkennen.

Aber Menschen reagieren nicht allgemein auf alle Hunde allergisch, sondern oft nur auf bestimmte Hunde, und eine sogenannte Hundehaarallergie gibt es nicht! *„Auch wenn es ein wenig paradox klingen mag: Eine Tierhaarallergie ist keine Allergie gegen Tierhaare. Auslöser dieser Allergie sind vielmehr eiweißhaltige Bestandteile von Speichel, Schweiß, Talg oder Urin bestimmter Tiere ... Allerdings spielen Tierhaare ... bei der Verbreitung der Allergene eine zentrale Rolle, weil diese daran haften und sich mit den Haaren weiträumig verteilen können. Die von den Tieren stammenden Allergene werden dann vor allem mit der Atemluft aufgenommen und können Augen, Nase und Bronchien reizen. Auch ein direkter Hautkontakt mit Tieren kann allergische Reaktionen hervorrufen ... Die Intensität der Allergenbelastung ist unabhängig von der Rasse von Tier zu Tier unterschiedlich. Die gelegentlich anzutreffende Meinung, langhaarige Tiere seien für Allergiker problematischer als kurzhaarige, ist jedoch nicht haltbar.“*[107]

Im Vergleich zu anderen Allergenquellen (z. B. Hausstaubmilbe) sind von Tieren zahlenmäßig weniger Allergene bekannt. *„Hundeallergene sind mäßig aggressiv und finden sich in Haut, Haaren, Speichel und im Urin. Bei allergischen Reaktionen treten nach der Erkenntnis des deutschen Allergie- und Asthmabundes e.V. rassespezifische Sensibilisierungen auf (z. B. nur gegen Boxer). Die einzelnen Rassen besitzen sehr unterschiedliche Allergenpotenziale.“*[108]

Eine allgemeine Studie aus der Abteilung für Epidemiologie und Gesundheitsmonitoring des Robert-Koch-Institut in Berlin von 2013 untersuchte die Prävalenz von Sensibilisierungen gegen Inhalations- und Nahrungsmittelallergenen in Deutschland. Dabei wurde u. a. festgestellt, dass 48,6 % der Teilnehmer mindestens eine Sensibilisierung gegen 50 verbreitete Einzelallergene aufwiesen. Die Sensibilisierung ist eine Immunreaktion des Körpers, die durch den Kontakt mit einem Allergen ausgelöst wird und somit eine Vorstufe der allergischen Reaktion ist. Eine Sensibilisierung kann zu einer allergischen Reaktion führen, muss es aber nicht.

[107] Allergiecheck „Tierhaarallergie“ 25.12.2018

[108] Spezifische Immuntherapie 05.12.2019

Nach einer Übersicht des Bundesverband Bürohund e.V. ergibt sich aus dieser Untersuchung, dass bei 10 % der Teilnehmer eine Sensibilisierung gegen Tierepithelien vorliegt, aber nur 3,25 % eine tatsächliche allergische Reaktion gegen Hundeschuppen aufweisen.[109] Dabei gibt es natürlich auch noch innerhalb der allergischen Reaktionen eine sehr große Spannweite, denn die Menschen leiden teilweise unter allergischem Schnupfen, Haut- oder Augensymptomen, Asthma etc.

Deutlich höhere Zahlen zur Prävalenz von Sensibilisierungen sind auf der Homepage „Mein Allergie-Portal" zu finden. Danach sind besonders Meerschweinchen hochallergen, und die Sensibilisierungsrate von Meerschweinchen-Besitzern liegt deshalb fast bei 60 Prozent. Dieser Wert liegt auch bei Katzen vor, wohingegen er bei Hunden mit ca. 30 Prozent deutlich geringer ist. *„Bei den Hunden sind wiederum z. B. die Rassen Boxer und Schnauzer mit ca. 30 Prozent deutlich allergener als Schäferhunde mit ca. 2 Prozent Allergenität."*[110]

Diese sehr unterschiedlichen Zahlen kann ich natürlich nicht verifizieren. Definitiv muss aber jede bekannte Allergie immer gut abgeklärt werden, da es eventuell auch zu lebensbedrohlichen Reaktionen kommen kann. Deshalb muss das Thema Allergie auch im Hygieneplan für Schulhunde Beachtung finden!

[109] Bundesverband Bürohund „Hundehaarallergie" 27.12.2018

[110] Mein Allergie Portal „Tierhaare" 27.12.2018

Ausgelöst durch die Probleme einer allergischen Reaktion auf Hunde ist in den letzten Jahren zunehmend ein Trend zu sogenannten „hypoallergenen Hunderassen" zu erkennen. Dazu gehören nach Angaben u. a. der Lagotto/Wasserhund und der Pudel, sowie Mischungen mit ihm und Labradoren (Labradoodle), Golden Retrievern (Goldendoodle), Australian Shepherd (Aussiedoodle), Berner Sennhunden (Bernerdoodle) etc. Viele kleinere Rassen, wie Malteser, Havaneser etc. werden auch zu den hypoallergenen Rassen gezählt.

Diese vermeintlich „hypoallergenen Hunderassen" schneiden aber bei Expertenuntersuchungen zum Thema Allergie nicht besser ab als normale Rassen. Christine Cole Johnson, Vorsitzende der Henry Ford Detroit Hospital Public Health Sciences Abteilung untersuchte Staubproben aus 173 Häusern mit 60 verschiedenen Rassen, darunter 11, die als hypoallergen gelten. Ein Unterschied war jedoch nicht festzustellen. Demgegenüber ergaben frühere Allergiestudien nach Frau Johnson, dass die frühkindliche Exposition mit einem Hund das beste Mittel sei, um einer späteren Allergie vorzubeugen.[111]

Professor Torsten Zuberbier vom Vorstand der Deutschen Gesellschaft für Allergologie und klinische Immunologie (DGAKI) stellte in der Ärzte Zeitung am 10.10.2011 klar: *„Hypoallergene Hunderassen gibt es nicht. Das ist irreführend, und damit sollte bei Allergikern nicht mehr geworben werden."*[112]

Auch der Arzt Dr. Tobias Weigl schreibt dazu auf seiner Homepage: *„Hier muss allerdings deutlich gesagt werden, dass es keine wissenschaftlichen Hinweise gibt, dass diese Tierarten wirklich geringere Mengen der allergie-auslösenden Stoffe Fe d (1–4) oder Ca f (1–5) aufweisen. Diverse Studien konnten keinen Unterschied feststellen, als sie die Konzentration der Allergene in ‚nicht-hypo-allergenen' Hundehaaren und angeblich ‚hypo-allergenen' Hundehaaren untersuchten ...*

Dies soll allerdings nicht heißen, dass hypo-allergene Tierrassen nicht eine Linderung der Symptome bedeuten können. Mehr als 80 % von Befragten mit hypo-allergenen Hunden gaben an, weniger Symptome zu haben. Das heißt nicht, dass diese Tiere weniger allergieauslösend sind als andere Tiere, sie aber doch zur Leidensdruckverringerung beitragen können."[113]

Ein weniger häufiger Haarwechsel spielt danach, anders als viele Züchter behaupten, keine Rolle bei einer Allergie gegen Hunde!

In diesem Zusammenhang ist die Entstehung der Doodle sehr interessant, die ja in den letzten Jahren besonders im Bereich der Tiergestützten Intervention vermehrt eingesetzt werden, wie auch die Übersicht über die Hunde in unseren Seminaren belegt. Im Anhang ist dazu ein kleiner geschichtlicher Abriss zu finden.

Siehe Anlage Geschichte der Doodle (S. 201 f. und Download)

[111] vgl. Medical Diag. „hypoallergenicdogs" 09.12.2017

[112] Ärztezeitung „Allergien" 09.12.2017

[113] Doktor Weigl „Hundeallergie" 09.12.2017

Hunde aus dem Tierschutz

Da ich mich dem Tierschutz sehr verbunden fühle und zwei meiner drei eingesetzten Hunde über Tierschutzorganisationen aus Italien und Rumänien zu mir gekommen sind, liegt mir dieses Thema natürlich sehr am Herzen!

Ich sehe klar die positiven und negativen Seiten eines Tierschutzhundes beim Einsatz im schulischen Bereich, und möchte hier auf einige Aspekte hinweisen. Dabei teile ich eindeutig nicht die Ansicht einiger Anbieter von Weiterbildungen, dass Tierschutzhunde nicht im Bereich der Tiergestützten Intervention eingesetzt werden sollten.

Leider habe ich über unsere Datenbank keine zuverlässigen Angaben über die Herkunft der Hunde aus dem Tierschutz. Zu einem hohen Prozentteil kommen jüngere Kolleginnen mit einem jungen Rassehund zu uns, den sie von einem Züchter gekauft haben. Aber immer wieder besuchen auch Pädagoginnen mit einem Tierschutzhund die Weiterbildung, da sie aufgrund seines Verhaltens der Meinung sind, dass er sich gut für den Einsatz in der Schule eignet.

Dr. Nadia Torniepoth hat in ihrem Artikel „Der Einsatz von Tieren aus dem Tierschutz in der tiergestützten Intervention“ in der „tiergestützte“ 1/2017 auch Angaben zum Einsatz von Hunden aus dem Tierschutz gemacht. Nach einer Onlineumfrage stammten danach 22 von 62 Hunden aus dem Tierschutz, also ca. ein Drittel.[114]

Für Tierschutzhunde in der Schule gibt es, wie meiner Ansicht nach überall, nicht nur Pro oder Contra, sondern immer ein Abwägen aller Vor- und Nachteile. Endziel muss auch hier eine Win-win-Situation für alle Beteiligten sein. Nach Frau Torniepoth beschreibt die Mehrzahl der Teilnehmer ihre Erfahrungen mit Tierschutztieren als positiv und wertvoll für die Arbeit mit Klienten.

Primär wird beim Einsatz eines Tierschutzhundes in der TGI oft angeführt, dass allgemein keine Infos zu den genetisch vorhandene Rassemerkmalen vorhanden sind und kaum etwas über die Sozialisation und die gemachten Grunderfahrungen bekannt ist. Das erhöhe, wie oft angeführt wird, das Risiko beim Einsatz mit Schülern.

Aber auch wenn man sich, wie viele Kolleginnen, nach langer Suche nach einem guten Züchter für einen Welpen einer bestimmten Rasse entscheidet, nimmt man ein kleines Überraschungs-

[114] Tornipoth 2017, S. 17

paket mit nach Hause. Auch innerhalb einer Rasse gibt es viele Variationen, und einige Hunde haben scheinbar ihre Rassebeschreibung nicht gelesen. Auch wenn die neuen Besitzerinnen sich bei der Sozialisation sehr große Mühe geben, kann es trotzdem zu Verhaltensweisen kommen, die etwas schwerer oder gar nicht mit dem Einsatz in der Schule zu vereinbaren sind.

Ich persönlich habe, genau wie einige andere Kolleginnen auch, schon zweimal gute Erfahrungen mit der Adoption eines etwas älteren Hundes gemacht, bei dem der Charakter und die Verhaltensweisen tendenziell schon gut zu erkennen waren. Dabei muss natürlich mit bedacht werden, dass das Verhalten eines Hundes sich mit der Eingewöhnung in die neue Umgebung und Familie vermutlich noch verändern wird, da er mehr Sicherheit und Selbstbewusstsein entwickelt.

Wie beim Kauf eines Rassehundes spielt auch bei der Adoption eines Tierschutzhundes das Bauchgefühl eine große Rolle und wird allgemein, wie wissenschaftliche Untersuchungen zeigen, auch von unserem Hintergrundwissen mit beeinflusst.[115]

Nachdem ich 2002 viele Monate intensiv nach einem geeigneten Tierschutzhund für den Einsatz in der Schule gesucht hatte, wollte ich das Projekt schon auf Eis legen, als sich eine Wohnungstür öffnete, mich drei Hunde anschauten und ich mich sofort verliebte ... Die Barsoi-Setter-Mixhündin Sandy aus Italien war optisch auch noch einige Wochen später als gestresster Tierschutzhund zu erkennen, aber irgendetwas sprach mich an und ich bin ziemlich sicher, dass sich ohne sie bei mir die Hundegestützte Pädagogik in der Schule und ColeCanido nicht so entwickelt hätten.

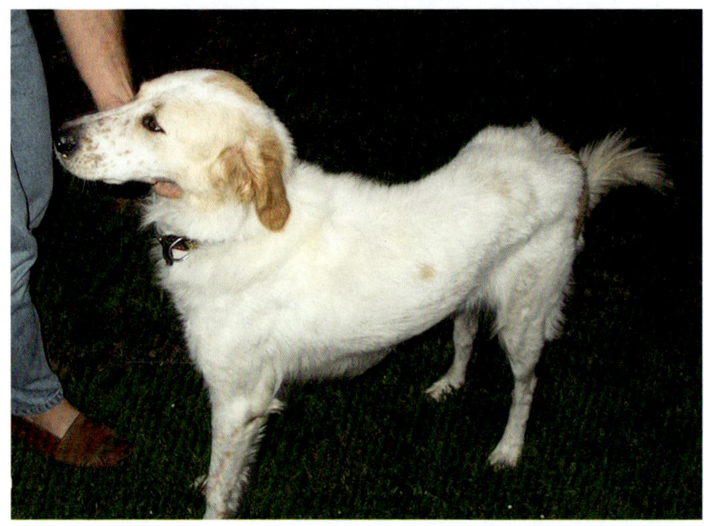

Wie mir in einer berufsbegleitenden Weiterbildung 2005 bei Symbiosys in München bestätigt wurde, war Sandy der „geborene Therapiehund", sehr sanft, hochsensibel und sehr souverän im Umgang mit Menschen und Artgenossen. Allerdings fehlten ihr viele Umwelterfahrungen und heute weiß ich, dass ich ihr nicht die nötige Zeit zum Ankommen gegeben habe und sie definitiv von mir nicht genug geschützt wurde.

Sehr schnell konnte ich mich in der Schule auf Sandy verlassen und ihr auch selbstständig die Führung überlassen. Sie hatte ein viel besseres Gespür als ich, wie schnell oder langsam sie auf die Schüler zugehen konnte, und nach einigen Jahren entdeckte ich, dass sie z. B. nie zu Menschen ging, die Angst vor Hunden hatten.

[115] Beck 2011, S. 116 ff.

Definitiv war sie ein Glücksgriff für mich! Aber das muss nicht immer so sein! Ebenso wie bei einem Rassehundwelpen kann auch ein vierbeiniger Partner einziehen, bei dem sich nach einiger Zeit herausstellt, dass er auf Dauer dem Einsatz in der Schule nicht gewachsen sein wird! Deshalb sollte jeder Hund in erster Linie als Familien-Begleithund angeschafft werden!

Heute weiß man, dass bei Hunden neben den Genen auch pränatale Erfahrungen und natürlich die Betreuung durch die Hündin und spätere Sozialisationen eine wichtige Rolle spielen. Somit müssen auch diese Punkte natürlich immer in die Entscheidung zur Adoption eines Tierschutzhundes mit einfließen. Aber so wie die Menschen unterschiedlich mit ihren Voraussetzungen und Erfahrungen umgehen, ist das bei Hunden ebenso. Es greifen einfach sehr, sehr viele Faktoren ineinander und beeinflussen sich gegenseitig, so dass Voraussagen nie absolut getroffen werden können.

Definitiv muss man aus meiner Sicht einen Tierschutzhund immer persönlich kennenlernen und die Möglichkeit haben, ihn mehrfach in verschiedenen Umgebungen zu erleben. Nur so ist die Richtung des Verhaltens wenigstens tendenziell zu erkennen. Hunde, die in den ersten Monaten ihres Lebens zwar Kontakt zu anderen Hunden hatten, aber nur begrenzt zu verschiedenen Menschen und verschiedenen Umweltfaktoren, sind allgemein dem erhöhten Stress eines Einsatzes in der Schule nicht gewachsen und dieser ist somit kein Gewinn für ihr Leben.

Auch wenn nicht alle Rassehunde in der Realität so gesund sind, wie allgemein behauptet wird, spielt das Thema natürlich bei Tierschutzhunden, besonders wenn sie aus dem Ausland kommen, eine ganz wichtige Rolle. Mangelhafte Ernährung und die sogenannten Reisekrankheiten wie Leishmaniose, Babesiose, Ehrlichiose etc. beeinflussen immer wieder die Gesundheit der Vierbeiner und damit auch das Leben der Besitzerinnen.

Nur einem gesunden Hund sollte man den Einsatz in der Schule zumuten, und bei der Erkrankung an einer Zoonose ist der Schulbesuch grundsätzlich ausgeschlossen. Hierzu zählen allgemein die Giardiose, Toxocarose, Alveoläre und Zystische Echinokokkose. Bei Hunden aus dem Süden spielt aber auch die Leishmaniose immer wieder eine Rolle, die aber nur begrenzt zu den Zoonosen gezählt wird, da eine direkte Übertragung von Tier zu Tier bzw. Mensch bisher sehr selten nachgewiesen wurde. Die Krankheiten sind aber für die Hunde selbst lebensgefährlich, wenn sie nicht behandelt werden.

Siehe Anlage Gesundheitsprävention Schulhund (S. 174 ff. und Download) 

Die Kastration der Tierschutzhunde ist allgemein das Mittel der Wahl, um der weiteren Vermehrung Einhalt zu gebieten. Dabei kommt es auch immer wieder zu Frühkastrationen, also Kastrationen vor der Geschlechtsreife der Hunde, die kontrovers diskutiert werden. Als Besitzerin muss man dabei im Blick haben, dass ein Eingriff in den Hormonhaushalt natürlich Einfluss auf die Physis und Psyche des Hundes hat.

Auch in dem Handbuch „Tiergestützte Interventionen“ wird auf die oben bereits angeführten Probleme Vergangenheit, Sozialisation, Krankheiten und Überraschungspaket Hund hingewiesen. Zusätzlich geht es auch um den „Sozialpartner Mensch“, den einige Hunde nicht positiv erleben konnten und somit natürlich nicht als Schulhund eingesetzt werden können.[116] Aber ich und andere Kolleginnen haben gerade bei Tierschutzhunden aus südlichen und östlichen Ländern eine erstaunliche Orientierung am Menschen erlebt, auch wenn eigentlich aufgrund ihrer Erfahrungen ein gegenteiliges Verhalten zu erwarten war.

Da das Thema Tierschutz ein wichtiges Thema in allen Lehrplänen ist, eröffnet ein Schulhund in diese Richtung natürlich viele verschiedene Möglichkeiten im Unterricht, da die Schüler emotional über den Hund sehr viel schneller angesprochen werden können. *„Der therapeutische und pädagogische Wert der ‚Biographiearbeit‘, des Einsatzes von Tieren mit einer Vorgeschichte“* wurde auch in der Umfrage von Dr. Nadia Torniepoth *„hervorgehoben und als bestimmend für programmatische Ausrichtung und Erfolg betrachtet. ... Die Resilienz des Tieres kann Vorbildfunktion haben.“*[117]

Tiere aus dem Tierschutz sind für Kinder allgemein ein besonders wichtiges und emotionales Thema, da sie dort auch selbst Hilfe leisten können. Mit den Hunden aus dem Tierschutz gehen sie allgemein besonders rücksichtsvoll und achtsam um und respektieren problemlos ihre Schwächen.

Häufig hat sich gezeigt, dass Schüler über die Schulhunde neben der Schule auch aktiv in den Tierschutz eingestiegen sind und auch Preise gewonnen haben. Beispielhaft sei hier z. B. auf die Schülerfirmen „kids for dogs“ in Baden-Württemberg[118] hingewiesen.

Als wichtigste Voraussetzung für einen gelungenen Einsatz von Tierschutztieren in der TGI wird nach der Online-Umfrage von Frau Torniepoth aber besonders auf die Erfahrung und Sachkompetenz der Tierhalter hingewiesen. Außerdem sind ein adäquates Training der Tiere und eine gute Intuition der Besitzerin für die Risikobewertung des Einsatzes wichtig, denn letztlich *„wird eine solche Entscheidung immer auf der Basis individueller menschlicher und tierischer Persönlichkeiten getroffen“.*[119]

116 Beetz/Riedel/Wohlfahrt 2018, S. 179

117 Tornipoth 2017, S. 18

118 kids4dogs.de

119 Tornipoth 2017, S.23

3.1.2 Voraussetzungen Pädagogin

Kurt Kotrschal und Brita Ortbauer fragen am Ende ihres Berichtes über „Kurzzeiteinflüsse von Hunden auf das Sozialverhalten von Grundschülern“[120] ob man nicht *„interessierten Lehrerinnen und ihren Hunden entsprechende Ausbildungs- und Einsatzmöglichkeiten“* anbieten sollte. Dabei muss der Schwerpunkt natürlich auf dem Interesse der Lehrerinnen liegen, denn nicht jeder sieht es als positiv an, wenn ein Hund ihn in eine Klasse begleiten soll. Und nicht jeder verfügt über die Sachkenntnis, um einen Hund gefahrlos für Hund und Schüler im Unterricht einzusetzen. Ein weiterer wichtiger Aspekt, der nicht sofort erkennbar ist, liegt m. E. aber auf dem Begriff „Lehrerinnen“.

Sicherheit im Beruf

Seit Jahren werden im Rahmen der Lehrerausbildung Arbeiten zum 1. und 2. Staatsexamen etc. über den Einsatz von Hunden geschrieben. Besonders viele junge Frauen sind begeistert davon, ihre Liebe zum Hund mit ihrem Beruf verbinden zu können. Sie träumen davon ihren Hund oder endlich einen Hund an ihrer Seite zu haben, der sie im Referendariat oder in den ersten Schuljahren ständig begleitet. Hier liegt meines Erachtens ein schwerwiegender Denkfehler, der immer wieder auch zu Problemen im Bereich der Hundegestützten Pädagogik in der Schule führt. Wie meine Fragebogenaktion von 2007 belegt hat, setzen besonders häufig Kolleginnen mit geringer Berufserfahrung Hunde im Unterricht ein. Diese Ergebnisse haben nach unseren Erfahrungen richtungweisend auch 2019 noch Bestand.

Eine effektive Arbeit mit einem Hund in der Schule ist aber aus unserer Sicht nur möglich, wenn die Lehrerinnen über ausreichend Erfahrung und Sicherheit im Beruf verfügen. Die Arbeit mit dem Tier läuft überwiegend neben dem normalen Unterrichtsgeschehen ab und kann nur gelingen, wenn alle andere Grundbedingungen erfüllt sind und die Pädagogin die normalen Unterrichtsprozesse souverän beherrscht. Besonders im Referendariat und in der ersten Zeit des Lehrerinnendaseins entsteht durch die notwendige Beachtung der vielfältigen neuen Faktoren ein oft recht hohes Stresspotenzial für die Pädagogin.

Mirjam Cordt weist z. B. darauf hin, dass die Stimmungsübertragung ein nicht zu unterschätzender Faktor beim Umgang mit Hunden ist. Die Stressreaktionen des Körpers der Pädagogin (*„Anspannung der Muskulatur, Weiten der Pupillen, Steigen des Adrenalinspiegels, tiefere Atmung zur vermehrten Versorgung des Blutes mit Sauerstoff, schnellere Herzschläge, vermehrte Schweißproduktion etc.“*) senden eindeutige Signale auf verschiedenen Sinneskanälen aus, die der Hund viel früher wahrnimmt als ein Mensch.[121]

Diese Signale wirken sich auf jeden Hund negativ aus, besonders wenn man eine enge Beziehung zu ihm aufgebaut hat. Gerade durch das besondere Gespür der Hunde für die Stimmungen der Menschen und die enorme Fähigkeit, die nonverbale Kommunikation zu erfassen,

[120] Kotrschal/Ortbauer 2003, S. 272

[121] Cordt 2006, S. 108

werden sie durch die hohe Stressbelastung der Besitzerin verunsichert und die Reaktionen sind, besonders bei einer fehlenden Team-Weiterbildung, nicht immer berechenbar.

Genauso fatal kann sich die Situation gestalten, wenn der Hund noch keine enge Bindung aufgebaut hat und auch eine spezielle Weiterbildung fehlt. Da er die Ursache der Probleme nicht erfassen kann und auch keine Stärkung durch die Führung der Lehrerin bekommt, übernimmt der Hund ggf. selbstständig die Initiative, um die Probleme bzw. die Reaktionen darauf zu lösen – und wird dadurch evtl. zu einer Gefahr für die Schüler!

Besonders Referendarinnen oder Kolleginnen zu Beginn ihrer Berufszeit benötigen noch sehr viel Zeit außerhalb der Schule, um den Unterricht so vorzubereiten, damit er zur Zufriedenheit aller gut abläuft. Somit ist die Zeit außerhalb der Schule besonders zu Beginn vielfältig von schulischen Belangen beeinflusst. Es zeigt sich aber immer wieder, dass dieser enorme Zeitaufwand unterschätzt wird, ebenso wie die hohen zeitlichen Anforderungen für die Ausbildung und die Beschäftigung eines Hundes oder gar eines Welpen. Somit erscheint es in der Regel klüger, zunächst eine gewisse Sicherheit im Beruf zu entwickeln, um den zusätzlichen Anstrengungen durch den regelmäßigen Einsatz eines Hundes gewachsen zu sein.

Hundesachkenntnis

Neben der Sicherheit im Lehrerberuf ist auf jeden Fall eine gute Kenntnis zum Thema Hund und seinem Verhalten erforderlich, wenn dieser im Unterricht eingesetzt werden soll. Die Hundeführerin benötigt z. B. Fachkenntnisse im Ausdrucksverhalten des Hundes, über medizinische Grundlagen der Physis Hund, über entwicklungsbedingte Prozesse, das Lernverhalten von Hunden, Stresssymptome und vieles mehr.

Siehe Anlage IAHAIO Weissbuch 2014, rev. 2018 (S. 161 ff. und Download)

Die Befragung von 2007 ergab, dass 48 % der Lehrerinnen nur über eine Hundeerfahrung von 0 – 5 Jahren verfügten, als sie einen Hund in ihre pädagogische Arbeit eingebunden haben.

Infos bestätigen, dass dies immer noch zutrifft und besonders viele Kolleginnen sich zum Start ihres Berufslebens zu Beginn der Sommerferien einen Welpen anschaffen, um sich endlich den Traum vom Schulhund zu erfüllen. Dies geht in der Regel, wie ich aus eigener Erfahrung weiß, immer zu Lasten des Hundes!

Hauptaufgabengebiet der Lehrerinnen ist und bleibt der reguläre Unterricht, in den die Hunde eingebunden werden sollen. Somit kann das Augenmerk nicht immer auf den Interaktionen zwischen Hund und Schülern liegen, und wenn dann die Hundeerfahrung und das nötige Hintergrundwissen fehlen, werden definitiv etliche Situationen falsch eingeschätzt, die auf Dauer zu Problemen führen können. Dies gilt besonders, wenn schon Welpen und Junghunde in den regulären Unterricht mitgenommen werden.

Die alte Fragebogenaktion ergab, dass 70 % der Kolleginnen, die ihren Hund in der Schule einsetzten, ihren 1. oder 2. Hund besaßen. 42 % arbeiteten sogar mit ihrem ersten Hund sofort in der Schule! Jeder Anfänger in irgendeinem Bereich weiß, dass dann womöglich noch viele Erfahrungen fehlen und viele Fehler gemacht werden. Besonders problematisch kann das beim Einsatz von Welpen in der Schule werden.

Dorit Feddersen-Petersen erklärte 1984: *„Hunde beziehen uns in ihre Welt ein und nehmen Anteil an unserem Leben, sie sind Partner. Das Verhältnis Mensch-Hund ist also ein wechselseitiges. Nun ist dieses Zusammenleben durchaus nicht immer unproblematisch. Hauptsächlich aus diesem Grunde: Hunde sehen Artgenossen in uns und sie behandeln uns auch relativ konsequent als solche, sie verhundlichen uns gewissermaßen. Diese Angleichungstendenz tritt ebenso beim Menschen auf – nur zu leicht wird Hundeverhalten vermenschlichend interpretiert. ... So resultieren bedenkliche Missverständnisse, es kommt zu Unfällen, zu Tierquälerei."*[122]

Auch wenn viele Kolleginnen eine allgemeine Grundausbildung mit dem Hund gemacht haben, gaben 2007 doch 42 % an, keinerlei Ausbildung mit dem Hund absolviert zu haben. Dies ist besonders bei wenig Erfahrung mit dem Hund eine denkbar schlechte Grundvoraussetzung für eine qualitativ gute Arbeit in der Schule. Und auch die verschiedenen anderen Grundausbildungen, wie Begleithunde-Ausbildung, Wesenstest, Hundeführerschein etc. sagen noch nichts über eine gute Qualifikation von Hund und Besitzerin für die Schule aus! Ich finde es höchst bedenklich, dass viele Kolleginnen mit wenig Hundeerfahrung ihre Hunde ohne jede Weiterbildung dem Stress des Schulalltags aussetzen, besonders dann, wenn sie zusätzlich noch über wenig Berufserfahrung verfügen!

Nur ein gutes Hintergrundwissen, zu dem auch *„Kenntnisse über die hundliche Kommunikation, bewusst eingesetzte Körpersprache und Blickkontakte als wichtigste Kommunikationsmittel"*[123] gehören, ermöglicht eine souveräne Führung des Hundes während des laufenden Unterrichts. Je gelassener die Lehrerin agiert, *„desto eher kann sich der Hund ihr wirklich*

[122] Bergler 1986, S. 27 f.

[123] Cordt 2006, S. 35

anvertrauen. Unsere innere Ruhe überträgt sich auf den Hund.[124]" Je sicherer dieser sich fühlt, desto weniger ängstlich braucht er zu sein. Dadurch werden Überreaktionen verhindert, die meistens daran liegen, dass ein Hund mit einer Situation überfordert ist. Der Lehrer muss neben dem Unterricht den Hund immer unter Signalkontrolle haben und vorausschauend agieren.

Unterstützung durch das Umfeld

Immer wieder wird in Gesprächen deutlich, dass Überlegungen zum Einsatz eines Schulhundes schon im Ansatz scheitern, da die Lehrerin keine Akzeptanz und Unterstützung durch ihr privates Umfeld erhält. Ein Hund kann nicht wie ein Computer oder eine Videokamera nach Belieben ein- und ausgeschaltet werden bzw. über Wochen unbeachtet im Schrank liegen! Er ist ein Mitglied im Familienverband und beeinflusst auch hier die Interaktionen! Ebenso wie in der Schule wirkt er dort als Katalysator und verändert das Leben intensiver als ein normaler Familienhund.

Für die Arbeit in der Schule muss er besonders „gut erzogen" sein, und die Familienmitglieder müssen sich diesen Ansprüchen mit unterwerfen, damit es auf Dauer zu keinen Problemen im schulischen Alltag kommt. Unterschiedliche Erziehungsansätze der verschiedenen Familienmitglieder können bei einem normalen Familienhund zu Ärgernissen und Konflikten führen, die aber allgemein keine gravierenden Auswirkungen haben, da der Hund überwiegend in der Familie agiert. Bei einem Schulhund hat es eine andere Bedeutung, wenn er z. B. von bestimmten Personen während der Mahlzeiten etwas am Tisch erhält oder sogar einfach nehmen darf. Animieren Familienmitglieder ihn z. B. an ihnen hochzuspringen, so kann dies in der Schule zu Problemen oder gar Unfällen führen.

Bei längeren Veranstaltungen, an denen der Hund nicht teilnehmen kann, im Krankheitsfall der Besitzerin oder des Hundes, im Urlaub – immer wieder ist die Lehrerin auf die Unterstützung anderer Personen zur Betreuung des Hundes und auf eine möglichst ähnliche Erziehung angewiesen!

Von 50 befragten Kolleginnen gaben 2007 44 an, dass sie ihre Hunde aus privaten Gründen angeschafft haben. D. h. fast 88 % der Schulhunde waren zunächst primär als Familienhunde gedacht und wurden somit nach anderen Auswahlkriterien gekauft. Aber bei 40 % der Kolleginnen spielte der Gedanke, den Hund in der Schule einzusetzen, schon eine Rolle.

Manchmal kommt es aber auch vor, dass sich Hunde auf Dauer doch nicht für den Einsatz in der Schule eignen, obwohl sie unter diesem besonderen Aspekt angeschafft wurden. Damit fällt für den Hund die anstrengende Zeit in der Schule weg, und er fordert nach der Unterrichtszeit ein erheblich umfangreicheres Beschäftigungspensum, als wenn er Stunden mit in der Schule verbracht hat. Diese Möglichkeit der Entwicklung und die dann zusätzlich erforderliche Zeit wird häufig unterschätzt, und man ist dann auf die Unterstützung seines sozialen Umfeldes besonders angewiesen.

[124] Cordt 2006, S. 38

Teambildung

Nicht jeder Hund, auch nicht jeder ausgebildete Schulhund, passt zu jeder Lehrerin! Auf Dauer müssen sich beide Partner zu einem guten Team entwickeln, um möglichst effektiv in der Schule arbeiten zu können. Also spielen nicht nur die vielen oben angeführten Punkte eine Rolle, sondern ein entscheidendes Puzzleteil ist auch die „Chemie" zwischen Lehrerin und Hund und der Fakt, ob sie auf Dauer als gut eingespieltes Team agieren können.

Jeder hat bestimmte Vorstellungen von einem Hund, den er sich anschaffen möchte und häufig sind es nicht die kognitiven Aspekte, die den Ausschlag für einen Hundekauf geben.

Eine gute Teambildung und Bindung sind wichtige Voraussetzungen, um den regulären Unterricht störungsfrei abhalten zu können bzw. den Hund gezielt in die pädagogische Arbeit mit einzubeziehen. Dabei geht es nicht um „Unterordnung", sondern um eine gute wechselseitige Verständigung, die weitgehend nonverbal abläuft. Zu ca. 70 % findet die Hundegestützte Pädagogik im regulären Unterricht statt, so dass sie neben dem eigentlichen Geschehen abläuft. Nach der Umfrage von 2007 arbeiteten 82 Prozent der Lehrerinnen mit ihrem Hund dabei nur im Team und verliehen ihn nicht an Kolleginnen.

Christian Rauschenfels schrieb dazu: *„Wenn wir einen geeigneten Hund unter den geeigneten Voraussetzungen zu therapeutisch / pädagogischen Zwecken nutzen ... wird dies bei geeigneter Herangehensweise auf allen Seiten große Freude bereiten und in den meisten Fällen auch eine förderliche Wirkung haben. ... Wichtiger als der blinde Gehorsam sind also unsere offenen Augen für die verschiedenen Signale ... Die gemeinsame Feinkommunikation kann durch die vier Vs – Verständigung, Verständnis, Vertrauen und Verbundenheit – zu einem blinden Vertrauen führen."*[125]

Wir haben seine 4 Vs auf 6 Vs erweitert. Dabei finden aus unserer Sicht 5 Vs wechselseitig statt, nur die Verantwortung liegt allein bei der Hundebesitzerin!

- **Verständigung** Viele Missverständnisse zwischen Mensch und Hund basieren auf Defiziten in der Kommunikation, deshalb ist die Verständigung immer wieder ein wichtiger Aspekt in unseren Seminaren. Die Pädagoginnen sollen ihre Kommunikation mit dem Hund überprüfen und ihre verbalen und nonverbalen Signale erfassen, hinterfragen und auf Dauer klar einsetzen. Durch eindeutige Hör- und Sichtzeichen erleichtern sie dem Hund die Kommunikation und geben ihm so mehr Sicherheit beim Verständnis der „Fremdsprache Mensch"!
  Aber auch den Menschen fällt es immer wieder schwer, die überwiegend nonverbale und sehr diffizile Sprache der Hunde richtig zu deuten. Teilweise wird ihr auch noch zu wenig Bedeutung beigemessen, so dass es immer wieder zu Missverständnissen kommt. Deshalb spielen u. a. Beschwichtigungs-, Konflikt- und Stresssignale eine sehr große Rolle.

---

[125] Rauschenfels 2006, S. 23

- **Verständnis** Zunehmend werden in unserem Kulturkreis die Hunde als Lebewesen mit individuellen Emotionen anerkannt. Trotzdem besitzen viele Besitzer kein ausreichendes Wissen über die Spezies Hund mit ihren individuellen Merkmalen, Bedürfnissen und Entwicklungsphasen. Aber nur so sind Verhaltensweisen der Hunde teilweise zu verstehen und Probleme können adäquat gelöst werden. Ein Grundverständnis für die individuellen Verhaltensweisen des Hundes ist eine wichtige Basis für ein sicher agierendes Mensch-Hund-Team.

- **Verlässlichkeit** Dieser Punkt ist für Mensch und Hund von großer Bedeutung. Nur wenn wir uns auf unseren Partner Hund verlassen können, ist es möglich, ihn im Bereich Schule einzusetzen. Ein nicht einschätzbarer Hund ist für die pädagogische Arbeit und die Schüler eine große Gefahr. – Aber auch der Hund muss sich auf uns verlassen können! Wir müssen berechenbar für ihn sein und ihn in allen Situationen sicher führen und beschützen.

- **Vertrauen** Manchmal ist es schwer zu erfassen, warum ein gut trainierter Hund und seine Besitzerin kein optimales Team bilden. Hier spielt u. E. das gegenseitige Vertrauen eine sehr große Rolle. Nur wenn auf beiden Seiten ein großes Vertrauen vorliegt, kann das Team überwiegend „blind" und sicher agieren, was besonders für den Einsatz in der Schule außerordentlich wichtig ist. In Seminaren sollen spezielle Übungen dazu beitragen, dass sich auch über das notwendige Hintergrundwissen die Vertrauensbasis weiterentwickelt.

- **Verbundenheit** Wenn Verständigung, Verständnis, Verlässlichkeit und Vertrauen sich weiterentwickeln, kommt es zunehmend zu einer Verbindung/Bindung von Mensch und Hund, die immer enger wird und das Zusammenleben außerordentlich erleichtert. Wie bei Mensch-Mensch-Beziehungen gelingt dies zwischen manchen Mensch-Hund-Teams sehr schnell und ohne große Anstrengung, und bei anderen Teams wiederum ist eine Verbindung kaum herzustellen. Auch deshalb kann und muss es in unseren Augen nicht „*den* Schulhund" geben, denn es gibt nicht „*den* Lehrer" und auch nicht „*den* Schüler"!

- **Verantwortung** Dieser Begriff ist uns besonders beim Einsatz von Hunden in der Schule wichtig, denn Tiere können sich uns nur begrenzt mitteilen. Die Pädagoginnen haben immer die Verantwortung für das Wohl des Hundes, auch wenn Schulleitung, Kolleginnen, Eltern teilweise Aspekte der Hundegestützten Pädagogik in der Schule aus Unwissenheit nicht erfassen können.
  Auch im Unterricht darf der Hund nicht die Verantwortung in besonderen Situationen übernehmen, da ihn das auf Dauer massiv überfordert und stresst. Die Verantwortung liegt immer bei der Pädagogin, und sie muss ggf. zum Wohl des Hundes auf den Einsatz in der Schule verzichten.

Die vielfältigen Situationen in der Schule erfordern einen souveränen Hund und eine Besitzerin, die ihn und seine Signale gut lesen kann und ihm zusätzliche Sicherheit gibt. Ist diese Sicherheit und das Vertrauen in seine Führung nicht da, kann der Hund ggf. in Situationen selbst die Führung übernehmen, und somit evtl. zum Problem werden.

Silke Wechsung wies in ihrem Buch „Mensch und Hund" eindeutig nach, dass es „*Zusammenhänge zwischen verschiedenen Einstellungen, Charakteristika und Verhaltensweisen von Hundehaltern sowie von Rahmenbedingungen der Hundehaltung und der Qualität der Mensch-Hund-Beziehung*"[126] gibt. Diese wird also durch die Einstellungen und Verhaltensmuster der Halter geprägt.

Marlene Zähner beschreibt in ihrem Aufsatz „Kann man den Therapiebegleithund züchten?" u.a. auch ihre Arbeit mit ihrem Hund Sooner in einem Alten- und Pflegeheim. Sie macht dabei sehr schön deutlich, wie wichtig es ist, die minimalen Verhaltensänderungen des Hundes zu erkennen, um sie für die Arbeit zu nutzen. Sätze wie: „*Das leichte Zögern meines Hundes Sooner ... lenkte meine Aufmerksamkeit zurück in dieses Zimmer.*", „*Sooner stand jetzt still und schaute direkt auf die zierliche Person ... und sein Blick wurde erwidert.*", „*.... ließ ich mich von ihm führen.*" „*Lange Zeit der Ruhe, der Stille, ich ließ sie geschehen.*", „*Ohne zu zögern stand Sooner auf, drehte sich um und führte mich zur Tür hinaus.*", „*Wie immer zeigte er mir, wann er müde war ...*".[127]

Besonders Stresssituationen und ihre Auswirkungen sind von anderen Personen nur begrenzt einzuschätzen. Stress äußert sich auch nicht immer direkt, sondern häufig erst, wenn sich zu viel angestaut hat, und das kann somit auch damit enden, dass ein anderer Hund oder Mensch plötzlich attackiert wird.

Auch Sandra Müller schreibt, dass „*vor allem eine enge Bindung zu einer festen und verlässlichen Bezugsperson ... unerlässlich ist, denn was dem Wohle des Menschen dienen soll, darf nicht zum Schaden des Tieres sein*".[128]

---

[126] Wechsung 2008, S. 403

[127] Zähner 2003, S. 368f.

[128] Müller 2006, S. 9

Und Reinhold Bergler schreibt: „*Es darf dabei nie vernachlässigt werden, dass das Mensch-Hund-Verhältnis ein solches der Wechselwirkungen ist und daraus verstanden und erklärt werden kann.*"[129]

Nach meiner Umfrage hatten von 50 Kolleginnen 27 eine Teamausbildung mit ihrem Hund absolviert, d. h. der Hund wurde nicht ohne sie ausgebildet, sondern der Hund wurde gemeinsam mit seiner Besitzerin im Team ausgebildet. Wie bereits oben ausgeführt wird durch eine gemeinsame Aus- bzw. Weiterbildung die Bindung zwischen Hund und Besitzerin noch einmal gestärkt, aber über den Umfang und die Qualität kann durch diese Ergebnisse nichts ausgesagt werden.

Die Teamausbildung in einer normalen Hundeschule, in der die Ausbilder keine besondere Qualifikation im Bereich der Tiergestützten Interaktion haben, unterscheidet sich auf jeden Fall sehr von einer Team-Weiterbildung z. B. bei TAT, deren Schwerpunkt der Einsatz der Hunde in der Therapie ist oder von einer Weiterbildung für den Einsatz von Hunden im schulischen Bereich.

Kenntnisse Hundegestützter Pädagogik

In Deutschland gibt es mittlerweile relativ viele Anbieter, die sich dem Einsatz von Mensch-Hund-Teams widmen. Die meisten gehen aber vom Einsatz von Hunden im therapeutischen Bereich aus und somit von einer Triade Mensch-Proband-Hund.

In der Schule ist aber ein Lehrer in erster Linie als Wissensvermittler für bis zu 30 Schüler zuständig und der Hund unterstützt ihn überwiegend im pädagogischen Geschehen im Klassenverband, so dass dort von einer Polyade gesprochen werden muss.

Mensch-Hund-Team-Weiterbildungen haben also, je nach Qualifikation der Dozentinnen, einen sehr unterschiedlichen Blickwinkel auf die nötigen Voraussetzungen und Einsatzmöglichkeiten der Hunde. Deshalb ist es dem Qualitätsnetzwerk Schulbegleithunde e.V. sehr wichtig, dass neben qualifizierten Hundetrainerinnen auch qualifizierte, erfahrene Hupäschlerinnen in die Weiterbildungen für Mensch-Hund-Teams im schulischen Bereich eingebunden werden.

Bei meiner Fragebogenaktion vom Sommer 2007 wurde eine theoretische Weiterbildung im Bereich der Tiergestützten Pädagogik von 90 Prozent der Kolleginnen verneint. Dies hing natürlich u. a. auch mit dem viel geringeren Ausbildungsangebot 2007 in diesem Bereich zusammen, aber natürlich auch mit dem persönlichen finanziellen und zeitlichen Einsatz, der neben dem normalen Berufsleben erforderlich war bzw. ist.

Wird ein Hund in der Schule eingesetzt, muss aber zumindest ein Grundwissen über Bedingungen und Prozesse der Tiergestützten Intervention vorhanden sein. Nur so kann eine effektive Arbeit in der Schule stattfinden, die nicht zu Lasten der Hunde und der Schüler geht. Als Kompromiss-Weiterbildung muss also die in der Selbstverpflichtung des Schulhundweb und

[129] Bergler 1986, S. 19

vom Verein QNS geforderte Weiterbildung für Schulhund-Teams von mindestens 60-Präsenz-Zeitstunden angesehen werden.

Die von Prof. Dr. Andrea Beetz, Prof. Dr. Gebauer und Prof. Dr. Marie Jose Enders-Siegers geforderte Fachausbildung für Schulhund-Teams mit einem Umfang von 270 Stunden über 1-1,5 Jahre ist für die meisten Pädagoginnen in der Schule aus zeitlichen und finanziellen Gründen leider nicht umsetzbar. Somit werden viele Kolleginnen ihre Hunde weiterhin einfach ohne Weiterbildung mit in die Schule nehmen.[130]

Oft sind es die kleinen Prozesse, wie oben schon kurz erläutert, die auf Dauer etwas verändern können, wenn man sie erkennt und pädagogisch nutzt. Ein Wissen um die Grundwirkungen von Tieren und die allgemeinen Möglichkeiten muss bei Kolleginnen vorhanden sein, die ihren Hund in der Schule einsetzen, damit es nicht zu gravierenden Problemen kommt bzw. die Möglichkeiten ungenutzt bleiben.

Beachtung ethischer Aspekte

Bei allen oben angeführten Punkten darf nicht vergessen werden, dass wir als Mensch eine besondere Verantwortung dem Tier, in diesem Fall dem Hund gegenüber haben. Auch wenn Tiere nach dem Gesetz immer noch als Sache angesehen werden, sollten sie besonders in unserem Einsatzbereich als Partner eingesetzt werden. Doch auch als Partner sind sie auf unsere Unterstützung und Rücksichtnahme angewiesen, denn sie können sich nur begrenzt selbstständig einer von uns geplanten Aktion entziehen.

Allgemein wird heute immer noch von einer asymmetrischen Tierethik ausgegangen, nach der der Mensch durch seinen aufrechten Gang und die Möglichkeit des vorausschauenden, verantwortlichen Planens und Denkens dem Tier überlegen ist. Aber auch nach diesem Ansatz sollte der Mensch nicht die Erlaubnis zu imperialen Gebärden oder zum Paternalismus haben. Vielmehr ist es eine Herausforderung zu einer besonders achtsamen Wahrnehmung gegenüber den Hunden und ihrem Einsatz!

Im Positionspapier des Schweizer Tierschutzgesetzes steht: *„Es ist wichtig, dass Lehrkräfte darüber reflektieren, warum sie Tiere im Schulzimmer oder im Unterricht einsetzen, und welche Lehrziele sie damit verwirklichen wollen, weshalb bestimmte Tierarten gewählt werden, welche Funktion die Tiere im Rahmen des Lehrplans, des Unterrichts und des Schulhauslebens einnehmen und wie didaktisch an sie herangegangen wird. Durch eine genaue Abklärung soll sich die Lehrkraft darüber im Klaren werden, was ihre eigenen Gründe für den Wunsch nach Tieren im Schulzimmer sind."*[131]

Gullwitzer schreibt zu diesem Punkt: *„Natürlich sind den positiven Einwirkungsmöglichkeiten von Heimtieren auch Grenzen gesetzt. Nur erwünschte und akzeptierte Heimtiere, die artgerecht gehalten werden, können psychologische und therapeutische Effekte auslösen. Dabei*

130 Beetz, Gebauer, Enders-Siegers 2019, Flyer „Der Schulhund"

131 Schweizer Tierschutz 2003, S. 5

darf das Tier in keiner Weise instrumentalisiert werden: Der Patient sollte das Tier nicht mit seinen individuellen Problemen und Erwartungen erdrücken. Eine klare Rollenverteilung im sozialen Gefüge ist die Basis für eine partnerschaftliche Mensch-Tier-Beziehung."[132]

Eine qualitativ gute Hundegestützte Pädagogik in der Schule ist also nur dann möglich, wenn die Lehrerin wenigstens über Grundkenntnisse in dem Bereich verfügt und sich über die ethischen Aspekte im Klaren ist und sie beachtet!
Wie bereits mehrfach erwähnt sind dazu bereits wichtige Punkte in den Prager IAHAIO Richtlinien von 1998 aufgeführt worden, die auch heute noch nicht überall Beachtung finden.

Siehe Anlage IAHAIO Prager Richtlinien 1998 (S. 158 f. und Download).

Eva Meijer geht in ihrer Streitschrift von 2019 noch etwas weiter. Sie schreibt, dass wir zuallererst begreifen müssen, „*dass auch wir Menschen nichts anderes sind als Tiere, eingebunden in Beziehungen zu anderen, aus denen wir uns nicht einfach verabschieden können. Unsere Perspektive ist nicht die einer Gottheit, die alles erfasst und alles am besten weiß, sondern eine von vielen anderen Perspektiven*".[133]

Wenn dieser Ansatz sich in Bezug auf Tiere und Menschen etwas mehr in den Köpfen verankern würde, wären wir einem respektvollen Umgang mit allen Lebewesen etwas nähergekommen. Die QNS-Broschüre „Gleichwürdigkeit zeigen und leben" von 2022 soll dazu ebenfalls beitragen.

3.1.3 Team-Weiterbildung

Die Belastung eines Schulhundes ist so außerordentlich, dass in der Regel ein adäquater Charakter, eine gute Grunderziehung, Gesundheitsprävention und Familienanschluss nicht ausreichen, um mit dem Lehrer regelmäßig im Team in der Schule erfolgreich und auf Dauer zu arbeiten.

Im Positionspapier des Schweizer Tierschutzgesetzes zu „Tiere im Schulzimmer und Tiere im Unterricht" steht: „*Auch Hunde sollten nicht einfach so in die Stunde mitgebracht werden. Nur ein entsprechend ausgebildeter Hund mit einer erfahrenen Begleitperson reagiert gelassen auf eine plötzliche Masse lauter, sich schnell bewegender Kinder, die das Tier anfassen und streicheln wollen. Bei nicht entsprechend angewöhnten Hunden leidet das Tier oder es kann zu gefährlichen Situationen für die Kinder kommen.*"[134]

132 Gutzwiller 1999, S. 15

133 Meijer 2017, S. 118

134 Schweizer Tierschutz 2003, S. 6

Auch Sandra Müller weist in ihrem Artikel auf das notwendige Training der Hunde hin: *„Die Fähigkeit ungewöhnliche Bewegungs- und Verhaltensmuster von Menschen, den Anblick vermeintlich ‚bedrohlicher' Gegenstände, das Ertragen ungeschickter körperlicher ‚Zuwendung', also den nicht artgerechten Umgang über sich ‚ergehen' zu lassen, ist nicht jedem Hund angeboren.“*[135]

Gutzwiller weist ebenfalls auf dieses Problem hin: *„Der professionelle Einsatz von Hunden als Ko-Therapeuten setzt ein mehrmonatiges Training des Tieres wie auch des Tierhalters voraus. Entsprechende Ausbildungsplätze sind in Europa erst ansatzweise vorhanden.“*[136] Besonders für Hunde, die regelmäßig in der Schule im Bereich der Hundegestützten Pädagogik eingesetzt werden, gibt es bisher erst wenige qualifizierte Schulhund-Weiterbildungen für Mensch-Hund-Teams.

Die Möglichkeiten einer Teamausbildung für Mensch und Hund sind zwar in den letzten Jahren rasant angestiegen, aber dort geht es um eine allgemeine Ausbildung für viele Berufsgruppen, die von einem Hund bei ihrer Arbeit unterstützt werden. Häufig handelt es sich dabei um Therapien mit einer oder wenigen Personen in einem kurzen zeitlichen Rahmen. Schulhunde sind aber häufig über viele Stunden in der Schule anwesend und haben so mit sehr vielen verschiedenen Menschen über einen recht langen Zeitraum zu tun und sind so häufig extremem Stress ausgesetzt.

Neben einer Grunderziehung benötigt der Schulhund also ein vielfältiges Training, um über einen längeren Zeitraum ohne Probleme in der Schule agieren zu können. Einige ggf. für den jeweiligen Einsatzbereich notwenige Gewöhnungsübungen sind hier richtungweisend aufgeführt. Sie sollen helfen, den Blick etwas besser zu fokussieren und den Hund ggf. auf unangenehme Situationen vorzubereiten, falls die aufgestellten Regeln nicht von allen Schülern befolgt werden.

Gewöhnung an ungewohnte Umgebungen und Situationen

- besondere Bodenbeläge und Gerüche
- Treppen, Aufzüge
- Klatschen, Scheppern, Knallen

135 Müller 2006, S. 7

136 Gutzwiller 1999, S. 15

- massives Gestikulieren
- umfallende Stühle
- Rollstühle, Rollatoren, Krücken
- Tücher, Regenschirme, Mäntel, Hüte
- kriechende Kinder, laufende und humpelnde Personen
- schreiende Kinder
- verschiedene große Personengruppen
- ängstliche Personen
- ...

Passiver Kontakt zu Menschen

- Sitzen/stehen bleiben beim Streicheln
- an verschiedenen Körperstellen berühren lassen (ggf. auf dem Boden oder auf dem Tisch)
- ggf. Berührungen im Augen- und Schnauzenbereich zulassen
- auf einer Decke Körperarbeit erlauben
- ggf. ungeschicktes Anfassen ertragen
- Blickkontakt aushalten
- ggf. Umarmung erdulden
- ruhig in der Obhut einer fremden Person bleiben
- bei massiver Bedrängung Rückzug
- ...

Aktiver Kontakt zu Menschen

- Personen nicht bedrängen und anspringen
- selbstständig oder auf Zeichen Kontakt aufnehmen
- selbstständig oder auf Zeichen Kopf auflegen
- sich auf Kommando neben eine fremde Person legen
- neben dem Rollstuhl, Rollator etc. herlaufen
- Grundgehorsam bei Fremden (mit und ohne Sichtzeichen)
- bei Fremden locker an der Leine gehen
- Parcours mit Fremden frei gehen
- spielen mit fremden Personen mit verschiedenen Gegenständen
- ...

Bei einer speziellen Ausbildung des Hundes gemeinsam mit seiner Besitzerin wird allgemein zunächst in einem Eingangstest versucht, das Grundverhalten des Hundes und seiner Halterin, sowie deren Bindung, zu erforschen. Leider sind viele Tests auch heute noch so angelegt, dass die Hunde sie zwar bestehen, aber immer wieder auch fehlkonditioniert aus ihnen herausgehen, da sie von ihrer Besitzerin allein gelassen werden müssen und ohne Vorbereitung mit massiven Schreckreizen konfrontiert werden.

Auch Erhard Olbrich und Andreas Schwarzkopf wiesen in ihrem Artikel „Ein Gütesiegel für Praktiker?"[137] schon darauf hin, dass ihrer Ansicht nach derzeit verfügbare Verhaltenstests *„die*

[137] Olbrich/Schwarzkopf 2008, S. 22 ff.

Gütekriterien von Objektivität, Reliabilität und Validität" nicht erfüllen. Deshalb machen die Anbieter im Qualitätsnetzwerk Schulbegleithunde e.V. bewusst keine Eingangstests, sondern beobachten die Mensch-Hund-Teams gut, informieren die Seminarteilnehmerinnen umfassend und schulen die Wahrnehmung und die Selbsteinschätzung von Hund und Team durch Theorie und Praxis.

Eine qualifizierte Beurteilung kann u. E. nur abgegeben werden, wenn die Teams in regelmäßigen Abständen in ihrem gewohnten Arbeitsbereich nach objektiv entwickelten Kriterien beurteilt werden. Dieses Stadium der Qualitätskontrolle ist zurzeit allerdings aus organisatorischen und zeitlichen Gründen oft nicht möglich.

Während jeder Weiterbildung „*ergeben sich immer wieder neue Erkenntnisse über das Wesen und Verhalten*" der Hunde, so dass die Lernbereitschaft der Besitzerin gefragt ist sowie auch die Offenheit gegenüber neuen Erfahrungen. „*Durch die intensiven Phasen der Ausbildungszeit und deren unterschiedlichen Anforderungen lernen sich Hund und Halter besser kennen*"[138] und die Bindung zueinander intensiviert sich. Aus eigenen Erfahrungen kann ich bestätigen, dass die Wertschätzung gegenüber dem eigenen Hund und seinen neu entdeckten Qualitäten im Laufe einer Weiterbildung ansteigt. Gute Team-Trainer geben Hilfestellung bei der Schulung der Wahrnehmung und Interpretation der Hundekommunikation. Die Hunde lernen sich in vielfältigen neuen Situationen zu bewegen und werden gelassener und stressresistenter.

Somit sollten die angehenden Schulhunde in einer guten Weiterbildung sehr langsam und auf der Basis positiver Verstärkung an die oben aufgeführten Situationen und Verhaltensweisen

[138] Röger-Lakenbrink 2006, S. 54

herangeführt und gewöhnt werden. In der praktischen Prüfung ist es dann möglich, eine Einschätzung vorzunehmen, welchen Situationen die Hunde bereits gewachsen sind oder wo Schwachstellen für den Einsatz zu erkennen sind, die bei den Planungen zu berücksichtigen sind.

Es gibt selten den Allrounderhund, der in allen Altersgruppen, bei allen Charakteren und Behindertengruppen eingesetzt werden kann. Deshalb dient eine spezielle Ausbildung u. a. auch dazu, die optimalen Einsatzgebiete des Hundes herauszufinden und seine Fähigkeiten in diesen Gebieten zu stärken und auszubauen. Dabei sind die Fähigkeiten des Hundes natürlich immer eng verknüpft mit den persönlichen Möglichkeiten der Lehrerin, denn eine effektive Arbeit kann nur im Team stattfinden.

Zurzeit werden in Deutschland auch zunehmend Weiterbildungen für Schulhund-Teams angeboten. Aus Sicht des Qualitätsnetzwerk Schulbegleithunde erfüllen aber viele leider nicht die bereits in der „Freiwilligen Selbstverpflichtung" 2008 aufgestellte Forderung, dass auch Pädagoginnen mit längerer praktischer Erfahrung im Bereich Hupäsch involviert sind. Allgemein werden die Team-Weiterbildungen von Hundeschulen angeboten, deren Hundetrainer vielleicht über die nötige Sachkunde zum Thema Hund verfügen, aber keinen theoretischen Hintergrund zum Bereich der Tiergestützten Intervention und keine längere praktische Erfahrung zum Einsatz eines Hundes in der Schule haben.

Auch viele Therapiebegleithunde-Weiterbildungen gehen von dem Einsatz eines Hundes in der Triade aus, also Besitzerin, Hund und Probandin und dem Fokus auf dem Einsatz des Hundes. In der Schule muss aber in der Regel von einer Polyade ausgegangen werden, also dem Einsatz mit vielen Schülern und gleichzeitig dem Schwerpunkt im Unterricht auf der Wissensvermittlung.

3.1.4 Rechtliche Voraussetzungen

Bekanntlich werden schulische Angelegenheiten in den Bundesländern individuell geregelt, und es gibt zurzeit in keinem Bundesland eine gesetzliche Regelung, die speziell für den Einsatz von Schulhunden gilt. Es gibt aber verschiedene Bundes-, Landes- und Kommunalgesetze, die den Einsatz von Hunden in Deutschland allgemein, und somit auch den Einsatz von Schulhunden, mit beeinflussen.

Erst seit Juni 2019 gibt es eine deutschlandweit geltende Empfehlung zum Einsatz von Hunden in der Schule. Die Kultusministerkonferenz, die ständige Konferenz der Kultusminister der Länder in der Bundesrepublik in Deutschland, gibt regelmäßig „Richtlinien zur Sicherheit im Unterricht" (RiSU) heraus, und in der aktuellen Version vom 14.06.2019 steht auch ein Abschnitt zu Hunden in der Schule:

„Beim Einsatz von Hunden in Schulen (z. B. im Rahmen einer tiergestützten Pädagogik, HuPäSch, o.ä.) müssen einige wichtige Punkte beachtet werden. Dazu zählen insbesondere:

- *Das Tier muss regelmäßig einer Tierärztin bzw. einem Tierarzt vorgestellt und von diesem untersucht werden. Dadurch sollen frühzeitig u. a. schmerzenverursachende Krankheiten erkannt werden, die zu einer Wesensänderung des Tieres führen können. Das Gesundheitsattest der Tierärztin bzw. des Tierarztes muss über die gute Allgemeinverfassung des vorgestellten Hundes Auskunft geben. Außerdem ist für eine regelmäßige Endoparasitenprophylaxe (entweder durch regelmäßige Entwurmung oder Kontrolle durch Abgabe von Kotproben) und Ektoparasitenprophylaxe zu sorgen. Der aktuelle Impfstatus muss im Heimtierpass vorliegen.*

- *Jeder Einsatz in der hundegestützten Pädagogik erfolgt nur im aus- bzw. weitergebildeten Mensch-Hund-Team und setzt ein sicheres Vertrauensverhältnis voraus.*

- *Der Einsatz zwischen Schülerinnen bzw. Schülern und Hund erfolgt ausschließlich unter ständiger Aufsicht der Hundeführerin bzw. des Hundeführers. Ein Einsatz des Hundes ohne Hundeführerin oder Hundeführer ist nicht zulässig.*

- *Der Einsatz muss immer nach Hunde-und Tierschutzaspekten sowie tierethischen Grundsätzen geplant und durchgeführt werden. Der Hund darf nicht instrumentalisiert werden. Individuelle Stärken sollten berücksichtigt werden.*

- *Um den professionellen Einsatz eines Schulhundes zu gewährleisten, ist das Erstellen eines Schulhundkonzepts unabdingbar. Zusätzlich ist eine kontinuierliche Reflexion, Evaluation und Anpassung der Arbeit notwendig.*

- *Rituale für den Hund und Regeln für die Schülerinnen und Schüler müssen etabliert werden, um dem Hund Hilfestellungen beim Einsatz zu geben und um Stress zu reduzieren.*

- *Die Möglichkeit des selbstständigen Rückzugs des Hundes auf einen eigenen und ungestörten Ruheplatz muss gewährleistet sein.*

- *Der Einsatz des Hundes muss entsprechend seiner Bedürfnisse und Voraussetzungen und denen der Hundeführerin / Pädagogin bzw. des Hundeführers / Pädagogen, der Schülerinnen und Schüler und der Schule individuell angepasst werden.*

- *Vor dem Einsatz des Hundes im Unterricht sind die Sorgeberechtigten nach bekannten Allergien ihrer Kinder zu befragen. Bei Schülerinnen und Schülern ab der Sekundarstufe II können auch diese befragt werden.*

- *Nach dem Umgang mit dem Hund sind die erforderlichen hygienischen Maßnahmen (z. B. Händewaschen) durchzuführen."*[139]

Das Qualitätsnetzwerk Schulbegleithunde e.V. hat im Oktober 2019, in Zusammenarbeit mit den Leitungen der Arbeitskreise Schulhund in Deutschland, Informationen für Schulleitungen herausgegeben, die versuchen, die bisher in Deutschland erschienenen Richtlinien und Empfehlungen zusammenzufassen.[140]

Nach unserem momentanen Wissen entscheidet nämlich in allen Bundesländern die Schulleitung über den Einsatz eines Schulhundes und hat neben der rechtlichen und pädagogischen Umsetzung auch die Verantwortung für die Bereiche Unfall- und Gesundheitsschutz. Die Schulleitung hat also die Entscheidungsgewalt und somit auch die Verantwortung dafür, dass

- nur Hunde in der Schule eingesetzt werden, wenn sie die Erlaubnis dazu erteilt hat.
- nur Hunde eingesetzt werden, von denen keine Gefahr für Leben und Gesundheit der Menschen ausgeht.
- auch die schulischen Gremien dazu ihre Zustimmung geben.
- ein Konzept zum Einsatz des Hundes vorliegt.
- vor dem ersten Einsatz des Hundes eine entsprechende Tierhalterhaftpflichtversicherung vorliegt.
- eine tierärztliche Bescheinigung über eine gute Gesundheit und die entsprechenden Impfen des Hundes vorliegen.
- die Eltern über den Schulhundeinsatz informiert werden und Ängste und Allergien der Schüler berücksichtigt werden.
- das Mensch-Hund-Team, je nach Vorgaben des Schulministeriums, eine adäquate Weiterbildung absolviert hat.
- ggf. die Team-Weiterbildung aus dem Weiterbildungsbudget der Schule bezahlt wird.
- adäquate Regeln zum Umgang mit dem Hund aufgestellt werden und die Tierschutzgesetze eingehalten werden.
- das artgerechte Verhaltensbedürfnis der Hunde nicht eingeschränkt ist, ein separater Ruheplatz für den Hund vorhanden ist und die schulischen Strukturen den Einsatz zulassen.

---

139 Kultusministerkonferenz 2019, S. 90

140 vgl. Qualitätsnetzwerk Schulbegleithunde e. V. 2019

- ein Hygieneplan zum Hundeeinsatz dem Hygieneplan der Schule beigefügt wird.
- eine Möglichkeit zum Händewaschen für die Schüler vorhanden ist.
- ...

Diese Punkte ergeben sich aus verschiedenen Informationen in den Bundesländern, die in der Broschüre auf Seite 15 als Quellen angeführt sind. Die Broschüre kann auf der Homepage des Vereins „Qualitätsnetzwerk Schulbegleithunde e.V." heruntergeladen werden.

Durch verschiedene Anfragen an die zuständigen Ministerien der Bundesländer wissen wir z. B. aus

- **Berlin**, dass der Einsatz von Schulhunden eigenverantwortlich im Rahmen des pädagogischen Konzepts der Schule und in Abstimmung mit den Betroffenen geschieht. Die eingesetzten Teams sollen eine Ausbildung in Theorie und Praxis nachweisen. Gesundheitliche Gefahren, z. B. durch Allergien, sind auszuschließen.[141]

- **Brandenburg**, dass die Schulleitung dort über den Einsatz von Hunden entscheidet und auch für die Einhaltung der rechtlichen Vorgaben und der damit einhergehenden Klärung relevanter Aspekte verantwortlich ist.[142]

- **Bremen**, dass die Entscheidung, ob Tiere in einer Schule gehalten werden, die Schule trifft. Verantwortlich ist immer die Schulleitung. Sie stellt sicher, dass die Tiere artgerecht gehalten und sachgerecht betreut werden.[143]

- **Niedersachsen**, dass es dort keine ausdrückliche Regelung zum Einsatz von Schulhunden gibt.[144]

- **Schleswig-Holstein**, dass aus rechtlicher Sicht auf die „spezielle Tiergefahr" hinzuweisen ist. Die Schulleitung kann Ausnahmen vom Hundeverbot in Schulen bewilligen, es müssen aber Ängste und Allergien von Schülern berücksichtigt werden. Die erfolgreiche Absolvierung einer Prüfung für die hundepädagogische Begleitung ist keine zwingende Bedingung. Alle Beteiligten müssen aber rechtzeitig über das Vorhaben informiert werden und die Zustimmung der Eltern ist einzuholen. Auch eine Abstimmung mit dem Schulträger muss erfolgen.[145]

Diese Beispiele zeigen, dass der Einsatz von Schulhunden in allen Bundesländern tendenziell in eine Richtung geht. Dabei geht es aus Sicht der Ministerien immer um rechtliche Aspekte und nicht um eine pädagogische Sichtweise.

---

[141] Stiftung Naturschutz Berlin 26.01.2018

[142] private Anfrage Juni 2018

[143] Landtag Bremen 05.12.2019

[144] private Anfrage Oktober 2014

[145] private Anfrage Dezember 2018

3.1.5 Gesundheitsprävention

In der Schule kann natürlich nur ein gesunder Hund eingesetzt werden, der artgerecht versorgt und gepflegt wird. Zum Wohl des Tieres und der Schüler müssen einige Dinge beachtet werden, damit die Gefahr einer Gesundheitsbeeinträchtigung minimiert wird.

„Die Gesundheitsrisiken für den Menschen im Umgang mit Tieren sind minimal. Nur wenige tierische Krankheiten – so genannte Zoonosen – sind auf den Menschen übertragbar. Mit vorbeugenden sinnvollen Maßnahmen steht jedoch einem harmonischen Miteinander von Mensch und Tier nichts im Weg.“[146]

Bindend ist in diesem Bereich zurzeit immer noch das Infektionsschutzgesetz aus dem Jahr 2000. Nach § 1 (1) ist es der Zweck des Gesetzes *„übertragbaren Krankheiten beim Menschen vorzubeugen, Infektionen frühzeitig zu erkennen und ihre Weiterverbreitung zu verhindern“*. In Absatz 2 heißt es weiter: *„Die Eigenverantwortung der Träger und Leiter von Gemeinschaftseinrichtungen ... soll verdeutlicht und gefördert werden ...*

Das Robert Koch Institut hat im Rahmen dieses Gesetzes die Aufgabe, Konzeptionen zur Vorbeugung übertragbarer Krankheiten sowie zur frühzeitigen Erkennung und Verhinderung der Verbreitung von Infektionen zu entwickeln.“ (§4 [1])[147] In Heft 19 des Robert Koch Instituts „Heimtierhaltung – Chancen und Risiken für die Gesundheit“ wurden Fakten zum Bereich Tiergestützter Interaktionen zusammengetragen.

Danach können Heimtiere *„tatsächliche oder potenzielle Infektionsquelle sein. Einerseits ist es möglich, dass die Tiere selbst an Infektionen mit Viren, Bakterien, Pilzen und Parasiten wie Würmern und Insekten erkranken, die auch bei Menschen Krankheiten auslösen. Andererseits kann das klinisch gesunde Heimtier Dauerausscheider oder Träger von humanpathogenen (den Menschen krank machenden) Erregern sein. Vom Tier auf Menschen übertragbare Infektionen bzw. Infektionskrankheiten werden nach einer Definition der WHO als Zoonosen bezeichnet“*.[148]

Für den Einsatz von Hunden in der Schule ergeben sich hieraus als Infektionsprävention in zwei Bereichen Notwendigkeiten:

Schulung der Menschen

- zu einem artgerechten Umgang mit dem Hund
- zum Händewaschen nach dem Kontakt mit dem Hund und seinen Ausscheidungen etc.

Gesundheitsfürsorge für das Tier

- vollständige Impfungen des Hundes
- zeitnahes Entfernen von Ektoparasiten wie Flöhe, Läuse, Zecken und Milben
- Tierarztbesuch mindestens einmal jährlich und bei Krankheitsanzeichen
- regelmäßige Entwurmung (bzw. Kotproben)

---

[146] Gutzwiller 1999, S. 13

[147] Gesetz zur Verhütung und Bekämpfung von Infektionskrankheiten beim Menschen 05.12.2019

[148] Robert Koch Institut 2003, S. 10

- regelmäßige Reinigung von Körben, Decken, Näpfen, Spielzeugen etc.
- artgerechte Haltung des Hundes mit ausreichend Auslauf und Frischluft

Idealerweise sollte mindestens einmal im Jahr ein Gesundheitszeugnis des Hundes durch den Tierarzt erstellt werden, um den guten Gesundheitszustand des Hundes zu bestätigen, auch wenn dies theoretisch nichts über die Gesundheit eine Woche später besagt.

Wir gehen davon aus, dass besonders jeder Hundebesitzer, der mit seinem Tier arbeitet, daran interessiert ist, die Gesundheit des Tieres und der Mitmenschen zu erhalten und dementsprechend handelt! Außerdem darf der Hund keinen Zutritt zur Küche erhalten, in der Speisen zubereitet werden.

Die oben angeführten Punkte müssen Beachtung finden und ihre Durchführungsdaten in der Schule schriftlich vorliegen, um ggf. nachweisen zu können, dass ein ausreichendes Hintergrundwissen zum Thema besteht und alle notwendigen Bedingungen erfüllt sind, um gesundheitlichen Schäden der Schüler vorzubeugen. *„Wenn elementare Hygienegrundsätze eingehalten werden, gefährden gepflegte, regelmäßig entwurmte und geimpfte Hunde und Katzen die Gesundheit des Menschen nicht.“*[149]

Die zuständigen Ämter in diesem Bereich sind für die Menschen das Gesundheitsamt und für die Tiere das Veterinäramt. Das Gesundheitsamt ist die untere Gesundheitsbehörde des Landes und untersteht den Weisungen der oberen Landesbehörden, über denen das Bundesministerium für Gesundheit steht.

Das Amt ist Überwachungsstelle für die Hygienezustände in den Einrichtungen der Stadt oder des Ortes. In jeder Schule muss es also einen Hygieneplan geben, dem der Hygieneplan zur Hundegestützten Pädagogik in der Schule hinzuzufügen ist. Dieser wird ggf. vom Gesundheitsamt, als unterer Gesundheitsbehörde des Landes, kontrolliert. Die Endverantwortung für diesen Bereich trägt die Schulleitung.

Siehe Anlage Gesundheitsprävention Schulhund (S. 174 ff. und Download)

Erst seit dem 01. August 2002 ist der Tierschutz im Grundgesetz in Artikel 20a verankert, indem die Worte „und die Tiere“ ergänzt wurden, so dass es dort jetzt heißt:

„Der Staat schützt auch in Verantwortung für die künftigen Generationen die natürlichen Lebensgrundlagen und die Tiere im Rahmen der verfassungsmäßigen Ordnung durch die Gesetzgebung und nach Maßgabe von Gesetz und Recht durch die vollziehende Gewalt und die Rechtsprechung.“[150]

Das Tierschutzgesetz ist ein Bundesgesetz, das auf dem ethischen Konzept der Schutzwürdigkeit von Tieren aufgrund ihrer Leidensfähigkeit beruht. Es betrifft vorwiegend Tiere in menschlicher Obhut und regelt hauptsächlich die Pflichten des Tierhalters.

---

[149] Gutzwiller 1999, S. 14

[150] Grundgesetz für die Bundesrepublik Deutschland 05.12.2019

Zuständig für das Tierschutzgesetz ist das Bundesministerium für Ernährung, Landwirtschaft und Verbraucherschutz, das dazu Näheres regeln kann. Die letzte Tierschutz-Hundeverordnung stammt aus dem Jahre 2001 und ab dem 01.01.2022 gilt eine aktualisierte Version.

Obwohl das Tierschutzgesetz ein Bundesgesetz ist, wird es durch die Veterinärämter umgesetzt, die mittlerweile tendenziell in allen Bundesländern der Kommunalverwaltung zugeordnet wurden, also den Landkreisen und kreisfreien Städten. Das führt zurzeit zu massiven Irritationen und Problemen, wie auch Wohlfarth/Mutschler bereits in ihrem Buch zur tiergestützten Therapie anmerkten:

„Leider wird die Umsetzung des § 11 des Tierschutzgesetzes nahezu von jedem Veterinäramt unterschiedlich gehandhabt, so dass keine allgemeingültigen Aussagen getroffen werden können. Manche Veterinärämter betonen, dass tiergestützte Therapie nicht unter § 11 falle, andere meinen der § 11 gelte nur, wenn mehrere Tiere eingesetzt werden, andere wiederum prüfen die Haltungsbedingungen Zuhause und am Einsatzort, lassen sich Einsatzpläne vorlegen und fordern ausführliche Fachgespräche.“[151]

Selbstverständlich unterliegen in unseren Augen alle Hupäschlerinnen den Verpflichtungen des Tierschutzgesetzes insofern, als sie ihren Hunden in Training, Haltung und schulischem Einsatz weder Schaden, Schmerz noch Leid zufügen dürfen!

Allgemein gibt es eigentlich zurzeit eine generelle Prüfungsnotwendigkeit nur für die Bereiche, die gewerblich mit Tieren agieren, wie das TierSchG in § 11 darlegt[152], aber einige Veterinärämter sehen das anders und verlangen, dass auch Hupäschlerinnen auf verschiedenste Art und Weise den § 11 TierSchG erfüllen.

Auf Nachfrage bei den zuständigen Bundesministerien erhielt das „Qualitätsnetzwerk Schulbegleithunde e.V.“ die Rückmeldung, dass in Bayern und Baden-Württemberg für diese ehrenamtliche, unentgeltliche Tätigkeit keine tierschutzrechtliche Erlaubnis nach § 11 erforderlich ist, da keine Rechtsgrundlage besteht.[153]

Da die Schulleitung auch für diesen Bereich die Endverantwortung hat, obliegt es ihr in meinen Augen auch, ob ggf. Kontakt zum Veterinäramt aufgenommen wird oder davon ausgegangen wird, dass die erforderlichen Tierschutzaspekte selbstverständlich Beachtung finden.

[151] Wohlfarth/Mutschler 2016, S. 221

[152] Tierschutzgesetz 02.12.2019

[153] Qualitätsnetzwerk Schulbegleithunde „Sachkunde § 11 Tierschutzgesetz“ 02.12.2019

3.1.6 Organisatorische Voraussetzungen

Die organisatorischen Voraussetzungen sind natürlich je nach Einsatzart und Schulform sehr unterschiedlich! Trotzdem möchte ich hier noch einmal auf einige Punkte eingehen, die aus meiner Sicht besonders zu Beginn eines Schulhundeinsatzes oft nicht bedacht werden und einen qualifizierten Schulhundeinsatz beeinträchtigen können.

Fahrtechnische Voraussetzungen

Da Hunde immer erst sehr langsam und schrittweise an die Schule und ihren Einsatz gewöhnt werden sollten, beeinflusst dieser Punkt besonders zu Beginn den Schulhundeinsatz sehr.

Im Vorteil sind da die Kolleginnen, die im näheren Umfeld ihrer Schule wohnen und innerhalb weniger Minuten ihren Hund in den Unterricht holen können bzw. ihn wieder nach Hause bringen können. Allerdings zeigt sich in der Realität, dass auch dafür eine gewisse Zeit erforderlich ist, da der Hund in Ruhe ankommen soll und seine Geschäftchen vor- und nachher erledigen muss. Somit ist dieser Wechsel nur in großen Pausen oder Freistunden möglich und für den Notfall müssen immer Kolleginnen bereit sein, für kurze Zeit die Schüler zu übernehmen.

Das zeigt aber auch, dass der Hund tendenziell mindestens für eine Doppelstunde anwesend ist und diese Phase ist zu Beginn definitiv eine Überforderung für das Tier. Deshalb muss die Schulleitung auf diese Problematik hingewiesen werden, damit ggf. Umstellungen im Stundenplan erfolgen können oder falls möglich, Doppelbesetzungen in einer Klasse oder Gruppe geplant werden.

Besonders zu Beginn läuft es bei vielen Kolleginnen aber darauf hinaus, dass sie zusätzlich zu ihrem normalen Unterricht mit ihrem Hund in die Schule kommen, damit sie flexibel auf die Gegebenheiten reagieren können und ihren Hund nicht überfordern. So können sie jederzeit den Unterricht verlassen, da die Schüler durch eine andere Lehrkraft betreut werden.

Allgemein reicht auch eine Pause für die Kolleginnen nicht aus, um den Hund in die Schule zu holen, da sie weiter entfernt wohnen. In diesem Fall ist es also grundsätzlich wichtig, dass der Stundenplan so gesteckt ist, dass der Hund seine Besitzerin an Tagen mit wenigen Stunden begleiten kann.

Auch wenn es aus meiner Sicht keine pauschalen Lösungen für den zeitlichen Einsatz von Hunden zu Beginn und auch später geben kann, ist aus unserer Sicht besonders während der Eingewöhnung und bei jüngeren Hunden „weniger = mehr!“. Somit müssen Lösungen innerhalb der Schule gefunden werden, dass der Schulbegleithund auch bei mehreren Stunden Unterricht seiner Besitzerin ausreichende Ruhephasen bekommt.

Räumliche Voraussetzungen

Hierfür sind die räumlichen Voraussetzungen an der Schule sehr wichtig, denn eine adäquate Unterbringung außerhalb des Unterrichtes ist bei Schulbegleithunden immer wieder aus den verschiedensten Gründen erforderlich.

Grundsätzlich ist es nicht nur für den Einsatz in der Schule, sondern auch für den Alltag mit dem Hund sehr vorteilhaft, wenn er gut an eine Box gewöhnt ist und diese somit überall einen sicheren Ankerplatz für ihn darstellt. So ist es möglich, diese Box in ruhige Räumlichkeiten der Schule zu stellen, um ihm Auszeiten vom Unterricht zu geben, da die fahrtechnischen Voraussetzungen es anders nicht möglich machen.

Allerdings muss jeder Hund auch daran erst schrittweise gewöhnt werden, selbst wenn er seine Box gut akzeptiert! Allgemein ist für viele Schulhunde die Schule mit Aktion verbunden und viele Kolleginnen haben größere Mühe, ihren Hunden eine angemessene Auszeit anzutrainieren.

Wenn die Kolleginnen über ein eigenes Büro ohne Publikumsverkehr verfügen, ist das natürlich eine sehr gute Voraussetzung. Aber allgemein ist das nicht der Fall und so werden viele Schulhunde im Lehrerzimmer, bei der Schulleitung, der Sekretärin oder beim Hausmeister zwischengeparkt, wenn sie nicht mit in den Unterricht können oder sollen. Dies führt aus unserer Sicht aber leider häufig dazu, dass der Hund ohne den Beistand seiner Besitzerin nicht zur Ruhe kommt, sondern durch die Betreuungspersonen zusätzliche Aktionen erlebt.

Im Abschnitt 3.2.6 wird erläutert, wie lebenswichtig umfangreiche Ruhephasen für Hunde sind und somit müssen vor jedem qualifizierten Schulhundeinsatz auch die räumlichen Bedingungen und Möglichkeiten intensiv mit bedacht werden!

Finanzielle Voraussetzungen

Allgemein ist es weitgehend immer noch so, dass Kolleginnen, die ihre Hunde in der Schule einsetzen, alle finanziellen Belastungen selber tragen, obwohl der Einsatz des Hundes in der Schule keinen zusätzlichen Gewinn bringt. Zunehmend bezahlen aber einige Schulen die Team-Weiterbildung aus ihrem Fortbildungsbudget oder der Förderverein übernimmt die Kosten insgesamt oder anteilig. Seltener werden Anschaffungs-, Verpflegungs-, Versicherungs- oder Tierarztkosten von den Schulen oder Fördervereinen übernommen.

Die Anerkennung des Hundes als Werbungskosten der Pädagogin beim Finanzamt erfolgte bis 2020 bei jedem Finanzamt und Sachbearbeiter unterschiedlich, obwohl es dazu mittlerweile einige Gerichtsurteile gab.

- Im März 2018 urteilte das Finanzgericht Rheinland-Pfalz, dass der private Hund einer Lehrerin nicht ausschließlich oder zum überwiegenden Teil ihrer Berufsausübung diene. Sie habe angegeben, dass der Hund sie lediglich in den Unterricht begleite und sich ansonsten unauffällig verhalte. Somit werden die Ausgaben nicht als Werbungskosten anerkannt. Eine Revision ist zugelassen.[154]

- Im September 2018 stellte das Finanzgericht Düsseldorf fest, dass Aufwendungen einer Lehrerin für einen privat angeschafften sog. Schulhund, der im Rahmen eines Schulhund-Konzepts an allen Schultagen hauptsächlich in Inklusionsklassen eingesetzt wird, anteilig zu 50 % Werbungskosten sind.[155]

- Im März 2019 hat das Finanzgericht Münster entschieden, dass Kosten für die Team-Weiterbildung voll anerkannt werden und andere Aufwendungen für einen Therapiehund bei Lehrern teilweise zu den abzugsfähigen Werbungskosten gehören. Revision ist zur Sicherung einer einheitlichen Rechtssprechung aber zugelassen.[156]

Am 14.01.2021 hat der VI. Senat des Bundesfinanzhofs (BFH) entschieden, dass Aufwendungen für einen sog. Schulhund teilweise als Werbungskosten abgezogen werden können. Die Aufwendungen für die Ausbildung werden in voller Höhe anerkannt.

Ebenso wie die Anerkennung der Kosten für den Schulbegleithund bei den Werbungskosten bisher individuell von den Finanzämtern geregelt wurde, wird auch die Befreiung der Schulbegleithunde von der Hundesteuer örtlich sehr individuell geregelt bzw. in den Satzungen eine sehr unterschiedliche Höhe festgelegt.

Für alle Hunde werden z. B. in folgenden Gemeinden überhaupt keine Hundesteuern erhoben:

02799 Waltersdorf (Sachsen)
25355 TAA-Besenbek (Schleswig-Holstein)
25485 Bilsen (Schleswig-Holstein)
65760 Eschborn (Hessen)
94575 Windorf (Bayern)
76676 Graben-Neudorf (Baden-Württemberg)

[154] Finanzgericht RLP „Anerkennung Werbungskosten" 02.12.2019

[155] Finanzgericht Düsseldorf „Anerkennung Werbungskosten" 02.12.2019

[156] Finanzgericht Münster „Anerkennung Werbungskosten" 02.12.2019

Auch die Befreiung von der Hundesteuer wird sehr unterschiedlich geregelt. Uns sind bisher folgende Städte bekannt, in denen Schulhunde nach der Satzung auf Antrag befreit werden:

Trier (RLP)[157]
Tübingen (Baden-Württemberg)[158]

In allen anderen Städten und Gemeinden gibt es sehr individuell unterschiedliche Lösungen und eine Nachfrage lohnt sich in der Regel.

3.1.7 Einsatzkonzept

Nicht nur im schulischen Bereich ist für eine qualifizierte Arbeit ein Konzept erforderlich, also ein Entwurf, ein Plan für ein Vorhaben. Ein Konzept hat das Ziel, das Vorhaben möglichst informativ und überzeugend zu präsentieren und darzulegen, was erreicht werden soll.

Nach dem ZEBRA-Prinzip von Katja Eschebeck sind gute Konzepte durch fünf Grundsätze gekennzeichnet:

- zielorientiert
- empfängerorientiert
- beherzt und auf den Punkt gebracht
- realistisch geplant
- Auslöser für Aktivitäten[159]

In vielen Bundesländern sind die Schulen mittlerweile verpflichtet ein Schulprogramm zu erstellen, in dem das Leitbild und die Schwerpunkte der Schule dargestellt sind. Dies ist kein starres Programm, sondern es unterliegt einer ständigen Veränderung und muss somit regelmäßig evaluiert werden.

In der Praxis zeigt sich, dass die früher oft sehr umfangreichen verschiedenen Konzepte der Schulprogramme immer knapper und konzentrierter verfasst werden, da nur so eine regelmäßige Überarbeitung gewährleistet werden kann. Somit sollte auch ein Konzept zum Schulhundeinsatz auf nur wenigen Seiten die wichtigsten Punkte zusammenfassen.

Siehe Leitfaden Qualitätsanalyse Schulbegleithund 4.1 Konzept Schulhund (S. 196 ff. und Download)

Wichtig erscheint es mir dabei besonders, dass Leser umfassend, aber knapp über die vielfältigen Voraussetzungen und die konkreten Ziele des Einsatzes eines bestimmten Hundes bzw.

---

157 Hundesteuer Trier 02.12.2019

158 Hundesteuer Tübingen 02.12.2019

159 Karrierebibel „Konzept erstellen" 20.01.2018

mehrerer Hunde an einer Schule informiert werden. Es ist aus meiner Sicht unsinnig, wenn ein Konzept seitenweise allgemein mögliche Wirkungen und Ziele von Hunden in der Schule auflistet, von denen aufgrund der individuellen Faktoren des Hundes und der Möglichkeiten an der Schule nur zwei bis drei umgesetzt werden können.

Da der Stundenplan einer Schule mindestens zu jedem neuen Schuljahr geändert wird, werden alle Arten von Schulhund-Teams zum neuen Schuljahr mit neuen Schülern konfrontiert. Daraus ergibt sich, dass die Voraussetzungen in allen Bereichen neu eruiert werden und die individuellen Ziele des Schulhund-Einsatzes den aktuellen Bedingungen angepasst werden müssen.

Somit ist für einen qualifizierten Schulhund-Einsatz zu erwarten, dass mindestens einmal jährlich, i.d.R. zum neuen Schuljahr im Sommer, das Schulhund-Konzept überarbeitet und den neuen Gegebenheiten angepasst wird. Wichtig ist dabei zu beachten, dass die Lebenserwartung unserer vierbeinigen Begleiter recht begrenzt ist und der Einsatz auch altersgerecht angepasst werden muss!

3.1.8 Notfallplan für den Hund

Ein Notfallplan darf in keinem Konzept zum Einsatz eines Schulhundes fehlen, aber besonders beim Einsatz eines Hundes im regulären Unterricht mit einer Klientel bis zu 30 Schülern und der Besetzung durch eine Lehrkraft spielt er eine besondere Rolle.

Es kann z. B. zu Auseinandersetzungen zwischen den Schülern oder mit der Lehrerin kommen, ein Schüler kann einen Unfall oder eine andere Beeinträchtigung haben, der Hundebesitzerin selber oder dem Hund geht es plötzlich nicht gut. Vielleicht muss die Hundebesitzerin auch plötzlich Vertretungsunterricht machen und der Hund kann sie dort aus den verschiedensten Gründen nicht begleiten. Für solch einen Fall muss im Vorfeld überlegt werden, wer sich ggf. schnell zusätzlich um die Schüler und/oder den Hund kümmern kann oder wo er schnell und sicher separiert werden kann.

Besitzt der Hund in der Klasse eine verschließbare Box, die positiv besetzt ist und die er auf Signal schnell aufsucht, ist das für kleine Probleme und eine kürzere Zeit eine gute Lösung, ebenso wie ein verschließbarer Nebenraum. Aber manchmal reicht diese Lösung nicht aus, denn die Hunde können manche Situationen nicht richtig erfassen oder verknüpfen sie auf Dauer negativ, so dass weitere Lösungen angedacht werden müssen.

Definitiv müssen Probleme, die evtl. auftreten könnten, im Vorfeld mit der Schulleitung und Kollegen abgesprochen werden, damit es nicht zu Folgeproblemen kommt. Dabei ist es hilfreich, wenn es an der Schule eine weitere Bezugsperson für den Hund gibt, die den Vierbeiner ggf. auch beaufsichtigen kann. Auf die Unterstützung durch die Kolleginnen in Bezug auf die Schüler sollte allgemein zurückgegriffen werden können.

3.1.9 Dokumentation und Evaluation

Wie unter Punkt 2.2 bereits erläutert, gehören Pädagoginnen, die ihre Hunde in der Schule einsetzen, z. B. in den Augen von Dr. Rainer Wohlfarth und Prof. Dr. Monika Vernooij nicht zur Tiergestützten Intervention. Dies liegt zum Teil an den fehlenden Qualifikationen, aber auch an der fehlenden Dokumentation und Evaluation des Hundeeinsatzes.

In meiner Antwort auf den Artikel von Widder/Wohlfarth in der „tiergestützte" 1/2012 schrieb ich dazu „*... in der Praxis zeigt sich deutlich, dass für eine anschließende Dokumentation und schriftliche Reflexion in der Regel die nötige Zeit fehlt. Lehrerinnen sind durch ihre vielfältigen Aufgaben und spontane Prozesse rund um das Unterrichtsgeschehen so eingebunden, dass im Laufe der Jahre eine schriftliche Dokumentation der hundegestützten Prozesse ausbleibt*".[160]

Leider hat sich das aus meiner Sicht bis heute kaum geändert! In unserer Weiterbildung bei ColeCanido sind die Teilnehmerinnen verpflichtet ein „Logbuch" zu führen. Im Format DIN A5 gedruckt, sollen wichtige zeitliche und inhaltliche Punkte kurz und kompakt, ähnlich wie in einem Klassenbuch, notiert werden, um so am Ende eines Schuljahres einen schnellen Überblick über die Einsätze und die Inhalte bzw. Veränderungen beim Einsatz des Hundes zu haben. Die Praxis zeigt leider, dass hier noch nicht die optimale Lösung gefunden ist und wir zukünftig versuchen müssen, ob andere Varianten praktikabler sind.

Das heißt allerdings nicht, dass sich einige Kolleginnen nicht enorme Mühe geben, die Einsätze ihres Hundes umfangreich zu dokumentieren und auch zu evaluieren. Immer wieder erhalten wir auch dicke Ordner, in denen detailliert die Einsätze der Hunde dokumentiert sind und alternative Möglichkeiten des Einsatzes überlegt werden.

Das Thema Dokumentation wird immer wieder als wichtiger Aspekt einer qualifizierten TGI aufgeführt, aber im Gegensatz zu einem therapeutischen Einsatz von Hunden geht es in der Schule um bis zu 30 Schüler, die mit einem Hund agieren und um die Vermittlung von Lerninhalten. Somit wird nicht, wie in der Therapie, für jede Stunde und jeden Schüler ein Lernziel festgelegt, dokumentiert und evaluiert.

Erfreut stellte ich fest, dass es in der Zeitschrift „Sonderpädagogische Förderung heute" 3/2015 einen Artikel von Ute Waschulewski zu dem Thema gab: „Wie kommt das Tier ins Inventar? Oder: Von den Schwierigkeiten der Dokumentation und Evaluation tiergestützter Interventionen im Bereich Schule."

Dr. Ute Waschulewski ist wissenschaftliche Mitarbeiterin in den Bereichen Sonderpädagogische Psychologie und Tiergestützte Pädagogik an der Universität Koblenz Landau. In ihrem Artikel versucht sie „praxistaugliche" Möglichkeiten der Dokumentation und Evaluation für die Schule aufzuzeigen, „*die sowohl wissenschaftlichen als auch tierethischen Ansprüchen standhalten*".[161]

---

[160] Agsten 2012, S. 31 f.

[161] Waschulewski 2015, S. 269

Im Vorfeld vergleicht sie in ihrem Artikel u. a. die Ansätze von Vernooij/Schneider, Beetz, Strunz und dem BTI und stellt hier noch einmal fest, dass diese sowohl in ihren Definitionen als auch in ihren Angaben zu Zielen, Ausbildung und Dokumentation sehr unterschiedlich sind. Frau Waschulewski orientiert sich in ihrem Artikel an dem Leitfaden von Wohlfarth/Olbrich „Qualitätsentwicklung und Qualitätssicherung in der Praxis der Tiergestützten Interventionen", der 2014 gemeinsam von der ESAAT und ISAAT herausgegeben wurde. Dort finden sich auch Hinweise zur Dokumentation im Kapitel zur Prozessqualität.[162]

Bei der Dokumentation geht es nach dem Leitfaden von Wohlfarth/Olbrich um Konzepte und Methoden und welcher Mehrwert vom Einsatz des Tieres zu erwarten ist. Außerdem geht es um die Bereiche der Förderung und um konkrete Ziele des Einsatzes. Zur Prozessqualität gehören auch Basis- und Verlaufs-Dokumentationen.[163]

Nach Dr. Waschulewski geht es demnach um *„die Formulierung der Förderziele, die Aufstellung und den Verlauf der Fördermaßnahmen und deren kontinuierliche Reflexion und Evaluation"*.[164] Da ich 40 Jahre als Sonderschullehrerin in Förderschulen gearbeitet habe, kann ich für mich diesen Ansatz gut nachvollziehen, da die individuellen Förderpläne für jedes einzelne Kind der Klasse meinen Berufsalltag stark mitgeprägt haben. Den Kolleginnen der Regelschulen fällt es jedoch aus meiner Sicht sehr schwer, diesen Ansatz nachzuvollziehen, und die Inventare von Dietrich Eggert u. a. sagen ihnen i.d.R. leider gar nichts ...

Auch wenn die Regelschullehrerinnen durch die Inklusion immer mehr gezwungen werden, sich wenigsten partiell mit Förderplänen vertraut zu machen, so wird und kann das nicht für alle Schüler der Klasse gelten. Ein Schulhund sollte aber aus meiner Sicht für alle Schüler der Klasse da sein und nicht nur für die Schüler, für die ein Förderplan erstellt wird. Somit muss es auch für einige dieser Schüler eine praktikable Möglichkeit geben, Ziele und Entwicklungen der Hundegestützten Pädagogik strukturiert und mit möglichst wenig Aufwand zu dokumentieren.

Aufgrund des fehlenden Hintergrundwissens und der fehlenden zeitlichen Möglichkeiten sehe ich die vorgeschlagene Dokumentations- und Evaluationsmöglichkeit von Dr. Ute Waschulewski für Regelschullehrer leider so nicht als praktikabel an. Ihr Artikel gibt aber Förderschullehrern aus meiner Sicht neue Impulse, um den Hund in die zu erstellenden Förderpläne einzubinden. Wenn die Förderziele mit dem Hund dort konkret aufgezeigt werden, ist das allerdings nur ein erster Schritt, denn eine genauere Verlaufsdokumentation ist zusätzlich erforderlich.

Möglichkeiten zur Dokumentation und Evaluation des Einsatzes von Hunden in der Schule zu entwickeln ist ein wichtiger Schritt zur Qualitätsverbesserung im Bereich Hupäsch.

---

[162] vgl. Wohlfarth/Olbrich 2014, S. 22ff.

[163] vgl. Waschulewski 2015, S. 282

[164] Waschulewski 2015, S. 269

3.2 Wichtige spezielle Aspekte für den Einsatz

Bereits in den ersten Hupäsch-Büchern wurde ausführlich auf die nötigen Voraussetzungen für den Einsatz eines Hundes in der Schule bzw. in einer Klasse hingewiesen und auch im Anhang sind diese teilweise noch einmal im Leitfaden Qualitätsanalyse Schulbegleithund zusammengefasst. Somit möchte ich an dieser Stelle nur stichwortartig einige Aspekte aufführen, die mir besonders für den Einsatz eines Hundes in der Schule wichtig erscheinen.

- Der Hund muss sehr langsam an den Einsatz in der Schule und mit der Schülerklientel gewöhnt werden.
- Die Schüler müssen vor dem Einsatz des Hundes adäquate Infos und Regeln zum Umgang mit dem Hund erhalten.
- Nach der Einführungsphase muss der Hund sich frei im Raum bewegen dürfen.
- Ein ungestörter Ruheplatz und Wasser müssen immer zur Verfügung stehen.
- Ein Notfallplan für die Betreuung des Hundes bzw. der Schüler muss vorliegen.
- Der Einsatz als „Schulhund" muss ein Gewinn für die Schüler, die Hundebesitzerin und natürlich für den eingesetzten Hund sein!

Auf den ersten Blick erscheinen diese Punkte selbstverständlich, aber vielfältige Infos zeigen uns immer wieder, dass sie in der Praxis leider durchaus noch nicht selbstverständlich sind.

3.2.1 Gewöhnung des Hundes

Aus unserer Sicht benötigen Schulhunde eine gute Gewöhnung bzw. ein spezielles Training, um sie auf Dauer problemlos in der Schule einsetzen zu können, wie bereits unter Punkt 3.1.3 angerissen wurde. Auch ohne direkte Einbindung des Hundes in den Unterricht stellt die Schule mit den unterschiedlichen Menschen, Gerüchen, Geräuschen und Aktionen schon eine hohe Belastung für ihn dar.

Sandra Müller schrieb dazu: „*Leider wird häufig unterschätzt, welche Belastung die zahlreichen Gerüche von Reinigungs- und Desinfektionsmitteln oder menschlichen Ausdünstungen ... bei anderen Essgewohnheiten für die empfindliche Hundenase darstellen, wie verwirrend die Geräuschkulisse ... einer Schule selbst für den Meister des selektiven Hörens sein kann und dass ein ständiger Körperkontakt sogar dem schmusigsten Hund zu viel werden kann. Ebenso kann vom Hund ständige Unruhe, zu viel positive wie negative Aufregung, Wut und Ärger in seinem Umfeld als Stress erlebt werden.*“[165]

Da die ausgesuchten Schulbegleithunde allgemein zu den lieben, duldsamen, introvertierten Hundetypen gehören, wird der Gewöhnung des Hundes an die Schule bzw. Klasse aus unserer Sicht oft noch nicht genug Beachtung geschenkt.

Häufig werden besonders Rassehundwelpen schnell mit in die Schule genommen, da die Kolleginnen meinen, dass sie dadurch die Chance auf eine gute Schulhundlaufbahn erhöhen, weil die Hunde möglichst früh möglichst viel kennenlernen sollen. Auch wenn es hier keine pauschalen Lösungen gibt, muss man wissen, dass der räumliche und zeitliche Radius eines Welpen sich nur langsam erhöhen sollte und eine Überforderung sich in der Regel erst im Laufe der nächsten Jahre zeigt.

Deshalb muss ein Hund, gleichgültig ob er schon als Welpe oder erst als ausgewachsener Hund in die Schule kommt, immer in sehr kleinen Schritten an die Räumlichkeiten herangeführt werden! Selbst wenn keine Menschen in dem Gebäude anwesend sind, ist es erfüllt von sehr vielen unbekannten Dingen und Gerüchen, an die sich die Hunde erst langsam gewöhnen müssen. Je positiver die Schule auf Dauer besetzt ist, desto effektiver und stressloser kann ein Hund über viele Jahre eingesetzt werden.

Nachdem das Gebäude mehrmals außerhalb des Schulbetriebes mit dem Hund besucht wurde, kann Schritt für Schritt eine Annäherung an den normalen Schulbetrieb erfolgen:

- über leere Flure während des Unterrichts gehen
- Anwesenheit des Hundes in kleinen Gruppen
- langsamer Kontakt zur Klasse
- schrittweise Annäherung an den Lärm und die Hektik auf den Fluren und auf dem Schulhof

[165] Müller 2006, S. 8

Alle Reaktionen des Hundes müssen dabei natürlich immer gut beobachtet und ggf. positiv verstärkt werden!

Vor allem sollte ein Hund zunächst aber immer in Ruhe in seiner neuen Familie ankommen können und eine gute Vertrauensbasis zwischen Besitzerin und Hund aufgebaut sein, bevor der Vierbeiner mit in die Schule genommen wird. Anschließend kann er sich dann langsam Schritt für Schritt und in Ruhe mit der neuen spannenden Schulumgebung auseinandersetzen. So wird er durch die neue Umgebung nicht überfordert, sondern verknüpft sie hoffentlich von Beginn an positiv, denn weniger ist oft mehr!

Nur wenn die Schule von Anfang an, egal, ob es sich um einen jungen oder älteren Hund handelt, mit Ruhe gekoppelt ist, kann sich dies auch auf den Einsatz im regulären Klassenunterricht, und somit auf die Schülerschaft, übertragen. Aufregung gibt es immer schnell genug in der Schule, und im Unterricht ist somit die Ruhe, die Hunde für ein artgerechtes Leben viel mehr benötigen als wir Menschen, eine sehr wichtige Basis für einen qualifizierten Einsatz.

Bevor der Hund in einen Klassenraum mit Schülern kommt, sollte er vorher bereits mehrmals dort gewesen sein und Ruheplatz, Wassernapf etc. sollten ihm schon gut vertraut sein. Wie bereits erwähnt, ist es vor allem wichtig, die erste Gewöhnung an den Klassenraum mit Ruhe zu koppeln! Das ist problemlos möglich, indem die Besitzerin allein in Anwesenheit des Hundes ruhig an einem Platz sitzt und schriftliche Vor- oder Nachbereitungen für den Unterricht erledigt.

Der Hund darf natürlich immer erst den Raum ohne Leine erkunden, solange er möchte. In der Regel legt er sich dann schnell irgendwo ab und mit der Zeit nutzt er evtl. auch selbstständig seinen Ruheplatz, wenn dieser gut aufgebaut ist.

Besonders bei heranwachsenden Hunden kommt es im Laufe ihrer Entwicklung manchmal zu Phasen, in denen diese plötzlich ängstlich und zurückhaltend auf neue Reize reagieren oder sich vor Dingen fürchten, die ihnen vorher keine Probleme bereitet haben. Dies hängt mit neuropsychologischen Entwicklungsschritten zusammen und kann je nach Rasse und Größe des Hundes in unterschiedlichen Zeitfenstern stattfinden.

In diesen Entwicklungsphasen sollte man sehr sparsam mit neuen Reizen umgehen und dem Hund allgemein sehr viel Zeit geben, besonders wenn er einen anstrengenden „Job“ in der Schule hat.

Zur Gewöhnung gehört natürlich nicht nur der Kontakt zur neuen räumlichen Umgebung, sondern auch der schrittweise Kontakt zu den

Schülern. Aus unserer Sicht ist es völlig unangemessen und gefährlich für Vierbeiner und Schüler, wenn man die Eignung eines Hundes für den Schulhundeinsatz testet, indem man ihn mit auf einen vollen Schulhof nimmt und ihn von möglichst vielen Schülern anfassen lässt. Selbst wenn alle Beteiligten auf den ersten Blick gut aus der Situation gehen, wird sie definitiv für viele Hunde eine Überforderung sein, die sich nicht positiv auf einen späteren Einsatz in der Schule auswirkt.

In der Regel muss die Hupäschlerin zusätzliche Zeit in der Schule investieren, um den Hund in Ruhe zunächst mit wenigen Schülern, die gut vorinformiert sind, in Kontakt zu bringen. Diese Phase sollte je nach Hund und Schülern überschaubar sein und jederzeit den Bedürfnissen des Hundes angepasst werden können. Von der ersten Mitnahme eines Hundes in eine normale Unterrichtsstunde ohne doppelte Lehrerbesetzung ist abzuraten, da so nicht auf das Verhalten des Hundes oder der Schüler flexibel reagiert werden kann.

Es gibt nie zu viel Gewöhnung – aber zu wenig!!!

3.2.2 Einführung des Hundes in die Schule

Gewöhnung und Einführung eines Hundes in die Schule beinhalten sich teilweise überschneidende Bereiche. Sie sind besonders bei Neueinsteigerinnen in das Thema von dem Gedanken bestimmt, dass Hunde möglichst früh und möglichst intensiv Kontakt zur Schule und den Schülern haben müssen, da sonst wichtige Phasen verpasst werden, um einen optimalen Schulhund zu bekommen.

Diese Denkrichtung ist aus verschiedenen Gründen falsch und führt besonders bei jungen Kolleginnen, die sich in den Sommerferien einen Welpen anschaffen, um ihn im neuen Schuljahr in der Schule einzusetzen, immer wieder zu Problemen. Welpen und junge Hunde lassen sehr viel mit sich machen und hundeunerfahrene Kolleginnen deuten das oft falsch, da ihnen in der Regel noch die nötige Sachkunde zum Hund und zur Tiergestützten Intervention fehlen.

Jeder Hund sollte also erst dann in die Schule eingeführt werden, wenn die Besitzerin die nötige Grund-Sachkunde zum Hund besitzt und wenigstens Basiselemente der TGI bekannt sind. Vor der Einführung muss auf jeden Fall eine erste langsame Gewöhnung an das Gebäude und die Menschen erfolgen, wie bereits unter 3.1.3 und 3.2.1 erläutert wurde.

Wie ich immer wieder betont habe, gibt es aus meiner Sicht keine allgemeingültigen Rezepte für die Einführung eines Hundes, denn diese ist immer sehr von dem Hund, der Besitzerin, den Schülern und den organisatorischen Abläufen in der Schule abhängig. Es ist u. a. ein gravierender Unterschied, ob eine Neueinsteigerin ihren ersten eigenen Hund mit in die Schule nehmen will oder ob eine erfahrene Hupäschlerin ihren zweiten oder dritten Hund in die Schule einführt.

Definitiv muss neben der langsamen Gewöhnung des Hundes eine Vorbereitung der Schüler auf den Hund erfolgen. Diese sieht natürlich in einer 2. Klasse der Grundschule anders aus als in der 7. Klasse eines Gymnasiums oder einer Förderschule Geistige Entwicklung. Auch ob die Regeln zunächst gemeinsam im Vorfeld mit einer großen Handpuppe arbeitet werden, oder

der Hund zur Motivation zunächst kurz einmal fünf Minuten anwesend ist, kann nur individuell entschieden werden.

Bei einer guten Einführung des Hundes benötigt die Besitzerin auch hier viel zusätzliches Engagement und zusätzliche Zeit, ohne dass das finanziell honoriert wird. Optimalerweise konzentriert sie sich zum Einstieg mit dem Hund auf eine Klasse oder Schülergruppe, um den Hund nicht zu überfordern. Besonders bei jüngeren Hunden sollte erst langsam eine schrittweise Ausweitung des Kontaktes zu den SchülerInnen erfolgen.

Ist die Klasse durch eine andere Lehrkraft betreut, so können vielleicht zunächst wenige ausgesuchte, gut vorbereitete SchülerInnen einzeln oder in kleinen Gruppen unter Anleitung Kontakt zu dem Hund aufbauen. Später kann der Hund für kurze Zeit mit in den Unterricht der KollegIn kommen, denn so ist ein Verlassen der Situation jederzeit problemlos möglich.

Um den Stress bei einigen Schülern zu reduzieren ist es allgemein sinnvoll, den Hund auch im Klassenraum zunächst an der Leine zu lassen. Optimalerweise hat dieser den Raum dann schon vorher allein ohne SchülerInnen erkunden dürfen.

Je freier der Hund sich aber im Raum bewegen darf, desto weniger Stress hat er selber. Somit liegt es im Ermessen der Hundebesitzerin, wie sie die ersten Kontakte im Klassenraum gestaltet. Je klarer die Mensch-Hund-Kommunikation ist und je vertrauter beide miteinander sind, desto einfacher ist natürlich die Einführung eines Hundes in eine neue Lerngruppe.

Immer sollte dem Hund sein Ruheplatz und sein Wassernapf zur Verfügung stehen, auch wenn er beides zu Beginn in so aufregenden Situationen manchmal noch nicht selbstständig nutzen kann. Und natürlich müssen die eingeführten Hunderegeln im Raum präsent sein und zu Beginn noch einmal wiederholt werden.

Bei mir hat es sich in fremden Klassen zum Einstieg bewährt, dass alle Tische an den Seiten stehen und die Schüler sich im Schneidersitz daraufsetzen. So haben sie auch zu größeren Hunden keinen direkten Kontakt, der Hund kann sich relativ schnell frei bewegen, wenn die SchülerInnen ihre Erlaubnis dazu gegeben haben, und alle können ihn dabei gut beobachten. Immer weise ich besonders zu Beginn darauf hin, dass auch der Hund recht aufgeregt ist und die Schüler ihn deshalb bitte nicht streicheln dürfen, da er zunächst den spannenden Gerüchen im Raum nachgehen möchte.

In einer guten Klassengemeinschaft ist es durch diese Sitzordnung möglich, dass auch ängstlichere Schüler im Raum bleiben, da sie in den Raumecken sitzen und durch befreundete SchülerInnen zusätzlich gegen den Hund abgeschirmt werden können. Im Vorfeld ist natürlich immer eine Klärung zu den Themen Angst und Allergie erforderlich!

Je nach Alter und Erfahrung des Hundes kann der erste Kontakt zum Hund hier schon wieder beendet werden, ohne dass einer der SchülerInnen den Hund berührt hat. Vielleicht kann der Hund zum Schluss noch wenige bekannte Signale befolgen, und einige SchülerInnen werfen ihm zum Abschied noch ein Leckerchen auf den Boden oder geben es ihm aus der Hand.

Wie Carola Otterstedt hervorhebt, ist für „*eine entspannte Begegnung mit Tieren … ein ausreichend großer Zeitrahmen ein wichtiger Faktor für das gegenseitige Kennenlernen und die Vertrauensbildung*“[166]. Die oben angeführte Situation ist also nur ein allererster Schritt zu einer hoffentlich sich gut entwickelnden Schüler-Hund-Interaktion.

3.2.3 Regeln zum Umgang mit Hunden

Eine wichtige Basis für die Einführung eines Hundes in der Schule sind die aufgestellten Regeln. Diese müssen der Schülerklientel und dem Hund angepasst sein und sie müssen auch auf Dauer eingehalten und von Zeit zu Zeit überdacht werden.[167] Fotos und Filmchen im Netz zeigen eindeutig, dass etlichen Schulhundbesitzerinnen aus unserer Sicht noch der Blick für das Wohl ihres Hundes und die Gefahren für die Schüler beim Umgang mit Hunden allgemein fehlt.

Viele Fotos vermitteln z. B. den Eindruck, dass Schulbegleithunde es selbstverständlich aushalten müssen, dass sie gleichzeitig von vielen Schülerhänden angefasst werden. Dabei zeigen fast alle Fotos auch, dass die Hunde es zwar erdulden, sich aber in der Situation deutlich unwohl fühlen. Und den Schülern wird damit leider vermittelt, dass sie auch mit anderen Hunden so umgehen können, was definitiv nicht zur Reduzierung von Beißvorfällen mit Hunden führt, sondern sie vielmehr forciert.

Besonders bei Grund- und Förderschülern, bei denen Schulbegleithunde primär eingesetzt werden, fehlt nach Untersuchungen noch der Blick, um das Verhalten der Hunde richtig einzuschätzen.[168] Somit müssen die Regeln im Umgang mit den Schulbegleithunden so aufgestellt werden, dass Beißvorfälle mit Hunden auch außerhalb der Schule reduziert werden und nicht gesteigert.

Für Deutschland gibt es leider keine bundesweite Beißstatistik, aber nach einem Artikel im Deutschen Ärzteblatt von 2015 von Rothe/Tsokos/Handrick werden zu 25 % Kinder unter 6 Jahren und zu 34 % im Alter von 6–17 Jahren gebissen. Dabei werden 60–80 % der Bissverletzungen von Hunden verursacht und in 90 % ist der eigene oder ein bekannter Hund verantwortlich.[169]

Die aufgestellten Regeln in der Klasse bzw. Schule müssen also definitiv auch darauf ausgerichtet sein, dass ein respektvoller Umgang mit allen Hunden stattfindet! Die Schüler müssen über den Umgang mit dem gut ausgesuchten und trainierten Schulbegleithund und über die aufgestellten Regeln geschult werden, artgerechtes Hundeverhalten richtig zu erkennen, zu interpretieren und entsprechend zu reagieren, denn dort liegt nach Untersuchungen die Hauptursache der Beißvorfälle mit Hunden.

Als Einstieg in das Thema ist z. B. eine spezielle Unterrichtsstunde sinnvoll und hilfreich. Aber erst die regelmäßige Umsetzung der Regeln in der Praxis beim Umgang mit dem Schulbe-

[166] Otterstedt 2012, S. 269

[167] siehe auch Agsten/Führing/Windscheif: Praxisbuch Hupäsch 2011, S. 32 ff.

[168] vgl. *Melchers* 2017, 06.01.2019

[169] vgl. Rothe/Tsokos/Handrick: „Tier- und Menschenbissverletzungen“ 30.12.2018

gleithund kann dazu beitragen, den bewussten respektvollen und artgerechten Umgang mit Hunden dauerhaft zu trainieren und auch im familiären Umfeld zu installieren.

Da es nicht „die Schule", „den/die LehrerIn" und „den/die SchülerIn" gibt, kann und muss es nicht „den Schulhund" geben. Somit muss immer individuell geschaut werden, welche Regeln eingesetzt werden, um den SchülerInnen Sicherheit im Umgang mit dem Hund zu geben, und deren Einhaltung muss dann auch eingefordert werden.

Diese Regeln fördern bzw. unterstützten dann hoffentlich auch einen respektvollen Umgang mit den eigenen Familienhunden und fremden Hunden und steigern die Empathie gegenüber allen Tieren, beugen somit Unfällen vor und fördern Respekt und Toleranz.

Obwohl diese Regeln unterschiedlich sind und unterschiedlich dargeboten werden, sollten die folgenden Inhalte besondere Beachtung finden:

- Nie einfach, ohne zu fragen, einen Hund streicheln/anfassen!
- Dem Hund nichts wegnehmen!
- Den Hund nicht auf seinem Ruheplatz stören!
- Einzelkontakt zwischen Kind und Hund!
- Nach dem Hundekontakt Hände waschen!

3.2.4 Rituale

In der Selbstverpflichtung wurde u. a. auch festgehalten, dass Rituale und feste Regeln entscheidend dazu beitragen, den Stress beim Einsatz des Hundes in der Schule zu reduzieren.

Bei Ritualen handelt es sich um immer wiederkehrende Abläufe, Gewohnheiten, die zeitliche und soziale Strukturen verankern und dadurch schneller ablaufen. Viele entwickeln sich dabei bei Zwei- und Vierbeinern unbeabsichtigt und werden oft gar nicht wahrgenommen. Sie unterstützen aber nicht nur Schüler und Lehrerinnen, sondern auch die Hunde bei ihrem Einsatz in der Schule sehr.

Hunde reagieren besonders auf optische Signale, und dies sollten wir zu ihrer Unterstützung und zur allgemeinen Stressminderung nutzen. Für die Arbeit in der Schule können wir zum Beispiel ein besonderes Geschirr anlegen, das nur zum Einsatz kommt, wenn der Hund dort arbeitet. Das Geschirr bietet zusätzliche Sicherheit, damit es bei Übungen mit Schülern an der Leine zu keinen Problemen kommt.

Die Ruhebox oder der Ruheplatz symbolisiert dem Hund, dass er dort jederzeit ungestört ruhen kann bzw. soll, und eine andere Decke kann in der Klasse als Streicheldecke positiv besetzt werden, auf der der Hund engen Kontakt zu einzelnen Schülern und Streicheleinheiten haben kann, wenn er möchte.

Die Möglichkeit der Erkundung eines Raumes zu Beginn ist z. B. sehr wichtig für die Hunde und kann gut zu einem Ritual für den Einstieg in eine Arbeitsphase werden. Andernfalls ist die Konzentration nur erschwert auf die gewünschte Interaktion fokussierbar. Eine Erläuterung für die Schüler ist dabei sinnvoll, damit sie dieses Verhalten auf Situationen mit anderen Hunden übertragen können.

Auch wenn Hunde Übungen mit ihren Besitzerinnen sicher beherrschen, gelingt dies nicht automatisch mit anderen Personen, in anderen Räumlichkeiten, vor Publikum – wie sich immer wieder zeigt! Die Hunde müssen schrittweise an die Aktionen herangeführt werden, und besonders von jungen Hunden darf nicht zu viel erwartet werden! Klare Strukturen und eindeutig belegte Signale sind dabei besonders wichtig.

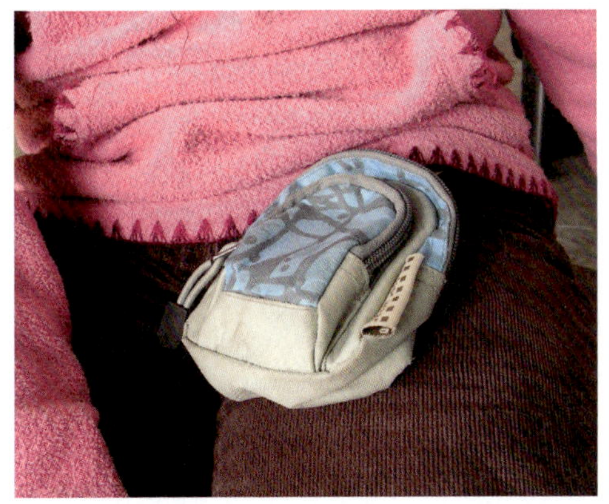

Bei den Übungen mit einzelnen Schülern haben sich Leckerlibeutel bewährt, die die Schüler an ihrer Hose befestigen können, um jederzeit zur Belohnung ein Leckerchen zur Hand zu haben. Dies zeigt dem Hund ohne Worte, dass er mit diesem Schüler arbeiten soll und dafür belohnt wird. Durch solche Rituale können sich die meisten Hunde schneller auf bestimmte Situationen einstellen, und der Stress wird für sie reduziert.

Rituale helfen den Hunden besonders zum Einstieg in eine Übungseinheit. Dabei kann jedes Team seine eigenen Rituale entwickeln. Hier einige Beispiele:

- Sitzposition des Hundes (auch gut in einem Reifen möglich, um den Start noch deutlicher zu machen)
- Platzposition des Hundes (auch auf einer speziellen Decke, aber nicht auf der Ruhedecke!)
- Sitzposition für alle Beteiligten auf dem Boden oder einer speziellen Decke
- Sitz und Pfote geben zu Beginn einer gemeinsamen Aktion
- eine andere Übung als regelmäßiger Einstieg in eine Übungssituation, z. B. wie heißt das Kind und wie heißt der Hund und wie lobe / belohne ich ihn, wenn er etwas gut gemacht hat ...
- für den Hund kann man auf Dauer auch ein bestimmtes Wort etablieren, z. B. „Arbeit", „Work" oder „Viel Spaß", damit er schneller weiß, worum es geht
- eventuell zur Kontaktaufnahme und zur Übergabe des Hundes ein Leckerchen durch die Kinder geben lassen – je nach Hundetyp – und / oder Übergabe des Leckerchenbeutels oder eines anderen symbolischen Gegenstandes
- hilfreich sind auch ritualisierte Arbeitsausstiegsmöglichkeiten für den Hund

Auch ein Abschlussritual oder ein Abschlusswort ist für die Hunde von Vorteil, damit sie wissen, dass sie aus der Arbeitssituation entlassen sind, evtl. auch nur vorübergehend. Damit lassen sich zusätzlich Bedrängungssituationen durch die Hunde wegen falscher Erwartungshaltung vermeiden.

Auch für die Schüler haben sich Rituale bewährt, um ihnen Sicherheit zu geben:

- Z. B. können zu Beginn die Signale gezeigt und wiederholt werden, die Hund und Kind für die Übung benötigen
- Evtl. können die Signale auch auf Karten stehen, die man je nach Übung in der richtigen Reihenfolge sortieren kann
- Das Vormachen der Übung ist Hilfestellung für den Schüler und kann auch zum Ritual für den Hund werden, wenn dies regelmäßig gleich abläuft

Diese Rituale für die Schüler können auch automatisch wieder für den Hund zum Ritual werden, so dass er schon weiß, was ihn nach der Übergabe erwartet. Je klarer die allgemeinen Signale und eine Übergabe des Hundes an ein Kind erfolgen, desto größer wird das Erfolgserlebnis für beide sein.

Vielen Hunden fällt es schwer, sich auf mehrere Kinder nacheinander einzustellen, denn die Wechsel sind manchmal relativ schnell. Kaum haben sie begriffen, dass sie mit einem Kind arbeiten sollen, agiert schon das nächste Kind mit ihnen. Es sollte also möglichst etwas längere Einheiten mit einem Kind geben und besonders zu Beginn eine Beschränkung auf sehr wenige Kinder.

Klare Rituale beim Wechseln der Schülerinnen helfen den Hunden sehr, sich umzustellen. Dazu kann z. B. die Übergabe eines Leckerchenbeutels gehören, aus dem der Hund zur Begrüßung etwas erhält, aber auch die symbolische Übergabe eines Tuches, das einfach in den Gürtel geklemmt wird. Natürlich müssen alle Hunde erst langsam an diese Rituale herangeführt werden, und erfahrene Hunde können später nacheinander problemlos mit mehreren SchülerInnen arbeiten.

Die ruhige Sicherheit der Besitzerin ist für alle Hunde (und SchülerInnen) sehr wichtig. Häufig vergewissern sie sich durch Blickkontakt, und leise kleine nonverbale oder verbale Hilfestellungen unterstützen den Hund und stärken seine Selbstständigkeit. Klare Signale für den Hund, wie z. B. „O. K.“ oder „Work“ vermitteln dem Hund, dass er Rückendeckung hat und die Übung mit jemand anderem durchführen soll bzw. darf.

3.2.5 Bewegungsfreiheit des Hundes

Allgemein bestehen besonders zu Beginn eines Schulhund-Projektes Unsicherheiten bei allen Beteiligten, und auch die Schulbehörden und Ministerien sehen den Einsatz eines Hundes in der Schule bisher nur unter juristischen Gesichtspunkten, so dass der Bereich bisher den Rechtsreferaten der Schulministerien zugeordnet ist.

Somit gehen die Hundebesitzerinnen in der Regel auf Nummer sicher, und die Schulhunde dürfen sich im Schulgebäude und in der Klasse nur angeleint bewegen. Kolleginnen werden so auch schon einmal in allen Stunden von dem Hund begleitet, aber dieser wird an der Tafel angebunden, oder in Weiterbildungen wird den Teilnehmerinnen sogar untersagt, ihren Hund ohne Leine in der Klasse agieren zu lassen, da dann ihr Versicherungsschutz verloren ginge.

Wie überall gibt es aus meiner Sicht auch hier kein „immer an der Leine“ oder „nie an der Leine“, sondern die verschiedenen Punkte Pro oder Contra müssen immer wieder neu abgewogen werden, und daraus ergibt sich dann die adäquate Entscheidung pro oder contra Leine!

Allgemein sollte der Hund z. B. im Schulgebäude immer an der Leine geführt werden, um so auch fremden Personen oder unsicheren, ängstlichen Schülern deutlich zu signalisieren, dass der Hund unter Kontrolle ist und ein respektvoller Umgang auch mit den Menschen selbstverständlich. Besonders in großen Schulkomplexen, wo nicht alle Schüler den Hund kennen und regelmäßig Kontakt zu ihm haben, ist dies ein wichtiger Schutz nicht nur für die Zweibeiner, sondern auch für den Hund, denn die Leine sollte auch ihm normalerweise Sicherheit vermitteln, wenn sie gut aufgebaut ist.

Auch bei Erstkontakten zwischen Schülern und dem Hund ist die Leine symbolisch ein Hilfsmittel, das Sicherheit für alle Beteiligten vermittelt. Das gilt besonders, wenn man weiß, dass Unsicherheiten bei einigen Schülern bestehen. Allgemein sollte man sich auch nie absolut auf die verbalen Äußerungen der Schüler verlassen, und so bietet der angeleinte Hund die Möglichkeit, in Ruhe auch die kleinen nonverbalen Reaktionen der Schüler zu beobachten.

Erst wenn klar ist, dass alle Schüler damit einverstanden sind, dass der Hund sich frei in der Klasse bewegen darf, sollte dieser Schritt aus meiner Sicht erfolgen. Das kann je nach Hund oder Schülerklientel innerhalb einer Stunde erfolgen oder aber Tage in Anspruch nehmen. Und natürlich ist eine gute Vertrauensbasis, sowohl zwischen Schülern und Pädagogin als auch zwischen dem Hund und der Hundebesitzerin, eine wichtige Voraussetzung.

Wenn der Hund zunächst aus verschiedenen Gründen in der Klasse an der Leine agieren muss, so ist ein gutes Leinenhandling der Pädagogin hier von außerordentlicher Wichtigkeit. Der Hund sollte trotz Leine möglichst viel Freiraum erhalten, und er darf nicht durch unbedachte Leinenimpulse eingeschränkt oder negativ beeinflusst werden.

Es muss selbstverständlich sein, dass ich als Hundebesitzerin auch das Vertrauen in meinen Hund habe, dass er durch die entsprechende Grunderziehung der Unterrichtssituation mit meiner Unterstützung gewachsen ist und weder die Schüler noch der Hund mit der Situation überfordert sind. Die Leine sollte aus meiner Sicht nur zu Beginn oder in außerordentlichen Situationen mehr ein symbolisches Hilfsmittel sein. Ein gut trainierter Hund, mit dem ich vertrauensvoll zusammenarbeite, muss auch ohne Halsband/Geschirr und Leine im Unterricht eingesetzt werden können.

Wie ich unter 1.1.3 zur artgerechten Hundewelt bereits erläutert habe, haben Hunde, genau wie wir Menschen, das Bedürfnis, sich möglichst frei bewegen zu dürfen. Nur so ist es auch möglich, ihre individuellen Fähigkeiten für die Hundegestützte Pädagogik zu nutzen. Es geht nicht um Unterordnung des Hundes, sondern um eine vertrauensvolle Zusammenarbeit im Team, in dem auch der Hund ggf. die Führung übernehmen kann, da er definitiv bessere Antennen für manche feinen Kommunikationssignale der Schüler hat.

Dr. Lisa Maria Glenk vom Messerli Forschungsinstitut an der Vetmeduni Vienna forscht zum Thema „Animal Welfare“, d.h. sie schaut aus der Tierperspektive auf Einsätze von Hunden in der Tiergestützten Intervention. In ihrer Dissertation zeigte sie, *„dass Therapiehunde, die ohne Leine agieren, niedrigere Kortisolwerte aufweisen. Angeleinte Hunde in tiergestützter Therapie mit psychiatrischen PatientInnen sind demnach weniger entspannt als jene, die sich während ihres Einsatzes frei bewegen können. Es hängt also davon ab, ob sich die Tiere frei bewegen können, also nicht an eine Leine gebunden sind und ob es ihnen frei steht, jederzeit den Raum zu verlassen“.*[170]

Das ist aus meiner Sicht eine völlig logische Schlussfolgerung, wenn wir einen artgerechten Einsatz von Hunden in der Schule im Blick haben. Wie aber oben bereits geschrieben, muss die verantwortliche Hundebesitzerin trotzdem vielfältige Faktoren in ihre Entscheidung zur Bewegungsfreiheit des Hundes mit einfließen lassen.

Definitiv ist es m. E. nicht zum Wohl des Hundes und es macht einen unprofessionellen Eindruck, wenn der Hund ständig nur an der Leine Kontakt zu den Schülern aufnehmen kann. Und es ist auch unsinnig und gefährlich, wenn der Hund sich zwar freier bewegen darf, aber die Leine noch an ihm befestigt ist und ständig hinter ihm herschleift. Dies beeinträchtigt das Verhalten des Hundes auch durch die Geräusche, die durch die Leine verursacht werden. Außerdem bietet sie sowohl für den Hund als auch für die Schüler ein Gefahrenpotenzial und unterstützt nicht die „Entspannung“ von Zwei- und Vierbeinern.

Immer wieder ist auch auf Fotos im Netz zu erkennen, dass ein Hund von teilweise sehr vielen Schülern so umzingelt wird, dass er kaum eine Möglichkeit hat, sich selbstständig zu entfernen. Definitiv muss die Hundebesitzerin das immer im Blick haben, um den Stress für ihren Hund zu reduzieren und das Verhalten der Schüler zu trainieren.

Auch in Stuhlkreisen o.ä. sollte für den Hund immer eine Lücke bleiben, damit er ohne Probleme den Kreis selbstständig verlassen kann. Die Besitzerin ist einerseits dafür verantwortlich, dass die entsprechenden räumlichen Strukturen geschaffen werden, aber besonders am Anfang des Einsatzes benötigen viele Hunde auch noch ihre Unterstützung, um die geschaffenen Bedingungen auch zu nutzen.

Wie sich in unseren Seminaren immer wieder zeigt, nutzen Hunde besonders zu Beginn der Einsätze viele Möglichkeiten zum freien Agieren nicht, da sie nicht sicher genug sind. Und auch die Besitzerinnen sind allgemein noch nicht so souverän beim Einsatz ihrer Hunde, so dass das zurückhaltende Verhalten der Hunde oft auch recht gern gesehen wird.

Aber hier wird auf Dauer eine große Chance vertan, wenn sich mit der Zeit nicht das nötige gegenseitige Vertrauen entwickelt und der Hund darin unterstützt wird, auch selbstständig im Unterricht zu agieren, wenn die entsprechenden Basisqualifikationen auf allen Seiten vorhanden sind.

Dr. Carola Otterstedt spricht von drei Dimensionen der Begegnung, die im fremdsprachigen Dialog zwischen Mensch und Tier von Bedeutung sind:

---

[170] Veterinärmedizinische Universität Wien „Stressforschung“ 05.12.2019

- Die horizontale Dimension beschäftigt sich mit der freien Begegnung und beschreibt Nähe und Distanz, mit der sich Schüler und Hund begegnen. Dabei orientieren sich die Distanzräume immer an den Bedürfnissen des Hundes und der Schülerinnen.
- Die vertikale Dimension befasst sich mit der realen und symbolischen Begegnung auf Augenhöhe, in der der Hund achtsam als gleichberechtigtes Lebewesen behandelt wird.
- Die zeitliche Dimension bezieht sich auf die Zeit, die benötigt wird, damit sich eine Beziehung zwischen den Schülerinnen und dem Hund entwickelt. Dabei geht es um eine entspannte, dynamische Begegnung in einem ausreichenden Zeitrahmen.[171]

3.2.6 Ruhebedürfnis des Hundes

Wie gerade ausgeführt, ist es ein Grundbedürfnis der Hunde (und der Menschen) sich frei bewegen zu können. Aber auch in der Schule muss die Grundversorgung mit Wasser und Futter gewährleistet sein und die Hunde müssen ihr Ruhe- bzw. Schlafbedürfnis erfüllen können.

Stefan Kirchhoff und Günther Bloch belegen in ihren Beobachtungen frei lebender Hunde, dass diese viel mehr schlafen und ruhen als wir Menschen, was besonders für den Einsatz in der Schule große Bedeutung hat. Wissenschaftlich ist belegt, dass (ruhende) Hunde wiederum eine beruhigende und entspannende Wirkung auf Menschen ausüben und das sollten wir auch in der Schule nutzen.

In einem erschreckenden Experiment im Jahr 1894 bewies die Wissenschaftlerin Marie de Manaceine, dass der vollständige Schlafentzug für ein Tier tödlicher ist als das komplette Fehlen von Nahrung.[172] Dagmar Fauster-Brunner wies in einem Artikel darauf hin, dass das Schlafverhalten des Hundes sich sehr vom Schlaf des Menschen unterscheidet und ein ausgewachsener Hund 17–20 Stunden Schlaf und Ruhephasen benötigt. Bei fehlendem Schlaf haben sich 5 Phasen herauskristallisiert:

- die Hunde sind überdreht
- die Hunde sind unkonzentriert und fahrig
- die Hunde sind nervös und schnell reizbar
- die Hunde sind kränklich und aggressiv
- die Hunde erleiden schwere und chronische Erkrankungen

„In den Studien hat sich auch gezeigt, dass die Phasen bei den verschiedenen Rassen unterschiedlich ausgeprägt sind. Retriever Rassen werden schneller chronisch krank, während Terrier Rassen eher aggressives Verhalten zeigen. Deswegen ist es besonders wichtig, auf ausreichende Schlaf- und Ruhephasen seines Hundes zu achten. Oft finden die Hunde von selber nicht zur Ruhe und man muss ihnen dabei helfen. ...

---

171 vgl. Otterstedt 2012, S. 266 ff.

172 Mittelbadischer Rassehunde Club „Schlafentzug" 05.12.2019

Wissenschaftliche Untersuchungen haben auch gezeigt, dass das Stresshormon Cortisol einige Tage braucht, um im Körper abgebaut zu werden. Das heißt, mit einmal Schlafen wird ein chronisch gestresster Hund nicht seine Ruhe finden. Hier muss man gezielt an einem regelmäßigen Ruhetraining arbeiten!"[173]

Ein Hund benötigt in der Schule also einen Ruheplatz, auf den er sich jederzeit zurückziehen kann und der ihm absolute Sicherheit vor Schülern und Kolleginnen gibt! Deshalb muss der Platz sich möglichst in der Ecke eines Raumes befinden, so dass durch die Wände schon ein gewisser Schutz gegeben ist. Aber auch an den beiden anderen Seiten muss für Fremde der Kontakt verboten sein!

Nur selten besteht die Möglichkeit, diesen Platz in einem separaten Nebenraum einzurichten, was optimal wäre, wenn der Hund sich dahin selbstständig zurückziehen kann. Als ideale Rückzugsmöglichkeiten in der Klasse haben sich somit Transportboxen o. ä. erwiesen, da sie dem Hund räumlich noch mehr ein Gefühl der Sicherheit vermitteln.

Gut ist es, wenn ein Hund sich selbstständig auf seinen Ruheplatz zurückzieht, aber ggf. muss der Lehrer ihm auch eine Auszeit verordnen, denn in der Praxis hat sich gezeigt, dass nicht jeder Hund die angebotene Rückzugsmöglichkeit gern annimmt. Die Tiere haben genau wie wir ihre eigenen Wünsche und Vorlieben, die durch genaue Beobachtung auf Dauer beachtet werden müssen, um eine stressfreie Einbindung in den Unterricht zu ermöglichen.

Als Lehrerinnen wissen wir eigentlich sehr gut, wie anstrengend die Schule selbst an normalen Tagen ist. Ein Hund hat andere kognitive Strukturen und kann viele Geschehnisse nicht so wie wir erfassen, einordnen und verarbeiten. Zusätzlich nimmt er, wie bereits erläutert, viel mehr wahr als wir! Dabei geht es nicht nur um den Lärmpegel, den er ca. 15-mal besser wahrnimmt als wir, sondern vor allem um die Gefühle der vielen Menschen in der Schule, für die er oft definitiv sensibler ist, was wir ja auch mit für unsere Arbeit nutzen wollen! Deshalb ist ein gutes zeitliches Management für den Einsatz des Hundes in der Schule erforderlich.

Die Fragebogenaktion von 2007 ergab, dass der zeitliche Einsatz der Hunde in der Schule sehr unterschiedlich ist. Ein Schwerpunkt lag mit 26 % bei einem wöchentlichen Einsatz von 6–10 Stunden. Viele Hunde (22 %) wurden aber in der Woche auch nur bis zu 5 Stunden in der Schule eingesetzt. Demgegenüber begleiteten 22 % der Hunde die Kolleginnen wöchentlich 21–30 Stunden, also ständig, in den Unterricht.

Meine Teamkollegin Martina Windscheif hat im November 2019 bei facebook eine private Umfrage gemacht, wie oft die Kolleginnen ihre Hunde mit in die Schule nehmen. Sie erhielt 85 Rückmeldungen mit folgendem Ergebnis:

31 x wurden die Hunde einmal wöchentlich mitgenommen

42 x zweimal wöchentlich

8 x dreimal wöchentlich

3 x viermal wöchentlich

1 x fünfmal wöchentlich

---

173 Fauster-Brunner, Dagmar „Wie viel Schlaf?" 05.12.2019

Auch wenn dies nur eine Richtung deutlich macht, so bestätigt diese Umfrage die Erzählungen aus unseren Seminaren, nach denen die Hunde tendenziell ein- bis zweimal wöchentlich am Unterricht teilnehmen und an den anderen Tagen längere Ruhephasen zu Hause haben. Das entspricht im Gegensatz zu der Umfrage von 2007 einem Anteil von 86 % gegenüber 48 %. Aber alle Befragungen können natürlich nur eine Richtung angeben.

3.2.7 Stresssenkung und -vermeidung

Die Basis für jede gute und erfolgreiche Zusammenarbeit sind eine entspannte Lehrerin und ein entspannter Hund, aber das ist leider im Schulalltag nicht immer gegeben! Beim Menschen ist Stress längst ein medizinisch anerkanntes Phänomen. In Bezug auf Hunde wurde das Thema Stress aber lange Zeit unterschätzt. Erst in den letzten Jahren wurde ernsthaft darüber nachgedacht, wie viel Stress ein Hund eigentlich ertragen kann, bevor es zu überschießenden Reaktionen oder gesundheitlichen Problemen kommt.

Während akuter Stress, mit nachfolgenden Ruhephasen, wichtig für die aktive Auseinandersetzung mit der Umwelt ist, die Verarbeitung von emotionalen Erlebnissen fördert und das Erinnerungsvermögen aktiviert, bewirkt chronischer Stress genau das Gegenteil: Das Immunsystem wird geschwächt, Lernvorgänge werden blockiert, Aggression und/oder Angstzustände treten in den Vordergrund.

Dabei entsteht Stress nicht nur in unangenehmen Situationen. Aufregende Beute- und Rennspiele haben physiologisch gesehen die gleichen Auswirkungen auf den Organismus wie erschreckende Erlebnisse, z. B. eine Beißerei. Das Erleben von Stress ist auch sehr individuell und hängt von den Erfahrungen jedes einzelnen Hundes ab – genau wie wir Menschen Situationen sehr unterschiedlich empfinden können. Der eine Hund kann z. B. bei einem Gang durch die Schule deutliche Stress-Symptome zeigen, während der andere Hund völlig gelassen bleibt oder auch nur so erscheint.

Stressauslöser können sowohl negativer als auch positiver Art sein. Schmerzen und Krankheit, Lärm, Hitze, Einsamkeit, Überforderung in der Schule, ständiger Leinenruck oder negative Stimmungen lösen Stress aus. Aber auch aufregende Beute- und Jagdspiele, Besuch oder wildes Toben mit anderen Hunden oder Menschen.

Unsere Hunde zeigen durch unterschiedliche Signale und Verhaltensweisen, dass sie im Stress sind. Häufig treten mehrere Signale gleichzeitig auf, aber es kommt immer darauf an, die Verhaltensweisen im Zusammenhang zu sehen! In der Anlage findet sich zur Orientierung ein Überblick über verschiedenste Stresssignale zum Ankreuzen für den eigenen Hund.

Anlage Stress (S. 185 f. und Download)

Stresssymptome gehen mit der Ausschüttung verschiedener Hormone einher, die nach Mirjam Cordt unterschiedliche Wirkungsweisen im Körper haben:

„Durch die Ausschüttung von Adrenalin zum Beispiel werden die Sinne geschärft und es wird vermehrt Energie zur Verfügung gestellt. Weitere Hormone, wie zum Beispiel das Testosteron, die an die Ausschüttung von Adrenalin gekoppelt sind, sorgen dafür, dass der Hund insgesamt verteidigungsbereiter ist, also nicht so ausgeglichen und gelassen reagiert, wie er es normalerweise tun würde. ... Aldosteron, ein weiteres Hormon, das an die Ausschüttung von Adrenalin gekoppelt ist, steuert den Wasserhaushalt. Es wird unter Stress vermehrt produziert, weshalb der Hund öfter urinieren muss, was oftmals fälschlicherweise als Markierungsverhalten ... gedeutet wird. Auch die Produktion der Magensäfte nimmt unter Stress zu, weshalb es ... vermehrt zu Magen-Darm-Problemen wie ... Durchfall und Erbrechen kommen kann."[174]

Der Organismus des Hundes benötigt eine gewisse Zeit, bis sich die Stressreaktionen des Körpers wieder auf ein normales Level eingestellt haben. Abhängig von den vorangegangenen Stresssituationen kann es Stunden, Tage, Wochen oder gar Monate dauern, *„bis ein Hund sein inneres Gleichgewicht wiedergefunden hat und auf Anforderungen wieder normal belastbar reagiert"*[175]. Das bedeutet, dass wir als Lehrer nicht nur die einzelne Situation im Blick haben müssen, sondern alles auch im großen zeitlichen Zusammenhang sehen sollten.

Die Beobachtung von Stresssignalen als Indikator für Stress ist auch recht subjektiv. Die einzige objektive Möglichkeit, den Stresspegel des eigenen Hundes auf Dauer festzustellen, ist die Pulsmessung! Eine Messung von Stress-assoziierten Botenstoffen in Körpersubstanzen wie Blut, Urin, Speichel oder Kot sowie die Messung des Blutdrucks beim Hund ist uns als Laien leider nicht möglich.

Der Puls des Hundes kann an der Innenseite des Oberschenkels gemessen werden. Dabei ist die normale Pulsfrequenz bei Hunden sehr unterschiedlich und liegt bei großen Hunden nach unseren Erfahrungen ca. zwischen 60 und 80 Schlägen in der Minute und bei kleinen Hunden ca. zwischen 80 und 100 Schlägen. Die allgemein veröffentlichten Werte liegen allerdings ungefähr 20 Schläge höher. Wichtig ist zu wissen, dass der Puls des Hundes unregelmäßig schlägt!

Grundvoraussetzung für eine Stresseinschätzung über den Puls des Hundes ist zunächst die Ermittlung des Ruhepulses. Dazu muss der Hund daran gewöhnt werden, dass wir ihm selbstverständlich und sicher an die Innenseite des Oberschenkels greifen und kurzzeitig seinen Puls fühlen. Nur wenn dieser Vorgang selbstverständlich ist, kann man auf Dauer in vermeintlich stressigen Situationen über die Pulsfrequenz damit den wahren Stresspegel des Hundes erfassen!

Idealerweise sollte man diese Aktion auf Dauer auch mit einem Signalwort wie z. B. „Puls" belegen, damit der Hund sich schnell auf diese Aktion einstellen kann und der zusätzliche Stressfaktor reduziert wird.

Gestresste Hunde benötigen zunächst einmal ausreichende Ruhezeiten in der Schule und auch zu Hause, um den Stresspegel langsam herunterzufahren. Dabei ist sicherzustellen, dass sie dann auch wirklich ungestört sind. Eine Umfrage von Nagel/v. Reinhardt ergab, dass der Durchschnitt der Stresspunkte bei den Hunden geringer war, wenn sie viele Stunden des Tages

---

[174] Cordt 2006, S. 50

[175] Cordt 2006, S. 51

ruhten. *„Hunde, die weniger als 17 Stunden pro Tag schlafen oder ruhen, haben einen deutlich höheren Stresspunktwert als der Gesamtdurchschnitt. Es muss also davon ausgegangen werden, dass jeder Hund die Möglichkeit haben sollte, 17 Stunden täglich zu schlafen oder zu ruhen.“*[176]

Optimal ist es, präventiv dafür zu sorgen, dass sich der Stress für den Hund in der Schule in Grenzen hält, und eine Möglichkeit ist es, ihn überwiegend in einer Klasse einzusetzen. Wie die Fragebogenaktion von 2007 ergab, setzten 35 von 50 Kolleginnen, also 70 %, ihre Hunde tendenziell in einer Klasse ein. Nur 28 % der Hunde wurden in verschiedenen Klassen eingesetzt und 22 % bzw. 20 % in kleinen Gruppen oder in der Einzelarbeit. Hierbei gab es auch Mehrfachnennungen.

Eine weitere Möglichkeit, um den Stressfaktor Schule für den Hund zu reduzieren ist, wie bereits erwähnt, die Arbeit nur im Team mit seiner Besitzerin. Die Umfrage ergab, dass 82 % der Kolleginnen diesen Faktor im Blick haben und nur gemeinsam mit ihrem Hund in der Schule agieren. 16 % übergeben ihren Hund nur manchmal (überwiegend aus organisatorischen Gründen) an Kolleginnen und nur eine Lehrerin verlieh ihren Hund regelmäßig an andere Klassen.

In der Befragung zeigte sich also, dass die meisten Kolleginnen den Stressfaktor Schule für ihren Hund im Blick haben und ihm durch eine reduzierte zeitliche Anwesenheit, den Einsatz überwiegend in nur einer Klasse und die Teamarbeit mit dem Hund begegnen.

Allerdings kommt es auch immer wieder zu organisatorischen Problemen, denn die Lehrerinnen wohnen in der Regel nicht direkt neben der Schule und können deshalb ihren Hund nicht zwischendurch kurz holen oder nach Hause bringen. Der Aufenthalt im Auto ist für viele Hunde eine gute Auszeit, aber im Sommer und im Winter nur begrenzt möglich. Eventuell kann eine Hundesitterin in der unmittelbaren Nähe der Schule dieses Problem lösen, wenn es in der Schule keine optimale Lösung gibt.

Klare Signale der Pädagogin dem Hund gegenüber sollten eigentlich selbstverständlich sein, aber in der Praxis zeigt sich immer wieder, dass das häufig nicht zutrifft. Wird ein Hund z. B. von seiner Besitzerin in einem Raum oder bei einer anderen Person zurückgelassen, so erhält dieser erfahrungsgemäss sehr häufig kein klares verbales und/oder nonverbales Zeichen, dass er für eine Zeit ohne seine Bezugsperson dort zurückbleiben muss.

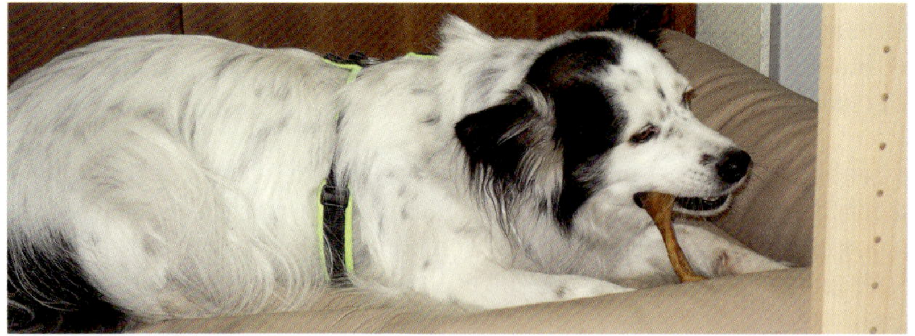

[176] Nagel/v.Reinhardt 2003, S. 65 f.

Klare verbale oder besonders nonverbale Signale der Hundeführerin helfen den Hunden aber sehr, sich auf Situationen einzustellen und reduzieren damit den Stress. Deshalb sollte die Hundebesitzerin eine Vokabelliste zu ihren Signalen für den Hund führen und diese regelmäßig kontrollieren und überarbeiten.

Aber nicht immer gelingt es, Stress vom Hund fernzuhalten. Durch die vielen verschiedenen Eindrücke in der Schule, das zeitweise relativ unruhige Umfeld, den Stress der Besitzerin und viele andere Faktoren ist es immer wieder wichtig, neben ausreichenden Ruhephasen andere Möglichkeiten des Stressabbaus zu kennen, um den Hund zu entlasten.

Bewegung ist eine Möglichkeit, die fast alle Hundebesitzer als regelmäßige Notwendigkeit beim Hund erkannt haben, und die die Besitzerinnen von Schulhunden in der Regel nach der Arbeit in der Schule einsetzen, um dem Hund und sich selber einen Ausgleich zu verschaffen. Wenn aber nicht sofort die Möglichkeit für einen ruhigen Spaziergang gegeben ist, um die Anspannung im Körper abzubauen, können wir den Hund auch mit einem Kauknochen oder einem Kong versorgen, den er bearbeiten kann. *„Da gerade die Kiefergelenke ein Gradmesser für die Anspannung des Körpers sind, liegt es nahe, diese zu lockern, damit sich der Hund wieder entspannen und wohl fühlen kann.“*[177]

Als Entspannung für Hund und Lehrerin haben sich in und außerhalb der Schule auch Tellington-Touches bewährt. Sie wurden vor einigen Jahrzehnten von Linda Tellington-Jones für Pferde entwickelt. *„Es steht schon lange fest, dass Massage die Muskeln entspannen kann. Der TTouch geht aber noch einen Schritt weiter. Mit dem TTouch erreichen sie nicht nur die Entspannung des Körpers, sondern sie wecken das Bewusstsein und die Bereitschaft des Hundes, sich zu konzentrieren. Es wird ihm in neuer Weise möglich, zu lernen und zu kooperieren. Bleibende Veränderungen der Persönlichkeit entstehen normalerweise schon nach wenigen kurzen Behandlungen. Mit nur zwei bis zehn Minuten TTouch pro Tag werden sie unerwartete Veränderungen erreichen.“*[178]

Die Touches entspannen, stärken das gegenseitige Vertrauen zwischen Lehrerin und Hund und führen zu innerer Ruhe für beide Seiten! Neben den TTouches gehört auch ein Führ- und Hindernistraining zum Konzept. Es fördert das Vertrauen und das Selbstbewusstsein des Hundes. Einige Elemente aus diesem Bereich können auch wieder effektiv im Unterricht eingesetzt werden – zur Entspannung und zum Aufbau des Selbstbewusstseins von Hund und Schülern.

Das Thema Stress hat in unserer heutigen Zeit für Mensch und Tier zunehmende Bedeutung erlangt. Da unsere Hunde oft sehr diffizil reagieren, ist es für den Einsatz in der Schule sehr wichtig, sich intensiv mit diesem Thema auseinanderzusetzen.

Anlage Stress (S. 185 f. und Download) 

[177] Cordt 2006, S. 63

[178] Tellington-Jones 1999, S. 6

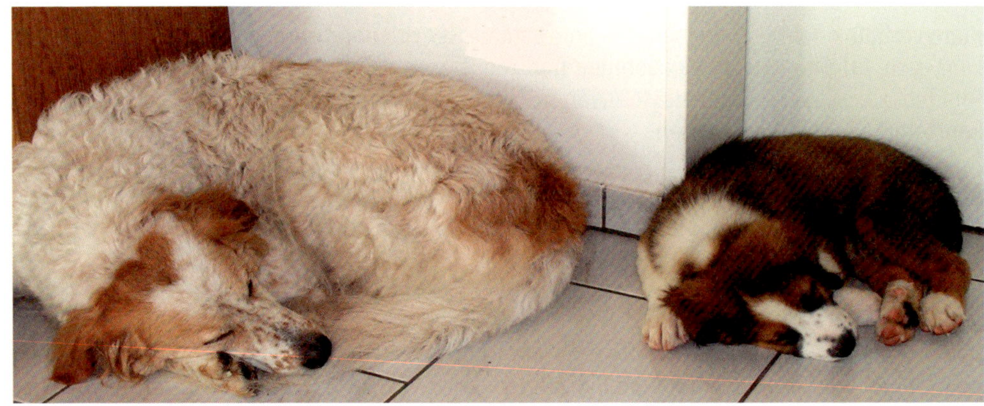

3.2.8 Welpen in der Schule

In den letzten Jahren hat sich der Einsatz von Schulhunden nach den mir bekannten Zahlen sehr erhöht. Viele neue Hunde kommen in die Schulen, und vermehrt handelt es sich dabei um Welpen, die oftmals in sehr geplanter Weise angeschafft werden. Bei vielen Lehrerinnen ziehen daher zu Beginn der Sommerferien Hunde ein, denn dies verschafft zunächst einige Zeit mit dem Welpen. Nicht selten besteht allerdings zugleich der Plan, den Hund bereits im folgenden Schuljahr regelmäßig mit in die Schule zu nehmen.

Im Jahre 2006 fand ein Projekt an der Michael-Ende-Schule, einer Grund- und Hauptschule in Bad Schönborn, in den Medien vielfache Beachtung und war damit wahrscheinlich Initiator für viele andere Welpen in der Schule. Die Geschichte der Klassenhündin Charlie wurde zur Freude der Schüler auf einer separaten Homepage von der Lehrerin Anne Vielsäcker dargestellt.

Die Labradorhündin Charlie wurde im September 2006 geboren und kam ab November 2006 mit in die Klasse 7a, wo sie vom Hundedienst der Klasse natürlich gern betreut wurde. Während des Unterrichts gab es immer wieder kleine Einheiten, um den Schülern zu vermitteln, welche Regeln beim Umgang mit Charlie zu beachten waren. Bei einem Klassenwechsel von Frau Vielsäcker begleitete Charlie sie häufig auch in die anderen Klassen. Manchmal sorgte sie aber noch für zu viel Unruhe und verbrachte die Zeit dann im Lehrerzimmer. Seit dem Schuljahr 2007/2008 begleitete Charlie ihre Besitzerin regelmäßig in ihre neue Klasse.[179]

Auch die Labradorhündin Paula kam ab der 9. Lebenswoche Anfang 2007 regelmäßig mit in die Kerpenschule, einer Schule für Lernbehinderte in Illingen. Ihr Besitzer Meinhard Volz verbrachte damals mit ihr den Schulalltag in der Klasse 3/4. Dort gab es ebenfalls einen Hundedienst, der für die Spaziergänge in den Pausen zuständig war und mit Paula spielen durfte. Im Vorfeld des Projektes wurde der Hund im Sachunterricht behandelt, und alle Schüler der Klasse machten zunächst einen Hundeführerschein. Auch die Spaziergänge wurden zunächst

[179] Homepage nicht mehr online

gemeinsam mit Herrn Volz erledigt, aber danach hatte die Klasse viele kleine Hundeexperten. Die Informationen zum Projekt sind auch heute noch im Netz zu finden.[180]

Zum Schuljahr 2007/08 wurde auch die Labradorhündin Mika gemeinsam mit 110 Schülerinnen und Schülern an der Friedrich-Ebert-Schule, einer Gesamtschule in Schwalbach eingeschult. Die im Mai 2007 geborene Hündin gehörte Simone Grund und begleitete sie ca. 10 Jahre in die Schule.

Auch an der Graf-Soden-Realschule in Friedrichshafen brachte Vanessa Dörr regelmäßig ihre Labradorhündin Mogli mit in die Schule, die im Juni 2007 geboren wurde. Und am Berthold Gymnasium in Freiburg wurde Stefanie Buchholz seit dem Herbst 2007 ein- bis zweimal in der Woche von ihrer Labradorhündin Anny in die 6a begleitet.[181]

Dies sind nur einige Beispiele zum Einsatz von Welpen bzw. Junghunden in der Schule aus den Jahren 2006/07, und es lief scheinbar alles ohne Probleme!

Auch ich habe 2008 einen Welpen mit in die Schule genommen, obwohl ich ursprünglich einen älteren Zweithund an die Arbeit in der Schule heranführen wollte. Meine erste Schulhündin Sandy war ca. 7 Jahre alt, als meine Zweithündin Bea mit 9 Wochen das erste Mal mit in die Schule kommen musste, da sich Planungen in der Schule einmal wieder kurzfristig änderten.

Ursprünglich sollte ich in den letzten zwei Wochen vor den Sommerferien nur noch wenige Stunden unterrichten, so dass Bea in diesen kurzen Zeitfenstern eigentlich problemlos zuhause hätte bleiben können. Aber leider erkrankte ein Kollege, und so war Bea vor den Sommerferien 2008 zwei Wochen lang über 20 Stunden wöchentlich mit in der Schule, da sie noch nicht so lange allein zu Hause bleiben konnte!

Im Gegensatz zu einer jungen Kollegin, die ihren ersten Hund als Welpen mit in die Schule nimmt, gab es aber damals für Bea in der Schule einige Vorteile, so dass ich die plötzlich auftretende Notsituation relativ gut regeln konnte:

- Ich setzte bereits seit 6 Jahren meine erste Hündin Sandy regelmäßig in der Schule ein, hatte mit ihr auch eine Teamweiterbildung in München absolviert, so dass ich über entsprechende Sachkunde im Bereich Kynologie und TGI bzw. HGP verfügte.

180 Lehrer auf vier Pfoten 02.11.2019

181 Seiten nicht mehr online

- Auch die Schülerinnen meiner Klasse im Alter von ca. 13–18 Jahren waren dementsprechend erfahren im Umgang mit einem Hund in der Schule.

- Mir standen zwei große Klassenräume mit einem Nebenraum zur Verfügung und eine Wiese eine Etage tiefer, die eingezäunt war und auf der sich nie Schüler aufhielten.

Erstaunlich war für mich die besondere Faszination, die ein Welpe auf alle Menschen und besonders auf Schüler hat. Obwohl Sandy schon seit 2002 regelmäßig in der Schule anwesend war und die Schüler sie sehr mochten, war es die schwierigste Aufgabe, die Streichelattacken der Schüler einzugrenzen und sie von dem Welpen fernzuhalten, um Bea nicht zu überfordern. Auch die Kolleginnen erhielten klare Instruktionen, und der Welpe wurde möglichst nur in und aus der Schule gebracht, wenn die Schüler noch nicht anwesend waren oder sich in den Klassen aufhielten.

Mit den SchülerInnen meiner damaligen Klasse waren noch einmal klare Regeln zum Umgang mit dem Welpen erarbeitet worden, und nur besonders zuverlässige Schüler durften unter Anleitung im Nebenraum auf Bea aufpassen, während die Schüler ihre Arbeiten erledigten und ich die Klasse unterrichtete. Aber auch die schwierigsten Schüler bemühten sich, sehr vorsichtig Kontakt zu dem Welpen aufzunehmen, und da auch Bea am liebsten in meiner Nähe war, hielt sie sich schon nach kurzer Zeit regelmäßig in unserem Klassenraum auf. Die Jugendlichen verhielten sich erstaunlich ruhig und achteten darauf, den Welpen möglichst wenig in seinen häufigen Schlafphasen zu stören.

Die positiven und negativen Seiten des Welpen waren in der Klasse bei allen Schülern noch viele Jahre präsent, wie sich in Gesprächen immer wieder zeigte. Die Notwendigkeit der ständigen Beobachtung, um Pfützen zu reduzieren oder das Fressen von ungeeigneten Utensilien zu verhindern, war deutlich geworden. Die häufige Suche Beas nach intensivem Körperkontakt war für alle Schüler ein Erlebnis, und auch Jahre später noch waren alle fasziniert, wie innerhalb so kurzer Zeit aus so einem kleinen Wesen ein so großer Hund werden konnte.

Aber besonders in diesen ersten zwei Wochen war ich nicht nur auf die Unterstützung meiner Schüler, sondern auch ständig auf die meiner Kolleginnen angewiesen, denn ein Welpe kann und will noch nicht lange ohne Aufsicht bleiben, ist nicht stubenrein, beherrscht keine Kommandos, hat alles zum Fressen gern, hat nur Dummheiten im Kopf, kann nicht mit in den Fachunterricht in andere Klassen oder in die Pausenaufsicht ...!

Auf Dauer hatte ich z. B. trotz ständiger Überlegungen, nicht daran gedacht, dass Hunde im ersten Lebensjahr möglichst wenig Treppen gehen sollten ... und unser Klassenraum befand sich in der 2. Etage! Zunächst kein besonderes Problem, aber sehr schnell wurde aus dem wenige Kilo schweren Welpen eine über 30 Kilo schwere Hündin, die nur mit Mühen getragen werden konnte bzw. wollte!

Welpen haben auch sehr spitze Zähne, die sie noch nicht immer unter Kontrolle haben und buddeln zusätzlich gern im Dreck. Eine Überprüfung des Tetanusschutzes bei mir war überfällig. Bei den Schülern ist er Gott sei Dank in dem Alter in der Regel noch gegeben!

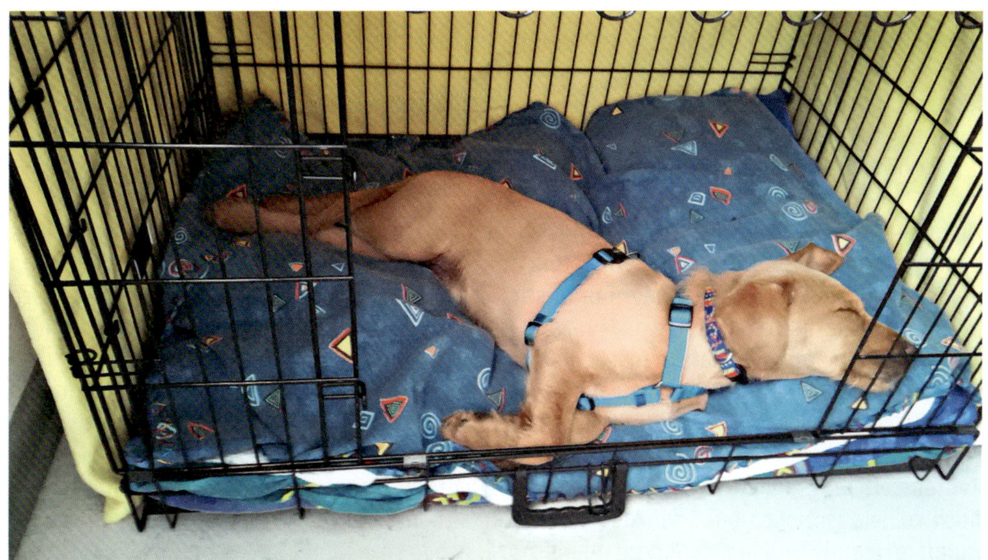

Neben den Schülern meiner Klasse durften nur drei Schülerinnen der Schule direkten Kontakt zu Bea aufnehmen. Die Mädchen hatten bereits seit einiger Zeit im Einzelunterricht Erfahrung im Umgang mit Sandy gesammelt. Diese Rolle unterstützte ihr Selbstwertgefühl, und sie genossen die „Eifersucht" vieler Mitschülerinnen, die zu gern Kontakt zu diesem kleinen Wesen gehabt hätten.

Nach den Sommerferien 2008 unterrichtete ich in einer Unterstufenklasse, die aus 20 Schülern der Schuljahre 1–4 bestand. Häufiger war diese Klasse mit zwei Kolleginnen besetzt, so dass Bea mit mir zeitweise in einer Gruppe von 12 Schülern und Schülerinnen war, die sich im 4. Schulbesuchsjahr befanden. Alle freuten sich, wenn die Hündin da war, aber besonders drei Schüler, von denen zwei sich eigentlich immer sehr um den Kontakt zu Bea bemühten, schafften es nur begrenzt, sich ruhig zu verhalten. Immer wieder kam es zu massiven Beschimpfungen und manchmal zu körperlichen Attacken zwischen den Schülern, die den Klassenfrieden störten.

Die zeitweise Unruhe, die sich besonders verstärkte, wenn alle 20 Schüler anwesend waren, wollte ich Bea nur begrenzt zumuten, obwohl sie sich auf den ersten Blick damit ganz gut arrangieren konnte. So kam sie nur noch zeitweise mit in die Schule. In zwei Stunden Einzelarbeit wurde sie gezielt bei den schwierigen Schülern eingesetzt, um mit ihrer Unterstützung das Verhalten der Schüler zu reflektieren, ihre Wahrnehmung zu schulen, Regeln zum Umgang mit Mensch und Hund zu erarbeiten, ihr Selbstbewusstsein aufzubauen ... Wurde es in den anderen Stunden, in denen sie in der Klasse anwesend war, zu laut, zog Bea sich zeitweise selbstständig auf den Flur zurück oder ich brachte sie in unseren anderen Klassenraum, in dem sie mittlerweile häufig entspannt schlief und nicht mehr wartend vor der Tür lag.

Sehr spannend für alle war Beas Einsatz in der Hunde-AG. Dort beschäftigten sich 9 Schülerinnen der Mittel- und Oberstufe mit meinen beiden Hündinnen und dem allgemeinen Thema Hund. Die teilnehmenden Schülerinnen hatten unterschiedliche Beziehungen zu den beiden

Hunden aufgebaut, und besonders bei den praktischen Übungen mit ihnen zeigten sich klar die Unterschiede zwischen der erfahrenen Schulhündin Sandy und der Junghündin Bea. Bea verfügte zwar bereits über einen recht guten Grundgehorsam und beherrschte einfache Übungen wie Sitz, Platz, Bleib, aber in manchen Situationen war sie noch nicht sicher genug und wurde dann durch die teilweise Unsicherheit der Schüler selbst weiter verunsichert.

Hier liegt m. E. auch ein gravierender Unterschied und die Gefahr zwischen dem Einsatz eines ausgewachsenen Hundes in der Schule und dem Einsatz eines jungen Hundes, dessen Wesen noch nicht gefestigt ist. Besonders in bestimmten Entwicklungsphasen entwickeln jüngere Hunde Unsicherheiten und Ängste, die gut beobachtet werden müssen, damit es auf Dauer keine Probleme beim Einsatz in der Schule gibt.

Deshalb spricht sich das Qualitätsnetzwerk Schulbegleithunde e.V. mittlerweile dafür aus, dass Welpen und Junghunde nicht in der Schule eingesetzt werden, sondern nur in sehr kleinen Zeitfenstern langsam an die Schule herangeführt werden, denn in der Regel haben Kolleginnen noch keine ausreichenden Erfahrungen mit den aktuellen Anforderungen an eine gelingende Hundeerziehung und insbesondere an ein zuträgliches Lernen mit angehenden Schulbegleithunden.

Die Lebenssituation eines Hundewelpen oder eines Junghundes darf nicht wie die eines erwachsenen Hundes betrachtet oder gestaltet werden. Insbesondere im ersten Lebensjahr folgen relevante neuropsychologische Entwicklungsschritte in rascher Weise aufeinander. Diesbezüglich ist vor allem die Sozialisations- und Umweltgewöhnungsphase (Ende der dritten bis etwa Ende der 14. Lebenswoche) hervorzuheben.

Die in dieser Phase gemachten oder verpassten Erfahrungen bestimmen in besonderer Weise, welche Dinge, welche menschlichen oder tierischen Sozialpartner und welche Zusammenhänge

- für den Hund gewöhnlich und sicher erscheinen
- als Stressoren erlebt werden
- dem Hund in seinem späteren Leben Angst bereiten

Die Erfahrungen in dieser Phase entscheiden auch darüber, was mit mehr Aufwand kognitiv und emotional eingeordnet werden muss und welche Verarbeitungsprozesse ermüdend wirken und eine zusätzliche Belastung darstellen.

Vor diesem Hintergrund können Welpen von der Berücksichtigung schulischer Settings während der Sozialisations- und Umweltgewöhnungsphase profitieren. Dies bedeutet jedoch nicht, dass eine adäquate, stressarme Verarbeitung schulischer Umweltsituationen ausschließlich durch Trainingssituationen in der Schule erreichbar ist.

Für Schulbegleithunde wie für Familienhunde gilt: Eine Heranführung an eine reichhaltige Lebenswelt unter – aus der Perspektive des Hundes – gelassenen und sicheren Bedingungen, begünstigt die spätere kognitive und emotionale Verarbeitung von komplexen und veränderlichen Umweltbedingungen.

Für diesbezügliche Lernsituationen mit dem Hund innerhalb schulischer Settings gilt es insbesondere die folgenden Aspekte zu berücksichtigen:

- Die Mitnahme von Welpen und Junghunden in die Schule darf ausschließlich als geplanter „Trainingsbesuch“ mit dem Zweck der Umweltgewöhnung in schulischen Settings erfolgen!

- Dabei muss berücksichtigt werden, dass die Bezugsperson ihren Hund stets in besonderer Weise vor überfordernden Situationen schützen muss, da die Jungtiere noch kein ausreichendes Verhaltensrepertoire zum Umgang mit schulischen Alltagssituationen erworben haben dürften. Auch ein überforderter Welpe kann so neugierig und ruhig wirken, dass eventuelle schädliche Auswirkungen nicht unmittelbar erkennbar sind!

- Gerade die ersten derartigen Besuche finden zu einer Zeit statt, in der die meisten Bezugspersonen in ihren Schulbegleithund-Team-Weiterbildungen noch nicht weit genug fortgeschritten sein dürften, um die „Körpersprache“ ihres Welpen ausreichend „lesen“ zu können. Daher ist eine Beratung durch eine Fachperson (Dozentin der Weiterbildung, entsprechend qualifizierte Hundetrainerin) zur Planung von „Trainingsbesuchen“ dringend geboten.

- Die Dauer solcher Besuche ist an den alterstypischen und individuellen Lern- und Aufmerksamkeitszeitfenstern der Hunde zu orientieren und nicht an etwaigen schulischen Belangen. Daher sollten diese Besuche außerhalb der Arbeitszeiten der Bezugsperson stattfinden und entsprechend kurz gehalten werden.

- Im Vordergrund steht anfänglich die Gewöhnung an das Gebäude und die Räumlichkeiten. Begegnungen mit Schülerinnen und Kolleginnen sollten zunächst im Hintergrund stehen.

- Lernbesuche dieser Art sollten von Ruhe und Gelassenheit geprägt sein, damit keine Assoziation zwischen schulischen Settings und Aufregung, Aktionismus oder gar Unberechenbarkeit entsteht.

- Bei großen Schulen mit vielen Schülerinnen bedarf die Planung des Schutzes vor Stressoren einer besonderen Sorgfalt. So muss etwa der Weg zum Klassenraum und von diesem zu etwaigen Ruhezonen in seinen Belastungen durch passierende Schülerinnen, Lärm etc. mit geplant und für entsprechenden Schutz gesorgt werden.

- Ein erster Kontakt mit einzelnen Schülerinnen sollte nur wenige Minuten dauern. Findet er während des Unterrichtes statt, muss die Klasse durch eine andere Lehrkraft unterrichtet werden.

- Erst nach abgeschlossener Teamweiterbildung (frühestens mit Vollendung von 18 Lebensmonaten) sollten Schulbegleithunde regelmäßig nur für wenige Stunden in der Woche ihre Bezugsperson in den Unterricht begleiten. (TVT-Empfehlungen max. zwei bis drei Mal pro Woche; max. ein Einsatz pro Tag für längstens drei bis vier Stunden.)

- In der Lebensplanung für einen Schulbegleithund müssen immer mehrere Möglichkeiten der Unterbringung vorgesehen werden, da ein Einsatz in der Schule auch für ausgewachsene Hunde nur begrenzt möglich ist. Erkrankungen des Hundes, Veränderungen im Verhalten der Schülerinnen und unerwartete Stundenplanänderungen sind nur einige der häufig auftretenden Unwägbarkeiten, die alternative Unterbringungsmöglichkeiten erforderlich machen können.

- Einer fachkompetenten, individuellen Einschätzung der schulischen Belastungen und der Fähigkeiten des jeweiligen Hundes ist gegenüber einer standardisierten Regel der Vorzug zu geben. Für das Leben und Lernen mit (werdenden) Schulbegleithunden ist aus unserer Sicht ein nicht-aversiver und auf positiver Verstärkung beruhender Umgang eine wichtige Voraussetzung. Dieser schafft die Grundlage für eine verlässliche Bindungsbeziehung zwischen dem Schulbegleithund und den Menschen in seinem Umfeld, auf der wiederum viele der positiven Effekte Tiergestützten Arbeitens beruhen. Dies wurde bereits 1998 in der Prager Richtlinien der IAHAIO betont (siehe Seite 158 f.).

Mittlerweile sind sie meisten der Hunde, die 2006/2007 als Welpen mit in die Schule genommen wurden, verstorben. Leider gibt es keine Erhebung dazu, wie lange sie ihre Besitzerinnen in die Schule begleiten konnten. Ich weiß aber von einigen Schulhunden, dass sie nach einiger Zeit nicht mehr mit in die Schule kamen, da der Stress für sie auf Dauer zu groß war. Und auch meine Hündinnen Sandy und Bea begleiteten mich mit den Jahren immer weniger und gezielter in die Schule, als am Anfang des Projektes. Trotz langsamer Heranführung an die Schule und einer Weiterbildung im Team ist der Stress in der Schule auf Dauer nicht zu unterschätzen, besonders für Welpen und Junghunde!

Da es keine Untersuchungen dazu gibt, kann über Spätfolgen durch Überforderung im Welpen- und Junghundalter nichts gesagt werden. Die Hunde können uns nur nonverbal mitteilen, wie sie ihren Einsatz in der Schule sehen, und nach meinen Erfahrungen sind die Lehrerinnen nicht immer in der Lage, ihre Hunde und ihr Verhalten klar zu erkennen, zu interpretieren und daraus entsprechende Schlüsse zu ziehen. Da die jüngeren Hunde in ihrem Verhalten noch nicht gefestigt sind, sondern wichtige Entwicklungsprozesse ablaufen und adäquat unterstützt werden müssen, spielen das richtige „Lesen" der Hunde und die entsprechenden Reaktionen der Besitzerin aber hier eine ganz entscheidende Rolle.

Feddersen-Petersen bestätigte bei einer Untersuchung zur Verhaltensentwicklung von Labrador Retrievern und Golden Retrievern Ergebnisse von Immelmann von 1988, *„dass vor allem beim Sozialverhalten erworbene Verhaltensanteile eine wichtige Rolle spielen"*, wobei aber *„eine saubere Trennung zwischen ‚angeboren' und ‚erworben' nicht möglich ist"*[182]. Sie erläutert weiterhin, dass alle Erfahrungen auch von der genetischen Konstitution abhängig sind, diese aber im Alter von 8 Wochen auch in Welpentests nicht vorherzusehen sind! Ihr Schlusssatz zu dem Thema lautet: *„Die Annahme genetischer Verhaltensrahmen bedeutet also nicht, dass dieses Verhalten starr vorprogrammiert ist."*[183] Diese Ausführungen wurden in der Praxis mit Hunden vielfach bestätigt.

Die Grunderziehung des Welpen kann natürlich erst langsam erfolgen, und es ist pädagogisch sehr wertvoll, dass die Schüler diesen langsamen Prozess miterleben und erkennen, dass ein junger Hund auch viel Arbeit macht. Trotzdem ist es kaum möglich, dass eine Vielzahl von Schülern dem jungen Hund immer die richtigen Signale zur richtigen Zeit geben, um ihm eine optimale Grunderziehung zukommen zu lassen, die er als Schulhund auf Dauer benötigt. Besonders durch die verständlicherweise häufig wechselnden Hundedienste der Schüler, die sich alle zunächst im Umgang mit dem Welpen einüben müssen, sind fehlerhafte Reaktionen auf das Verhalten der Welpen selbstverständlich.

Nicht ohne Grund appellieren viele erfahrene Hundetrainerinnen und Hundebesitzerinnen dafür, dass auch zehn- bis zwölfjährige Kinder nicht allein mit Hunden spazierengehen, denn sie haben oft kaum eine Chance, sich gegen den Willen der Hunde durchzusetzen und erkennen Gefahren mit ihm oft nicht bzw. setzen dem Tier die falschen Signale.

Bei Schulhunden spielt dies noch einmal eine besondere Rolle, denn sie sollen die Lehrerin ja eigentlich viele Jahre in die Schule begleiten und auf einem recht hohen Niveau arbeiten. Viele erfahrene Besitzerinnen von angehenden Schul- oder Therapiehunden überlassen ihre Hunde im ersten Lebensjahr nur sehr wenigen erfahrenen Erwachsenen, damit es zu möglichst wenigen falschen Verknüpfungen bei den Hunden kommt und sie mit einer optimalen Basis in ihr späteres Berufsleben starten.

---

[182] Feddersen-Petersen 1992, S. 144

[183] Feddersen-Petersen 1992, S. 147

Da Kinder/Jugendliche unter vierzehn Jahren auch schuldunfähig sind, haftet nebenbei auch in jedem Fall die Lehrerin und Hundebesitzerin für auftretende Schäden. Wir raten also aus verschiedenen Gründen dringend davon ab, dass Schülerinnen allein mit dem Hund spazierengehen!

Der Punkt Stress, der bereits unter 3.2.7 näher ausgeführt wurde, spielt natürlich bei einem Welpen noch einmal eine besondere Rolle, da er in seinem Wesen noch nicht gefestigt ist und sowieso im ersten Lebensjahr noch besonders viele Ruhephasen benötigt. Auch der Bewegungsradius sollte am Anfang eingeschränkt sein, um ihn nicht zu überfordern. Allgemein kann sich ein Welpe noch nicht selbst einschätzen und steuern, so dass der Lehrerin hier eine sehr wichtige Aufgabe zukommt.

Wie bereits mehrfach erwähnt, muss sie bereits vor dem Einsatz des Hundes in der Schule die nötige Sachkunde zum Thema Hund besitzen, die nicht durch das Lesen eines Buches erreicht werden kann. Jede Hundebesitzerin muss z. B. wissen, dass das Schwanzwedeln eines Welpen nicht nur Freude, sondern ebenso Aufregung des Hundes bedeuten kann und somit vielleicht auch negative Empfindungen anzeigt.

Es darf ebenfalls nicht vergessen werden, dass positiver Stress auf Dauer gleichfalls negativ wirkt und den Welpen völlig überfordern kann. Oft zeigt sich das ganze Ausmaß der Überforderung erst nach langer Zeit und nicht unbedingt direkt in der Schule. Ich hoffe für alle Beteiligten, dass der immer noch zu beobachtende Welpenboom in den Schulen zunehmend der Vergangenheit angehört!

Im Bereich Gesundheitsprävention ergibt sich noch ein zusätzliches Problem beim Einsatz von Welpen in der Schule, denn einige Zoonosen können verstärkt durch Welpen übertragen werden. Die Befallsrate von Campylobakteriose bei Hunden beträgt z. B. bei erwachsenen Tieren 50 % aber bei Welpen 75 %. *„Vor allem neu erworbene Hundewelpen und Junghunde bis zu einem halben Jahr sind häufig Ausscheider von C. jejuni, ohne selbst Krankheitssymptome zu zeigen.“* Auch die Befallsrate von Giardiose kann bei Welpen bis zu 20 % betragen, im Gegensatz zu einer Durchschnittsrate von ca. 8 % bei erwachsenen Hunden. Die Ausscheidung von Spulwürmern erfolgt ebenfalls in erster Linie durch junge Hunde.[184]

---

[184] Robert Koch Institut 2003, S. 12–18

3.2.9 Alte Hunde in der Schule

Hunde haben eine viel geringere Lebenserwartung als wir Menschen und können uns so leider nur eine sehr begrenzte Zeit in die Schule begleiten. Die Schulhunde der Kolleginnen, die in den ersten Jahren dieses Jahrtausends vom „Schulhundvirus" infiziert wurden, weilen alle nicht mehr unter uns. Beispielhaft sollen hier nur einige genannt werden, über die auch im Schulhundweb berichtet wurde[185]:

Berner Sennhund Asco 1996 – 2006
Mix Kimba 1999 – 2012
Mix Sandy 2001 – 2013
Mix Lydia 2003 – 2017
Golden Retriever Paula 2004 – 2016
Mix Lucy 2004 – 2016
Boxerhündin Fanny 2004 – 2016
Mix Diego 2005 – 2016
Berner Sennhund Bjarki 2006 – 2015
Mix Bea 2008 – 2018

Es darf aber auch nicht verschwiegen werden, dass einige Schulhunde ein Alter von ca. 10 Jahren bei weitem nicht erreicht haben, da sie verunfallt sind oder an einer Krankheit viel früher verstarben.

Für alle Kolleginnen stellt sich bei einem normalen Lebensverlauf aber irgendwann die Frage, wann der Hund in den Ruhestand gehen soll, und auch darauf gibt es aus unserer Sicht keine pauschale Antwort, denn rassetypisch bedingt ist von einer sehr unterschiedlichen Lebenserwartung auszugehen, und auch die Schülerklientel und die Einsatzart bestimmten diesen Zeitpunkt natürlich mit.

Patricia Führing, die Initiatorin des 1. Arbeitskreis Schulhund in Freiburg im Jahre 2007, hat Ende 2009 einen Artikel über alte Schulhunde im Schulhundweb verfasst, da ihr damaliger Schulhund Kimba bereits acht Jahre alt war und sie das Thema sehr beschäftigte.[186]

Sie weist dort auf einige Punkte hin, die sich bei älteren Schulhunden im Schulalltag verändern. Die Hunde

- lieben es gemütlicher
- bevorzugen einen geregelten Tagesablauf und vertraute Klassenräume und Schüler
- haben längere und tiefere Schlafphasen, so dass sie bei Berührungen auch richtig erschrecken können
- werden häufig durch eine Arthrose an den Gelenken beeinträchtigt, die körperlich anstrengendere Aktionen ausschließt

[185] Schulhundweb „Gemeinschafts-Portal" 30.11.2019

[186] Schulhundweb „Alte Schulhunde" 30.11.2019

Das führt dazu, dass die Übungen mit den Schülern speziell auf die Senioren zugeschnitten werden müssen, denn zunehmend wird es physische und psychische Veränderungen bei älteren Hunden geben, die ihren Einsatz in der Schule beeinflussen.

Mit zunehmendem Alter werden beim Hund Augen, Gehör und Geruchssinn schwächer, und auch die Mobilität des Vierbeiners lässt nach. Viele der Hunde ergrauen auch, und oft lässt beim alten Hund, ohne dass sein Halter es bemerkt, die Sehkraft langsam nach, da die noch vorhandenen anderen Sinnesorgane Hilfestellung leisten.

Dies kann aber bei unbekannten Situationen und plötzlich auftauchenden Personen zu Unsicherheiten führen, da der Hund sich erschreckt und eventuell davonrennt oder gar zubeißt. Also muss die Hundebesitzerin noch vorausschauender agieren und diese Prozesse besonders in der Schule sehr gut im Blick haben.

Zusätzlich kann, genau wie beim Menschen, auch das Hörvermögen des Hundes im Alter nachlassen und muss Berücksichtigung bei der Signalgabe finden. Da Hunde Körpersprachler sind, sollte grundsätzlich über Wort- und Sichtzeichen kommuniziert werden, so dass dies im Alter die Kommunikation erleichtert.

Spätestens wenn es beim alten Hund zum Verlust des Seh- und Hörvermögens gekommen ist, sollte ihm aus meiner Sicht der Einsatz in der Schule nicht mehr zugemutet werden, auch wenn es für den Hund selber meist kein so großes Problem ist.

Wie Patricia Führing in ihrem Artikel auch anmerkte, spielen auch das größere Ruhebedürfnis und Bewegungseinschränkungen bei älteren Hunden eine größere Rolle, so dass ein gesundes Mittelmaß zwischen seinem Bedürfnis nach Ruhe und Bewegung gefunden werden muss, damit die Gelenke weitgehend beweglich bleiben. Und Übungen mit den Schülern müssen, wie bereits erwähnt, dem angepasst werden.

Veränderungen im Verhalten der Hunde sollten immer auch durch den Tierarzt abgeklärt werden, und mit zunehmendem Alter hilft seine Diagnose der Pädagogin in der Schule dabei, den Einsatz genauer zu hinterfragen. Aus eigener Erfahrung weiß ich aber leider, dass auch die Diagnosen von Tierärzten und Tierkliniken nicht immer der Realität entsprechen. Somit muss der Blick der Besitzerin auf den eigenen Hund immer weiter geschärft werden, um über einen langsamen Übergang in den Ruhestand des Hundes zu entscheiden.

Besonders in Klassen oder Gruppen, die viele Jahre Kontakt zu einem Hund haben, ist es sehr wichtig, die Schülerinnen rechtzeitig auf die Veränderungen beim Hund hinzuweisen und den irgendwann anstehenden Ruhestand zu artikulieren. Erfahrungsgemäß gehen die Schülerinnen sehr empathisch mit alternden Hunden um und erleben so auch die verschiedenen Prozesse des Lebens.

Viele alternde Schulhunde übernehmen gern den Part des Lesehundes, da dieser ihrem Bedürfnis nach Ruhe und Gemütlichkeit entgegenkommt. Aber auch hier müssen die unter Punkt 3.2.4 ausgeführten Bedingungen Beachtung finden, und definitiv möchte nicht jeder alternde Hund diesen „Job" gern übernehmen.

In der Regel ist es für die Schüler und den Hund vorteilhaft, wenn der Abschied aus der Schule schrittweise über einen längeren Zeitraum geschieht und somit alle sich nach und nach darauf einstellen können. Aber das Leben schreibt leider immer wieder seine eigenen Geschichten und ist nicht immer planbar.

Meine beiden verstorbenen Schulhunde Sandy und Bea habe ich beide geplant in den letzten Jahren weniger mit in die Schule genommen und mehrfach Tierärzte aufgesucht, da ich besonders über die Pulsmessung körperliche Veränderungen bei ihnen festgestellt hatte, die mir Sorgen bereiteten. Bei Sandy hat es leider fast ein Jahr gedauert, bis ich die Diagnose „Schilddrüsentumor" erhielt und sie einige Monate später erlöst werden musste. Bea brach plötzlich Zuhause zusammen und musste über die Regenbogenbrücke gehen, da sie eine Herztamponade hatte, die sehr wahrscheinlich durch einem Herztumor verursacht wurde.

Im Rückblick habe ich auf Filmen und Fotos mehr Stressanzeichen bei beiden Hunden gesehen, als ich zu ihren Lebzeiten wahrhaben wollte, auch wenn sie immer gern mit mir in die Schule gegangen sind!

Ich plädiere also besonders bei älteren Hunden für „Weniger ist mehr!", denn auch sie haben, genau wie wir Menschen, ihren Ruhestand verdient, auch wenn sie selber das manchmal nicht so wahrhaben wollen, da sie meistens begeistert mit uns Seite an Seite durch das Leben gehen möchten.

3.3 Einsatzbereiche von Schulbegleithunden

Wie bereits unter 2.2.1 erläutert, definieren wir als Schulbegleithunde Hunde, die eine Pädagogin regelmäßig in die Schule begleiten und eine Team-Weiterbildung mit ihr absolviert haben. Mit dem Begriff sollen die Hunde in der Schule von den „Pädagogikbegleithunden" abgegrenzt werden, die Pädagoginnen außerhalb der Schule in andere pädagogische Einrichtungen begleiten.

Nach Untersuchungen von Andrea Beetz und Kathrin Marhofer wurde 2011 der überwiegende Teil (> 40 %) der Schulbegleithunde in Förderschulen eingesetzt und > 30 % an Grundschulen. Mit jeweils ca. 10 % wurden hiernach relativ wenige Hunde an Haupt/Mittelschulen, Gesamtschulen und sonstigen Schulformen eingesetzt.[187]

Ein ähnliches Ergebnis ergab die Recherche im Schulhundweb Ende 2018. Aufgrund der verschiedenen Schulreformen in den Bundesländern und den daraus resultierenden sehr unterschiedlichen Strukturen und Bezeichnungen im Sekundarbereich (Sekundarschule, Integrierte Gesamtschule, Mittelschule, Werkrealschule, Realschule plus etc.) habe ich die aufgelisteten Schulformen dort zusammengefasst, da eine klare Differenzierung nicht möglich war.

Im Vergleich zu der Untersuchung oben war im Schulhundweb Ende 2018 eine Verschiebung des Schulhundeinsatzes mehr in Richtung Grundschule zu erkennen:

- Grundschulen 42 %
- Förderschulen 30 %
- Schulen im Sekundarbereich 28 %[188]

Das lässt sich aus meiner Sicht sehr leicht dadurch erklären, dass viele Förderschulen geschlossen wurden und Förderschüler und damit spezialisierte Lehrerinnen und ihre Hunde zunehmend in den Grundschulbereich integriert wurden. Teilweise gilt das auch für den Sekundarbereich, da auch dort Förderschüler unterrichtet werden, die in der Regel zusätzlich von Förderschullehrerinnen betreut werden, die manchmal auch von ihren Hunden begleitet werden.

Neben Lehrerinnen begleiten Hunde auch zunehmend Sozialpädagoginnen oder Sozialarbeiterinnen in die Schule und natürlich arbeiten besonders im Förderschulbereich auch Therapeutinnen, die manchmal von ihren Hunden begleitet werden.

Auch Schulbesuchshunde spielen neben Schulbegleithunden und Therapiebegleithunde in den Schulen schon seit vielen Jahren eine Rolle.[189] Zu ihnen zählen auch die als „Lesehund" zunehmend bekannt gewordenen Hunde, die seit 2008 Schulen in Deutschland ehrenamtlich besuchen.

187 Beetz 2012, S. 19 f.

188 Schulhundweb 29.12.2018

189 Qualitätsnetzwerk Schulbegleithunde „Definitionen Schulhund" 05.12.2019

3.3.1 Klassen(begleit)hunde

Ein Großteil der Schulbegleithunde wird nach unseren Erfahrungen und den Untersuchungsergebnissen von Marhofer/Beetz, in der Klasse der Besitzerin eingesetzt[190] und deshalb oft auch als „Klassenhund" bezeichnet.

Der erste mir bekannte Schulhund in Deutschland, der pädagogisch eingesetzt wurde, war der „Klassenhund Jule", der 2002 vielfach durch die Medien ging.[191] Die Bezeichnung Klassenhund weist darauf hin, dass sich der Hund überwiegend in einer Klasse aufhält und seine Besitzerin sowie die Schüler regelmäßig begleitet.

Überwiegend werden Hunde auch in Schularten eingesetzt, wo das Klassenlehrerprinzip vorherrscht. Dadurch gehören sie mit ihrer Besitzerin, der Lehrerin, zu einer Klasse und eine gute Beziehung zwischen Schülern und Hund kann sich entwickeln. An der Michael-Ende-Schule in Bad Schönborn wurde z. B. seit 2006 der Klassenhund Charlie eingesetzt, über dessen Einsatz sehr ausführlich auf der eigenen Homepage berichtet wurde und der schon unter 3.2.8. erwähnt wurde.

Die Mehrzahl der Hunde begleiten nach unseren Informationen ihre Besitzerinnen in den regulären Unterricht an Grund- und Förderschulen. Es ist dabei davon auszugehen, dass der oben angeführte vermehrte Einsatz an diesen Schulen besonders auf zwei Aspekte zurückzuführen ist:

- Die strukturellen Voraussetzungen bieten dort allgemein bessere Voraussetzungen als an den allgemein sehr viel größeren Schulkomplexen im Sekundarbereich.
- Das Interesse der Schüler an Tieren und Natur nimmt mit zunehmendem Alter etwas ab und wendet sich anderen Dingen im sozialen Umfeld zu.[192]

Auch Andrea Beetz und Kathrin Marhofer haben 2011 in ihrer Untersuchung bestätigt, dass der überwiegende Teil der Schulbegleithunde mit 65 % in den Klassenstufen 1-4 eingesetzt wird. Demgegenüber ist der Einsatz in den Klassenstufen 5-12 weniger verbreitet.[193]

Wie ich bereits unter 2.2.5 erläutert habe, werden Hunde in einer Klasse häufig als „Präsenzhund" eingesetzt, d.h. der Hund ist *„einfach nur anwesend, kann sich nach Belieben frei in der Klasse bewegen und der Kontakt zu ihm ist möglich"*[194].

Allerdings sollte aus unserer Sicht auch dafür das Mensch-Hund-Team eine mindestens 60-stündige qualifizierte Weiterbildung durchlaufen haben und die Punkte unter 3.1 und 3.2 müssen Beachtung finden. Nur durch ein vielfältiges Hintergrundwissen um Prozesse und Wirkungen

[190] Mars Petcare 2012, S. 103

[191] Schulhundweb Schulhündin Jule 14.08.2019

[192] vgl. Natursoziologie 05.12.2019

[193] Beetz 2012, S. 20

[194] Beetz 2012, S. 110

aus der TGI ist es der Pädagogin möglich, im laufenden Prozess der Wissensvermittlung nebenbei schnell Rückschlüssen aus den Interaktionen zwischen dem Hund und den SchülerInnen zu ziehen und entsprechende Maßnahmen zum Wohl von Hund und Kindern zu ergreifen.

Je nach Sicherheit im Einsatz des Hundes und den charakterlichen Voraussetzungen werden die Klassenhunde auch gern von den Kolleginnen aktiv in den Unterrichtsprozess eingebunden, indem sie z. B. Gegenstände mit Aufgabenstellungen apportieren, würfeln, Glücksräder drehen o.ä.. Dies erhöht den Spaß und die Motivation der Schülerinnen und trägt somit auch zu einer guten Lernentwicklung bei. Je nach Hundetyp sind einige Hunde sehr begeistert, dass sie endlich im Unterricht aktiv werden dürfen und nicht nur irgendwo herumliegen müssen. In unserem Praxisbuch Hupäsch sind viele Übungen rund um den Hund zum aktiven und passive Einsatz zu finden.

Wie ich aber bereits unter 2.2.5 weiter ausgeführt habe, gibt es aus unserer Sicht klare Grenzen für den Einsatz von Hunden im Unterricht, die auf ethischen und tier- und menschenschutzrelevanten Gründen beruhen! Auch wenn Hupäschlerinnen ihre Hunde allgemein mittlerweile als Partner ansehen, so steht doch weitgehend noch eine asymmetrische Tierethik im Hintergrund und Hunde werden benutzt und ihre artgerechten Bedürfnisse und Fähigkeiten werden noch zu wenig beachtet.

Den unter anderem auch von der IAHAIO aufgestellten Richtlinien und Empfehlungen werden aus unserer Sicht leider immer noch nicht genug Beachtung entgegengebracht und sie werden somit auch noch nicht immer in der Praxis umgesetzt, wie sich selbst auf Tagungen der ESAAT und ISAAT in Vorträgen zeigt.

Dies spielt aber besonders im schulischen Bereich eine große Rolle, denn die Hupäschlerinnen und ihr Umgang mit ihren Hunden ist bewusst oder unbewusst ein Modell für die Schüler und somit hoffentlich ein Vorbild für künftige Generationen. Deshalb wäre es wichtig, dass alle Kolleginnen, die ihre Hunde mit in die Schule nehmen, sich dieser Rolle sehr bewusst sind und Schüler in der Schule lernen, dass Tiere nicht als Untertanen zu betrachtet sind, sondern als Mitbürger, mit denen wir in einer Gemeinschaft zusammenleben.[195]

Auch die Bissprävention ist aus meiner Sicht vielen Kolleginnen noch nicht vollkommen präsent. Die Regeln für die Hunde in der Schule müssen so aufgestellt sein, dass die Schülerinnen über sie auch lernen, adäquat mit Familienhunden und fremden Hunden umzugehen. Es darf nicht sein, dass Hunde in der Schule sich alles gefallen lassen müssen und unangenehme Situationen nicht verlassen dürfen, wie es in manchen Therapiebegleithunde-Weiterbildungen noch gelehrt wird.

[195] Meijer 2019, S. 35

3.3.2 Hunde in der Schulsozialarbeit

Da zunehmend Sozialarbeiterinnen oder -pädagoginnen in den Schulen eingesetzt sind, werden auch diese manchmal von einem Hund in die Schule begleitet. Allgemein sind sie häufig auch den Schulbegleithunden zuzuordnen, da die Kolleginnen oft an einer Schule agieren, auch wenn der Einsatz weitgehend nicht der Begleitung einer Lehrerin in den Unterricht entspricht.

Manche Sozialpädagoginnen sind allerdings auch an mehreren Schulen eingesetzt, und somit können die Bedingungen ggf. auch eher einem Schulbesuchshund-Team entsprechen.

Nach Michael Galuske ist es Ziel der Sozialen Arbeit, *„den Klienten zu einem gelingenden Alltag zu verhelfen, indem sie Handlungsalternativen erarbeitet, Ressourcen erschließt und Bedarfslagen sozialpolitisch artikuliert“*.[196] Dies umfasst einen großen Bereich und wird je nach Sozialarbeiterin, Schüler und Organisation in den Schulen sehr unterschiedlich umgesetzt. Somit kann auch der Einsatz eines Hundes hier sehr unterschiedlich sein.

Allgemein besitzen die Kolleginnen, die in diesem Bereich in der Schule arbeiten, ein eigenes Büro, so dass der Hund optimalere Rückzugsbedingungen hat als viele Hunde von Lehrerinnen. Der Einsatzbereich der Hunde kann in diesem Büro im Rahmen der sozialen Einzelhilfe stattfinden oder aber auch in einem Klassenraum, wenn die Sozialarbeiterin mit einer Gruppe oder auch einer Klasse zu einem bestimmten Thema arbeitet.

Michaela Kirchpfennig sagt, dass das Interesse an Haustieren und besonders an Hunden *„als eine zusätzliche Ressource im Prozess der sozialen Beratung und Verhandlung angesehen werden“*[197] kann. Nach Lotte Rose rangieren Haustiere *„für Kinder und Jugendliche bei der Frage nach ihren wichtigen Bezugspersonen weit oben. Für 90 % der befragten Kinder und 79 % der befragten Jugendlichen sind sie sehr wichtig oder wichtig“*.[198]

[196] Beetz/Riedel/Wohlfarth 2018, S. 282

[197] Beetz/Riedel/Wohlfarth 2018, S. 283

[198] Beetz/Riedel/Wohlfarth 2018, S. 284

Diese Aussagen zu Hunden gelten natürlich nicht nur für ihren Einsatz im Rahmen der Schulsozialarbeit. Aber in diesem Einsatzbereich ist häufg eine größere Flexibilität möglich und der Fokus liegt nicht auf der Wissensvermittlung, sondern auf der Unterstützung sozialer Prozesse. Somit wird hier die Interaktion mit dem Hund häufiger mehr in den Mittelpunkt gerückt und läuft weniger am Rande des Geschehens.

Auch wenn viele Begleithunde von Schulsozialarbeiterinnen o. ä. den Vorteil eines eigenen Büros genießen können, haben sie, anders als Klassenhunde, dadurch in der Regel Kontakt zu einer viel größeren unübersichtlicheren Schülerklientel, so dass besonders zu Beginn ein größeres Management und eine sehr kleinschrittige Gewöhnung und Einführung erforderlich ist.

3.3.3 Hunde in der Ganztagsbetreuung

Deutschlandweit ist der Aufbau und die Entwicklung von Ganztagsschulen auf dem Vormarsch, und nach Erlassen der Bundesländer sollen die Tätigkeiten dort sich an den individuellen Lebens- und Lernbedürfnissen der Schülerinnen und Schüler orientieren und ihre Selbst- und Sozialkompetenz stärken. Eine Lernkultur soll sich entwickeln, die die Schülerinnen und Schüler in ihren Begabungen und Fähigkeiten unterstützt, fördert und fordert.

In diesen Ansatz kann theoretisch sehr gut ein Hund integriert werden und die Praxis zeigt, dass Hunde zunehmend auch in offenen und gebundenen Ganztagsschulen in der Betreuung zu finden sind.

Dort ergeben sich aber aus meiner Sicht aufgrund der Strukturen größere Probleme dabei, den Hund zu schützen und ihm einen adäquaten Ruheplatz bzw. Ruhephasen zur Verfügung zu stellen. Denn anders als während des Unterrichtes können die Schüler sich viel freier bewegen, und im Umfeld des Hundes agieren nicht dreißig, sondern 100 oder gar mehrere hundert SchülerInnen.

Somit sollte ein Hund dort nur eingesetzt werden, wenn die Räumlichkeiten einen separaten Ruheraum für den Hund ermöglichen, der Kontakt zu den Schülern begrenzt ist und auch der Einsatz des Hundes sehr reduziert. Vor allem muss gewährleistet sein, dass der Hund nur im Team mit seiner Besitzerin Kontakt zu den SchülerInnen hat.

Ebenso wie im normalen Schulalltag hängt der Einsatz in der Ganztagsbetreuung also ganz entscheidend von den Faktoren ab, die ich bereits unter 3.1 und 3.2 aufgeführt habe. Die Möglichkeiten sind vielfältig und werden besonders von den organisatorischen Strukturen und dem eingesetzten Hund beeinflusst.

Ebenso wie im Unterricht kann der Hund z. B. eingesetzt werden als

- Ruhepol in einer Gruppe
- Motivator zur Bewegung
- Belohnung für beendete Aufgaben
- Tröster und Stressminderer

- Unterstützung bei der Förderung verschiedener Schwerpunkte
- Trainingsobjekt zur Bissprävention
- ....

3.3.4 Lesehunde

Zunehmend taucht der Begriff „Lesehund“ im Zusammenhang mit Hunden in der Schule auf. Ausgehend von R.E.A.D.® in den USA und dem ehrenamtlichen Besuchshund-Projekt Lesehund von Kimberly Grobholz, ist es logisch, dass die speziellen Fähigkeiten der Hunde auch in diesem Bereich in den Klassen oder in der Einzel- oder Gruppenförderung eingesetzt werden, denn die *„Entwicklung einer guten Lesekompetenz zählt zu den Schlüsselkompetenzen für eine berufliche und gesellschaftliche Teilhabe“*.[199]

Nach Beetz/Heyer gibt es verschiedene Erscheinungsformen beim Lesen mit einem Hund, die sich *„hinsichtlich des Settings und des Grades der aktiven Beteiligung von Hund und Pädagoge unterscheiden“*.[200] Sie sehen eine grobe Unterscheidung zwischen dem „Lesen mit Hund“ und der „hundegestützten Leseförderung“. Dabei kann beides sowohl im regulären Unterricht stattfinden als auch in einer separaten Einzel- oder Gruppenarbeit und auch Überschneidungen aufweisen.

Die Art, wie der Hund eingesetzt wird, hängt auch hier stark von den räumlichen und zeitlichen Voraussetzungen, den fachlichen Voraussetzungen der Hundeführerin, den Möglichkeiten der Schüler und des Hundes ab. Nach Beetz/Heyer kann es u. a. um die Präsenz des Hundes und den Kontakt zu ihm gehen, um die aktive Beteiligung an der Leseförderung oder um die Arbeit mit ihm zur Förderung von notwendigen Basiskompetenzen.[201] Aber auch diese Einteilung ist nur grob, und bei vielen Einsätzen als Lesehund wird es Überschneidungen zwischen zwei oder allen Bereichen geben.

Ein Hauptaspekt beim Einsatz als Lesehund ist, dass durch den Hund eine entspannte und motivierende Atmosphäre entsteht, *„die zu positiven Veränderungen bei der Lesemotivation und Lesekompetenz beiträgt“*.[202] Dies ist allerdings nur möglich, wenn die Hauptbeteiligten, also die Schüler und der Hund, sich angstfrei, gern und freiwillig in die Situation begeben und es für alle eine Win-win-Situation ist.

Unsere Erfahrungen haben gezeigt, dass viele Kolleginnen die Vorbereitungen für den Einsatz als Lesehund unterschätzen. Selten setzen sie ihren Hund in der Einzel- oder Kleingruppenförderung mit einem Kind ein, wo der Fokus auf der Interaktion zwischen Hund und Kind/ern liegt. Vielfach soll der Hund einzelne Schülerinnen während des Regelunterrichtes unterstützen.

---

[199] Beetz/Riedel/Wohlfarth 2018, S. 251

[200] Beetz/Heyer 2014, S. 66

[201] Beetz/Heyer 2014, S. 72f.

[202] Beetz/Riedel/Wohlfarth 2018, S. 251

Beetz/Heyer schreiben in ihrem Buch: „*Die positiven Wirkungen eines Hundes werden sich in einem praktischen Einsatz nur dann entfalten, wenn das Tier stress- und angstfrei agiert und Freude an seiner Tätigkeit hat.*“[203] Aus ihrer Sicht werden die eingesetzten Hunde „*oft aus Enthusiasmus für die Methode überfordert*“[204].

Grundsätzlich ist nicht für jeden Schulbegleithund die Funktion als Lesehund gewinnbringend, deshalb muss im Vorfeld auch hier immer eine Gewöhnung stattfinden, die mit der Besitzerin beginnt und bei der ggf. dann festgestellt werden muss, dass der Hund kein Lesehund sein möchte!

Der Aufbau einer schönen weichen Decke, die ggf. auch auf Sofas oder Matratzen gelegt werden kann, hat sich für Schüler und Hunde sehr bewährt, denn Lesen soll mit Gemütlichkeit, Kuscheligkeit und Entspannung gekoppelt werden. Wenn sie gut aufgebaut ist, lädt sie besonders Hunde schnell ein, denn sie genießen sehr oft die Nähe und Streicheleinheiten der Kinder.

Es geht nicht darum, die Hunde mit Futter auf die Decke zu locken oder sie dort ins „Platz“ zu legen. Hunde und Kinder müssen freiwillig gern auf diese Decke kommen, wenn ein guter Effekt erzielt werden soll! Auch Schüler dürfen nicht zu einer Teilnahme an einer Leseförderung verpflichtet werden, denn das Lesen soll positiv besetzt werden, um optimalerweise zu einem stabilen Leseverhalten auch in der Freizeit zu führen.

Es müsste selbstverständlich sein, dass der ungestörte Ruheplatz des Hundes nicht zum Vorlesen eines Schülers genutzt werden darf!

Das Lesen soll für Kind und Hund in einem möglichst entspannten Rahmen stattfinden, und für die Schüler sollte die Möglichkeit gegeben sein, sich je nach ihren Bedürfnissen zum Hund zu setzen oder zu legen. Zusätzliche Kissen oder ein großer Plüschhund als Rückenkissen laden neben dem Hund zum Lesen ein.

---

203 Beetz/Heyer 2014, S. 95

204 Beetz/Heyer 2014, S. 15

Und vor allem müssen beide auch wieder gehen dürfen, wenn sie das möchten! Damit der Hund angst- und stressfrei im Unterricht agieren kann, muss er sich frei im Raum bewegen dürfen, um ggf. auch seinen geschützten Ruheplatz aufsuchen zu können oder sich einfach an irgendeiner anderen Stelle im Klassenraum aufzuhalten.

Als größeres Problem erweist sich in den allgemein recht kleinen Klassenräumen der optimale Ort für die Lesedecke. Kind und Hund sollten sich in einem etwas geschützten Bereich befinden, aber auch für die Lehrerin aus der Ferne gut zu beobachten sein. Das etwas lautere Lesen der Schülerin sollte möglich sein, aber die anderen Schüler dürfen auch nicht zu sehr bei ihren Arbeiten gestört werden.

Die Lesedecke muss allerdings auch nicht durchgängig an ihrem festen Platz liegen. Sie kann in einem Regal oder auf der Fensterbank gefaltet liegen und je nach Bedarf an einen bestimmten Ort gelegt werden. Ist sie gut aufgebaut und der Hund gut an sie gewöhnt, wird er schnell kommen, wenn ein Schüler sie nimmt und sich gerne zu ihm gesellen.

Wenn das Lesen eher mit Langeweile oder Frustration assoziiert ist, kann über die positiv besetzte Interaktionen mit dem Hund ggf. eine positive Veränderung erfolgen. Begriffe wie Motivationsförderung, Angst- und Stressminderung, Verbesserung der Stimmung, Anstrengungsbereitschaft und Förderung der Kommunikation und des Vertrauens spielen hier eine Rolle.[205]

Der Begriff „Lesehund" wurde durch Kimberly Grobholz nach Deutschland gebracht, die 2008 in München das ehrenamtliche Projekt „Lesehund" gründete. Dieses beruht auf Prinzipien und Erfahrungen von R.E.A.D.® (Reading Education Assistence Dogs®) U.S.A. und ist mit dem Markenlogo von Seite 137 geschützt.

[205] vgl. Beetz/Heyer 2014, S. 11

„Das Lesehund Projekt bietet Schülern die Möglichkeit an, wöchentlich (kostenlos) einem Lesehund vorzulesen. Wenn auch nur in einem Zeitabschnitt von 20 Minuten: die Schüler freuen sich darauf, ‚ihrem' Lesehund eine Geschichte vorzulesen, die für ihre Lesefähigkeiten zugeschnitten ist. Der Hundebegleiter ist nur da, um Fragen zu beantworten, um kleine Hilfeimpulse zu geben, um den Lesefluss aufrecht zu erhalten oder um das Kind zu loben, wenn es ‚seine' Geschichte – oder vielleicht nur einen schwierigen Satz – bewältigt hat. Das Kind wir motiviert und ermutigt, zu sprechen und zu lesen. Das Vertrauen des Kindes zu sich selbst wird gestärkt.“[206]

Der Begriff „Lesehund“ wurde also ursprünglich für Hunde eingesetzt, die ehrenamtlich mit ihren Besitzerinnen für kurze Zeit in Schulen zu Besuch waren. Mittlerweile wird er aber auch von Pädagoginnen benutzt, die ihren Schulbegleithund in dieser Funktion einsetzen.

Dabei gibt es aus meiner Sicht besonders einen gravierenden Unterschied: Die „Lesehunde“ nach Kimberly Grobholz müssen in der Klasse an der Leine bleiben und können sich somit nicht frei bewegen. Viele Fotos im Netz bestätigen dies.

3.3.5 Therapiebegleithunde

Immer wieder taucht bei Recherchen im Internet im Zusammenhang mit der Schule auch der Begriff Therapiehund oder Therapiebegleithund auf. Diese Begriffe werden sehr häufig benutzt, obwohl die Besitzerin keine Therapeutin ist!

Viele Kolleginnen nennen ihre Hunde so, weil sie mit ihnen z. B. eine Therapiehund-/Therapiebegleithund-Weiterbildung absolviert haben, da es bisher erst wenige spezielle Weiterbildungen für Mensch-Hund-Teams gibt, die Pädagoginnen bei ihrer Arbeit in der Schule unterstützen.

Einige Ausbilder betonen dabei, dass der Hund den Therapeuten bei seiner Arbeit begleitet und nicht selber die Therapie macht und er somit immer nur entsprechend der Qualifikation der Besitzerin eingesetzt werden kann – also als Therapiebegleithund. Deshalb spricht man heute auch zunehmend von einem Schulbegleithund.

Nach der Definition des „Qualitätsnetzwerk Schulbegleithunde e.V.“ werden an Schulen neben den Schulbegleithunden und Schulbesuchshunden manchmal auch Therapiebegleithunde eingesetzt, wenn die Hunde eine Therapeutin in die Schule begleiten. Dabei sind besonders im Förderschulbereich Therapeutinnen aus verschiedenen Bereichen eingebunden: Ergotherapie, Physiotherapie, Psychotherapie, Sprachtherapie, Lerntherapie etc. Diese gehören zum Team der Schule oder kommen für wenige Stunden zu bestimmten Schülern einer Schule.

Dies ist besonders an Förderschulen mit dem Förderschwerpunkt geistige oder körperliche und motorische Entwicklung so. Dort werden nicht nur Pädagoginnen eingesetzt, sondern auch unterschiedliche Therapeutinnen, die versuchen, die Entwicklung der Schüler speziell zu fördern.

[206] Lesehund 25.09.2019

Wenn die Therapeutinnen also Hunde einsetzen, können diese regelmäßig in den gleichen Räumen agieren oder aber auch in verschiedenen Räumen an verschiedenen Schulen. Somit sind die Voraussetzungen ähnlich wie bei Schulbegleithunden oder wie bei Schulbesuchshunden. Allgemein wird aber oft mit einem Schüler gearbeitet oder aber einer kleinen Gruppe von Kindern.

Da es sich um sehr unterschiedliche Therapiebereiche handelt, gibt es auch hier keine pauschalen Angaben darüber, wie die Hunde eingesetzt werden können. Je nach dem Förderbereich des Schülers und der Individualität des Hundes gibt es hier sehr vielfältige Möglichkeiten.

Physiotherapeuten helfen Menschen z. B. dabei, *„maximale Bewegungs- und Funktionsfähigkeit zu entwickeln, zu erhalten und wiederherzustellen"*. Es geht also bei Schülern um *„die Optimierung von Lebensqualität und Bewegungsfähigkeit"*.[207] Dabei spielt der Aufforderungscharakter der Hunde und die Fähigkeit zu motivieren eine wichtige Rolle, denn die Übungen sind häufig mit Schmerzen und großer Mühe verbunden.

In der Ergotherapie wird *„die praktische Handlungsfähigkeit im Alltag des Menschen als therapeutischer Auftrag"* verstanden. Dabei wird sie u. a. in den Bereichen Pädiatrie, Psychiatrie / Psychotherapie, Neurologie / Orthopädie / Rheumatologie und Palliatherapie eingesetzt.[208] Auch hier spielt beim Einsatz von Hunden die Aufrechterhaltung der Motivation und Aufmerksamkeit eine große Rolle. Es geht aber z. B. auch um Handlungsabläufe, die Übernahme von Verantwortung und soziale Interaktionsformen.

Bei den Therapien wird allgemein davon ausgegangen, dass der Einsatz von Hunden keine eigene Behandlungsmethode darstellt, sondern es geht um ein ganzheitliches Verständnis der therapeutischen Wirksamkeit von Tieren. Tiere entfalten *„ihre Wirksamkeit in dem dyna-*

207 Beetz/Riedel/Wohlfarth 2018, S. 406

208 Beetz/Riedel/Wohlfarth 2018, S. 414 ff.

mischen und ganzheitlichen Zusammenspiel der Person, ihrer Umwelt und den gewünschten oder erwarteten Handlungen".[209]

3.3.6 Schulbesuchshunde

Häufig wird der Begriff „Schulhund" heute auch für Hunde benutzt, die mit ihren Besitzerinnen ehrenamtlich eine oder mehrere Stunden zum Thema Hund in der Schule gestalten, also zur AAA gehören. Sie wollen helfen, Schülern Wissen zum Thema Hund zu vermitteln und richtiges Verhalten gegenüber dem Hund einüben. Manchmal spricht man in diesem Zusammenhang auch von Besuchshunden oder Schulbesuchshunden.

Verschiedene Vereine prüfen Hunde, die an diesen Aktionen teilnehmen und bilden die Besitzer weiter. Der Verein „Hunde helfen Menschen" wurde z. B. 1997 gegründet und wollte mit der Aktion „Keine Angst vorm großen Hund" der Hysterie gegenüber großen Hunden entgegenwirken. Auch Mitglieder des Vereins „Tiere helfen Menschen" (gegründet 1987) besuchen mittlerweile regelmäßig Schulen, nachdem ursprünglich der Schwerpunkt im Bereich der Alten- und Behindertenarbeit lag. In den letzten Jahren haben auch der VDH und der DVG sowie andere Vereine Besuchshunde-Teams, die von den Schulen angefordert werden können.

Schulbesuchshunde sind Hunde, die allgemein einer Besitzerin oder einem Besitzer gehören, die keine pädagogische Ausbildung absolviert haben und mit ihrem Hund eine Klasse oder eine Gruppe zu einem bestimmten Themenschwerpunkt besuchen. Ähnlich wie die Schulbegleithunde kommen auch sie erst seit diesem Jahrtausend verstärkt in die Schulen.

Vermutlich mit ausgelöst durch einen Vorfall in Hamburg bieten verschiedene Organisationen bzw. Vereine besonders ein Sicherheitstraining zur Bissprävention primär für Grundschüler an, da ein 8-jähriger Junge im Jahre 2000 von zwei sogenannten Kampfhunden getötet wurde.

Hier möchte ich nur einige größeren Organisationen aufführen, die mir zurzeit bekannt sind:

- „Keine Angst vorm großen Hund" DEIHM, Lüneburger Heide seit 1996
- „Beißt der?" Dr. Hildegard Jung, München seit 2000
- „Helfer auf vier Pfoten" Royal Canin, VDH und DVG in ganz Deutschland seit 2002
- „Kind und Hund" Jürgen Fuhrmann, Bayern seit 2008

Wie bereits erläutert, ergaben Erhebungen, dass besonders jüngere Kinder vor allem von Hunden aus der Familie oder dem näheren Umfeld durch Hundebisse verletzt werden. Somit versuchen die oben aufgeführten Organisationen, und mit ihnen einige andere Gruppierungen oder Einzelpersonen, Schüler darin zu schulen, dass sie die Körpersprache der Hunde besser deuten können und sich in problematischen Situationen adäquater verhalten.

---

[209] Beetz/Riedel/Wohlfarth 2018, S. 416 f.

Nach Hildegard Jung verwechseln besonders Kindergarten- und Vorschulkinder häufig einen ängstlichen Hund mit einem freundlichen und verhalten sich somit falsch und sind besonders bissgefährdet. „Der blaue Hund“[210] wurde als Sicherheitstraining besonders für diese Altersgruppe entwickelt.

Aber auch die Schüler aus dem Grund- und Förderschulbereich müssen intensiv geschult werden, wie sie allgemein artgerecht und respektvoll mit eigenen und fremden Hunden umgehen sollen. Sie müssen lernen, Hunde bewusst wahrzunehmen und richtig zu lesen. Dabei spielen feste Regeln im Umgang mit dem Hund eine wichtige Rolle.

„Erst mit etwa zehn Jahren sind Kinder in der Lage, Gefahren einzuschätzen und ihr Verhalten selbstständig anzupassen. In der Tiergestützten Intervention bleiben Kinder und Erwachsene grundsätzlich nie alleine mit dem TGI-Hund.“ Aber nach Reiser et al. ist auch das keine Garantie, denn bei *„mehr als 50 % der Bissverletzungen bei Kindern waren Erwachsene anwesend, ohne jedoch bewusst auf Kind und Hund zu achten“*.[211]

In den letzten Jahren kommen zunehmend aber auch zu anderen Schwerpunkten Mensch-Hund-Teams in die Schulen, was teilweise vermutlich auch mit durch die Inklusion beeinflusst wurde. Z. B. wurde 2008, wie bereits erwähnt, durch Kimberly Grobholz in München das ehrenamtliche Projekt Lesehund gegründet.

Nach meinen Erfahrungen gibt es im organisatorischen Bereich größere Unterschiede zwischen dem Einsatz von Hunden als Schulbegleithund oder als Schulbesuchshund, die ich hier kurz anreißen möchte:

- Der Fokus der Hundebesitzerin kann voll auf der Interaktion zwischen Hund und Schülern liegen.
- Die Klassenlehrerin ist normalerweise zusätzlich in den Stunden anwesend.
- Der Einsatz des Teams ist an einem Tag allgemein auf 1–2 Stunden begrenzt.
- Das Team arbeitet tendenziell mit verschiedenen Schülern.
- Es arbeitet in verschiedenen Räumlichkeiten bzw. an verschiedenen Schulen.
- Die Hundbesitzerin muss allgemein alle benötigten Materialien für den Hund und die Schüler zu jeder Stunde mitbringen.

Hieraus ergeben sich dann sowohl für den Hund als auch für die Hundebesitzerin Vor- und Nachteile gegenüber dem Einsatz als Schulbegleithund, die beim Training des Hundes und bei der Planung und Organisation der Stunden mit berücksichtigt werden müssen.

---

[210] Der blaue Hund 05.12.2019

[211] Beetz/Riedel/Wohlfarth 2018, S. 272

Da den Schulleitungen in der Regel der nötige Blickwinkel für die entsprechenden optimalen Voraussetzungen bei dieser Art des Hundeeinsatzes fehlt, muss die Hundehalterin darauf hinweisen, damit das Schulbesuchshund-Projekt möglichst optimal verlaufen kann.

Einfache Kleinigkeiten können manchmal größere Auswirkungen auf den Ablauf haben:

- zu kleine Räumlichkeiten
- Zugang nur durch große Schülermassen
- Hundeutensilien müssen über sehr weite Entfernungen transportiert werden
- fehlendes Waschbecken
- häufiger Zutritt durch andere Personen
- Regeln und Anschauungsmaterial können nicht hängenbleiben
- usw.

Auch hier spielen die unter Punkt 3.1 und 3.2 aufgeführten Punkte Gewöhnung, Regeln, Bewegungsfreiheit, Grundbedürfnisse des Hundes, Notfallplan etc. eine wichtige Rolle, aber aufgrund der anders gelagerten Voraussetzungen, Bedingungen und Ziele muss alles individuell durchdacht und bewertet werden. Somit gibt es, genau wie beim Einsatz als Schulbegleithund, aus meiner Sicht keine absolut klaren Möglichkeiten des Einsatzes eines Schulbesuchshundes.

Zurzeit sind mir leider keinerlei Zahlen zum Einsatz von Schulbesuchshunden in deutschen Schulen bekannt.

3.4 Resümee Einsatz von Hunden in der Schule

In diesem Buch habe ich viele Punkte aus meinem ersten Buch „HuPäSch“ aufgegriffen und durch Entwicklungen und Veröffentlichungen aus den letzten zehn Jahren ergänzt. Dabei stellte sich aus meiner Sicht heraus, dass wir alle erst auf einem Weg in der Tiergestützten Intervention sind oder vielleicht sogar immer noch am Anfang eines Weges.

Die Eingrenzung auf die Tierart „Hund“ und das Einsatzfeld „Schule“ erleichtert uns den Austausch gegenüber dem Einsatz von vielen verschiedenen Tieren in ganz vielfältigen anderen Bereichen und mit vielen verschiedenen Grundqualifikationen der Tierbesitzerinnen. Trotzdem zeigt sich in diesem Buch, dass auch der Einsatz des Hundes im schulischen Bereich noch eine enorme Bandbreite hat, denn es gibt nicht *die* Schule und *den* Schüler, so wie es nicht *die* Pädagogin und *den* Schulhund gibt! Somit muss also jede Pädagogin die in diesem Buch gegebenen Infos speziell an sich und ihre Situation anpassen.

Da sich vor allem die gesellschaftlichen und schulischen Bedingungen in einem rasanten Tempo ändern, ist von allen Beteiligten viel Engagement und Flexibilität gefordert, die die Kräfte der Menschen zeitweise übersteigen. Hunde, die im Hier und Jetzt leben, werden wahrscheinlich deshalb zunehmend zu Partnern in unserer Gesellschaft, die auch als „Achtsamkeitstrainer“ unterstützend wirken können.

Aber auch in diesem eingegrenzten schulischen Bereich sind nach fast zwei Jahrzehnten und einer recht guten Vernetzung über das Schulhundweb, Begrifflichkeiten noch nicht klar abgegrenzt bzw. mit Inhalt gefüllt. Der Begriff „Schulhund“ wird immer noch unterschiedlich genutzt und der Begriff „Therapiehund“ als höherwertiger angesehen, selbst wenn die Besitzerin keine Therapeutin ist und keinerlei Weiterbildung stattgefunden hat. Vielleicht sorgen die momentanen Definitionen des „Qualitätsnetzwerk Schulbegleithunde e.V.“ und dieses Buch zukünftig für etwas mehr Klarheit in der Kommunikation.

Seit Jahren wird im gesamten Bereich der TGI nach klaren Definitionen gesucht. Aus unserer Sicht ist dabei die Tiergestützte Pädagogik der Tiergestützten Therapie nicht untergeordnet, sondern beide Bereiche arbeiten mit unterschiedlichen Schwerpunkten gleichberechtigt nebeneinander, auch wenn es manchmal nicht den Anschein hat. Schon die Bezeichnungen der beiden Dachverbände „ESAAT“ und „ISAAT“(European/ International Society for Animal Assisted Therapy) machen deutlich, dass es immer noch einen Schwerpunkt in Richtung „Therapie“ gibt.

Obwohl es mittlerweile einige Literatur zum Thema „Schulbegleithund“ gibt und im Internet vieles zu lesen ist und ein intensiverer Austausch stattfindet, zeigen einige Berichte und viele Fotos im Netz, dass auch im schulischen Bereich Hunde oft instrumentalisiert und „benutzt“ werden und nicht artgerecht und respektvoll mit ihnen umgegangen wird.

Ich würde mich sehr freuen, wenn unser Ansatz der „kontrollierten Selbstständigkeit“ der Hunde bzw. der „Gleichwürdigkeit“ immer mehr mit Leben gefüllt würde. Voraussetzung dafür sind natürlich wichtige Basisgrundlagen beim Hund, bei der Besitzerin und im schulischen Umfeld! Denn nur dann kann der Einsatz eines Hundes in der Schule zu einer Win-win-Situation für alle Beteiligten werden.

Wie im Buch auch näher ausgeführt, gehören Schulbegleithunde in den Augen einiger Personen nicht zur Tiergestützten Pädagogik, da die Hunde nicht qualifiziert eingesetzt werden und die Besitzerinnen in der Regel keine Fachkraft-Weiterbildung absolviert haben. Es trifft leider zu, dass viele Hunde einfach mit in die Schule genommen werden, aber meines Wissens geschieht das auch in Altersheime, Praxen und andere Institutionen.

Aber sehr viele Pädagoginnen in der Schule haben mittlerweile eine spezielle Team-Weiterbildung mit ihrem Hund absolviert und bilden sich fort, damit es allen Beteiligten in der Schule gut geht und der Hund nicht überfordert wird. Im Schulhundweb sind im Februar 2022 über 520 Kolleginnen eingetragen, die sich der Selbstverpflichtung angeschlossen haben, um ihren Anspruch an Qualität deutlich zu machen.

Einige Kolleginnen haben neben der Mensch-Hund-Team-Weiterbildung sogar eine ca. einjährige Fachkraft-Weiterbildung absolviert, um sich noch intensiver mit dem Bereich der Tiergestützen Intervention allgemein auseinanderzusetzen. Diese befähigt aber aus unserer Sicht nicht allein zum Einsatz eines Hundes in der Schule, denn es fehlt die intensive praktische Weiterbildung im Team und die spezielle Ausrichtung auf Schule, in der es nicht um die Triade geht, sondern um eine Polyade: viele Schüler befinden sich gleichzeitig mit einem Hund und einer Pädagogin in einem Raum und in der Interaktion. Somit sind ganz andere Strukturen gegeben als bei einer Therapie, in der häufig der Fokus der Therapeutin nur auf dem Kind und dem Hund liegen kann.

Um den Einsatz von Hunden in der Schule qualifiziert weiterzuentwickeln, erscheint es uns im Augenblick aus verschiedenen Gründen sinnvoller, dass die Kolleginnen eine mindestens 60-stündige Teamweiterbildung absolvieren, als eine Fachkraft-Weiterbildung mit ca. 250 Stunden:

- Die zeitliche und finanzielle Belastung ist bei einer Teamweiterbildung überschaubarer.
- Somit ist die Wahrscheinlichkeit deutlich erhöht, dass weniger Hunde einfach so mit in die Schule genommen werden.
- Der Schwerpunkt liegt auf dem praktischen Einsatz des Mensch-Hund-Teams und ist zugeschnitten auf den schulischen Bereich.

Optimal wäre es natürlich, dass alle Mensch-Hund-Teams eine qualifizierte Fachkraft-Weiterbildung speziell für den schulischen Bereich absolvieren und diese auch von der Schule bezahlt wird, wie es auch in anderen schulischen Bereichen der Fall ist. Aber dieser Wunsch erscheint zurzeit sehr utopisch.

Immer wieder werden bei den Hupäschlerinnen auch die fehlende Dokumentation und Evaluation als Defizit im schulischen Bereich angeführt. Leider haben wir bisher noch keine gut nutzbaren Möglichkeiten für Regelschullehrer gefunden, um den Hundeeinsatz in normalen Klassen zeitsparend, aber aussagekräftig zu notieren. Bei Förderschülern ist der Hund aber problemlos in die regelmäßig zu evaluierenden Förderpläne zu integrieren.

Alle in der TGI agierenden Personen betonen immer wieder, wie wichtig es ist, dass Qualität erreicht wird, indem sich u.a. auch verschiedenste Wissenschaftler und Praktiker vernetzen und austauschen, um so gemeinsame Standards für die Weiterbildungen und den Einsatz von Tieren zu entwickeln. In der Realität habe ich aber die Erfahrung gemacht, dass einige Gruppierungen doch lieber ihre eigenen Ziele verfolgen und sich nicht zu ihren erarbeiteten Konzepten austauschen möchten. Formulierungen in einem Aufsatz zum Thema bestätigen diese Annahme.[212]

Umso mehr freuen wir uns, dass der Name „Qualitätsnetzwerk“ in unserem Verein in den letzten fünf Jahren wirklich Programm geworden ist. Seit der Vereinsgründung Mitte 2017 haben sich nicht nur die Arbeitskreise Schulhund intensiver vernetzt, sondern zunehmend findet auch ein intensiverer Austausch zwischen den Anbietern von Weiterbildungen für Schulbegleithund-Teams statt. Bei den Treffen werden Gemeinsamkeiten festgehalten, und individuelle Unterschiede werden als Bereicherung betrachten, solange sie nicht dem Vereinsinteresse entgegenstehen.

Um die Qualität in den Weiterbildungen und im Einsatz der Mensch-Hund-Teams zu fördern, sind alle im Verein vernetzten Anbieter verpflichtet, regelmäßig an den Anbietertreffen teilzunehmen. Durch das persönliche Kennenlernen und den intensiven Austausch können wir uns gegenseitig fördern und unterstützen und Synergieeffekte nutzen.

---

[212] vgl. Beetz, Schönhofer & Heyer, S. 383

Aus unserer Sicht kann sich Qualität überall nur verbessern, indem eine Vernetzung stattfindet und Multiplikatoren überwiegend durch persönliche Gespräche Überzeugungsarbeit leisten. Aufklärende kostenlose Broschüren, die nur durch die Vereinsgründung ermöglicht wurden, sollen zunehmend zu verschiedenen Themenbereichen informieren und Ansprechpartner nennen.

Da die Vernetzung auch zu anderen Bereichen der TGI erfolgen soll, freuen wir uns, dass der Bundesverband Tiergestützte Intervention, in dem auch einige Hupäschlerinnen Mitglied sind, uns im Bereich „Schulhund“ als Kooperationspartner ansieht. Auch zu einigen Ministerien der Bundesländer haben wir mittlerweile gute Kontakte und freuen uns, wenn unsere Broschüre für Schulleitungen zum „Einsatz von Hunden in der Schule“ demnächst auch über einige Bildungsportale zu erreichen ist.

Definitiv hat sich in den letzten zehn Jahren in ganz Deutschland für die Hundegestützte Pädagogik in der Schule bezüglich der rechtlichen Voraussetzungen mehr Klarheit entwickelt, auch wenn einige Punkte noch genauer geklärt werden müssen. Da die Schule eine Angelegenheit der Bundesländer ist und Gesundheits- und Veterinärämter kommunal geführt werden, ist eine deutschlandweite Regelung ohnehin nur begrenzt möglich.

Die Anerkennung der Kosten für einen Schulhund als Werbungskosten wurden durch einige engagierte Kolleginnen erstritten, und im Januar 2021 hat der Bundesfinanzhof entschieden, dass Aufwendungen für einen sog. Schulhund teilweise als Werbungskosten bei den Steuern abgezogen werden können. Die Übernahme der Kosten für eine Team-Weiterbildung erfolgt zunehmend auch über den Schuletat oder die Fördervereine der Schulen. Somit hat sich auch hier in den letzten Jahren einiges entwickelt.

Eine weitere Vernetzung und ein noch intensivierter Austausch wird uns allen helfen, den Weg der Tiergestützten Intervention, bzw. der Hundegestützten Pädagogik in der Schule, weiterzugehen und den Bereich qualitativ weiterzuentwickeln.

4. Zitierte Quellen

4.1 Bücher

Agsten, Lydia (2009): Hupäsch, Norderstedt: Books on Demand.

Agsten, Führing, Windscheif (2011): Praxisbuch Hupäsch, Norderstedt: Books on Demand.

Beck, Elisabeth (2011): Wer denken will, muss fühlen, Nerdlen/Daun: Kynos.

Beetz Andrea (2012): Hunde im Schulalltag, München: Ernst Reinhardt.

Beetz/Heyer (2014): Leseförderung mit Hund, München: Ernst Reinhardt.

Beetz/Riedel/Wohlfarth (2018): Tiergestützte Interventionen, München: Ernst Reinhardt.

Bergler, Reinhold (1986): Mensch & Hund – Psychologie einer Beziehung, Köln.

Bloch, Günther (2007): Die Pizza-Hunde, Stuttgart: Franckh Kosmos.

Cordt, Mirjam (2006): Hundereich – ein Arbeitsbuch zur Integration von Hunden aus dem Tierschutz; Bernau: animal learn.

Csányi, Vilmos (2006): Wenn Hunde sprechen könnten ..., Mürlenbach: Kynos.

Drees, Cornelia (2018): Pforten auf ... TGI, Worpswede.

Feddersen-Petersen, Dorit (1992): Hunde und ihre Menschen, Stuttgart: Franckh-Kosmos.

Feddersen-Petersen, Dorit (2013) Hundepsychologie, Stuttgart: Franckh-Kosmos.

German-Tillmann/Merklin/Stamm Näf (2014): Tiergestützte Interventionen, Göttingen: Hogrefe.

Greiffenhagen,Sylvia; Buck-Werner, Oliver N.(2007): Tiere als Therapie – Neue Wege in Erziehung und Heilung, Mürlenbach: Kynos.

Gutzwiller, Felix (1999): Zufrieden und gesund mit Katz und Hund Zürich.

Hallgren, Anders (2011): Stress, Angst und Aggression bei Hunden, Schwarzenbek: Cadmos.

Hallgren, Anders (2014): einfach artgerecht, Schwarzenbek: Cadmos.

Heyer, Meike /Kloke, Nora (2011): Der Schulhund, Nerdlen/Daun: Kynos.

Julius,Henri; Beetz, Andrea u. a. (2014): Bindung zu Tieren, Göttingen u.s.w.: Hogrefe.

Kirchhoff, Stefan (2014): Streuner! Nerdlen/Daun: Kynos.

Koneczny, Marion (2006): Hunde im Kindergarten – Ein Tierbesuchsprojekt nicht nur für Vorschulkinder; Dortmund: verlag modernes lernen.

Kotrschal Kurt (2017): Hund & Mensch, Wien: Brandstätter.

Markgraf, Anne / Grünig, Christina (2018): Hunde in Kita und Vorschule, Nerdlen/Daun: Kynos.

Mars Petcare GmbH (2012): Hund – Katze – Mensch, Verden.

Mars GmbH (2015): Heimtiere und Gesundheit, Verden.

Meijer, Eva (2017): Was Tiere wirklich wollen, München: btb.

Nemeth, Martina (2017): Beschwichtigen, Drohen oder nur Spielen?, Reutlingen: Oertel + Spörer Verlags-GmbH.

Nagel, Manuela / Reinhardt von, Clarissa (2003): Stress bei Hunden, Grassau: animal learn.

O'Heare, James (2009): Die Neuropsychologie des Hundes, Bernau: animal learn.

Olbrich, Erhard / Otterstedt, Carola (Hrsg. 2003): Menschen brauchen Tiere – Grundlagen und Praxis der tiergestützten Pädagogik und Therapie , Stuttgart: Franckh-Kosmos.

Otterstedt, Carola (2017): Tiergestützte Intervention, Stuttgart: Schattauer.

Prothmann, Anke: Tiergestützte Kinderpsychotherapie, Frankfurt am Main 2007.

Reinhardt von, Clarissa / Scholz Martina (2004): Calming Signals – Workbook, Grassau: animal learn.

Röger-Lakenbrink, Inge (2006): Das Therapiehunde-Team – Ein praktischer Wegweiser; Nerdlen/Daun: Kynos.

Röger-Lakenbrink, Inge (2018): Das Therapiehunde-Team – Ein praktischer Wegweiser; Nerdlen/Daun: Kynos.

Sachser, Norbert (2018): Tiergestützte Kinderpsychotherapie, Reinbek bei Hamburg: Rowohlt.

Schneider, Dorothée (2005): Die Welt in seinem Kopf – Über das Lernverhalten von Hunden; Bernau: animal learn.

Prothmann, Anke (2007): Tiergestützte Kinderpsychotherapie, Frankfurt am Main: Peter Lang.

Schönberger, Alwin (2006): Die einzigartige Intelligenz der Hunde, München: Piper.

Schönhofer/Schäfer (2020): Der Schulhund an der Förderschule, Hamburg: Parsen

Sdao, Kathy (2019): ... oder einfach so! Nerdlen/Daun: Kynos.

Söderström, Bo (2019): Hunde erforscht, Nerdlen/Daun: Kynos.

Tellington-Jones, Linda (1999): Tellington-Training für Hunde, Stuttgart: Franckh-Kosmos.

Vanek-Gullner, Andrea (2003): Das Konzept Tiergestützte Heilpädagogik – TGHP, Wien: Universitätsverlag.

Vernoij/Schneider (2008): Handbuch der Tiergestützten Intervention, Wiebelsheim: Quelle & Meyer.

Vernoij/Schneider (2018): Handbuch der Tiergestützten Intervention, Wiebelsheim: Quelle & Meyer.

Wechsung, Silke (2008): Mensch und Hund. Beziehungsqualität und Beziehungsverhalten, Regensburg: Roderer.

Westedt, Heike (2013): Schreck lass nach! Edition CumCane.

Wille, Susanne (2007): Ausgrenzungsprozesse in Schulklassen, Saarbrücken: VDM Verlag Dr. Müller.

Winkler, Sabine (2013): So lernt mein Hund, Stuttgart: Franckh-Kosmos.

Wohlfarth/Mutschler (2016): Praxis der hundegestützten Therapie, München: Ernst Reinhardt.

Wohlfarth/Olbrich (2014): Qualitätsentwicklung und Qualitätssicherung in der Praxis der tiergestützten Interventionen, Wien, Zürich.

4.2 Artikel in Büchern oder Zeitschriften

Agsten, Lydia: Schade! Wir gehören nicht dazu ...! In: „tiergestützte“ 1/2012, S. 31–33

Arnold, Barbara: Rasseporträt Labradoodle – Der Hilfshund. In: Dogs & Jobs. September/Oktober 2016, S. 61–68.

Barchfeld/Huber/Saffran: Freut sich der Hund, wenn er mit dem Schwanz wedelt? In: „tiergestützte“ 1/2017, S. 26–30.

Beettz/Schönhofer/Heyer: Tiergestütze Pädagogik – Allgemeine Grundlagen und Möglichkeiten des Einsatzes des Schulhundes. In: Schäfer, Holger (2019): „Handbuch Förderschwerpunkt geistige Entwicklung“, Weinheim: Beltz S. 379–391.

Kotrschal, Kurt / Ortbauer, Brita: Kutzzeiteinflüsse von Hunden auf das Sozialverhalten von Grundschülern. In: Olbrich/Otterstedt (2003) Menschen brauchen Tiere, Stuttgart: Franckh-Kosmos, S. 267–272.

Müller, Sandra: Die Ausbildung von Therapiebegleithunden „also muss der Hund lernen den Menschen richtig zu deuten...?“ In: „tiergestützte“ 3/2006, S. 7–9.

Ndonko, Flavien: Deutsche Hunde. Ein Beitrag zum Verstehen deutscher Menschen in Buchner-Fuhs/Rose (2012): Tierische Sozialarbeit, Wiesbaden: Springer Fachmedien, S. 241–254.

Olbrich, Erhard / Schwarzkopf, Andreas: Ein Gütesiegel für Praktiker? In: „tiergestützte“ 4/2008, S. 22–25.

Otterstedt, Carola: Dem Tier in der Tiergestützten Intervention gerecht werden. In: Grimm/Otterstedt (2012): Das Tier an sich; Göttingen: Vandenhoeck & Ruprecht, S. 260–275.

Rauschenfels, Christian: Stressbedingte Reaktionen beim Tier während der Therapie. In: Lernen konkret 1-2006, S. 21–23.

Tornipoth, Nadia: „Der Einsatz von Tieren aus dem Tierschutz in der tiergestützten Intervention“. In: „tiergestützte“ (1/2017) Wedemark S. 16–23.

Vernooij, Monika A.: Theoretische Grundlagen der Tiergestützten Intervention unter. Besonderer Beachtung der Tiergestützten. In: Sonderpädagogische Förderung heute 3/2015 Weinheim: Beltz, S. 232–249.

Waschulewski, Ute: Wie kommt das Tier ins Inventar. Oder: Von den Schwierigkeiten der Dokumentation und Evaluation tiergestützter Interventionen im Bereich Schule. In: Sonderpädagogische Förderung heute 3/2015 Weinheim: Beltz, S. 269–295.

Wohlfarth/Widder: Zur Diskussion: Tiergestützte Therapie – Eine Definition. In: „tiergestützte“ 4/2011, S. 30–33

Wohlfarth, Rainer: Stimmt! Sie gehören (teilweise) nicht dazu ...! In: „tiergestützte" 2/2012, S. 20 – 22

Zähner, Marlene: Kann man den Therapiebegleithund züchten. In: Olbrich/Otterstedt (2003) Menschen brauchen Tiere Stuttgart: Franckh-Kosmos, S. 367 – 377.

4.3 Online-Quellen

Ärztezeitung
www.aerztezeitung.de/medizin/krankheiten/allergien/article/673436/hunde-allergisch-muss-meiden.html 09.12.2017

Agila: „Die beliebtesten Hunderassen Deutschlands 2016"
unter: /www.agila.de/unternehmen/presse/pressemitteilungen-neu/veroeffentlichungen-2017/2542-26-januar-2017-die-beliebtesten-hunderassen-deutschlands-2016 05.12. 2019

Akademie für Tierheilkunde „Tiergestützte Intervention"
unter: www.atn-ag.de/tiergestuetzte-intervention-definition

Allergiecheck www.allergiecheck.de/allergie/tierhaarallergie.html 25.12.2018

Alfa Europe
https://www.alfa-europe.org/DLD/Entstehungs-Geschichte.htm 25.12.2018

Bildungsserver Schulhund Rheinland-Pfalz
„hinterlegte Selbstverpflichtungen"
unter schulhund.bildung-rp.de/fileadmin/user_upload/schulhund.bildung-rp.de/Selbstverpflichtungen_21.08.2019.pdf 30.08.2019
„Statistik Hunderassen"
unter schulhund.bildung-rp./-und-konzepterstellung/uebersichten-und-statistik.html 30.08.2019

Bundesfinanzhof „Werbungskosten"
unter http://juris.bundesfinanzhof.de/cgi-bin/rechtsprechung/document.py?Gericht=bfh&Art=pm&Datum=2010&nr=22351&linked=pm9 02.12.2019

Bundesverband Bürohund
„Hundeallergie" bv-bürohund.de/wissenschaftliche-untersuchungen/hundehaarallergie 27. 12. 2018

Bundesverband Tiergestützte Intervention
„Mitgliedschaft"
unter: www.tiergestuetzte.org/der-verband/mitgliedschaft
„Selbstverpflichtung"
unter: www.tiergestuetzte.org/tiergestuetzte-interventionen/qualitaetssicherung

Der blaue Hund
www.dvg.net/index.php?id=1287 05.12.2019

Doktor Weigl
www.doktorweigl.de/beschwerden/tierallergie-symptome-und-therapie-bei-katzenallergie-hundeallergie-5184 09.12. 2017

Doodle „Kastration"
www.australianlabradoodlevomklewen.ch/w%C3%BCrfe/kastration-sterilisation 05.12.2019

Duden: „intervenieren" unter: www.duden.de/rechtschreibung/intervenieren

Finanzgericht Düsseldorf „Anerkennung Werbungskosten"
www.iww.de/esa/archiv/einkommensteuer-werbungskostenabzug-von-aufwendungen-fuer-einen-schulhund-f119879 02.12.2019

Finanzgericht Münster „Anerkennung Werbungskosten"
openjur.de/u/2171903.html 02.12.2019

Finanzgericht RLP „Anerkennung Werbungskosten"
www.iww.de/quellenmaterial/id/200570 02.12.2019

Fauster-Brunner, Dagmar „Wie viel Schlaf?"
hundecampus.ch/application/files/5215/2620/3212/Wieviel_Bewegung_braucht_der_Hund_Dagmar_Fauster.pdf 05.12. 2019

Gesetz zur Verhütung und Bekämpfung von Infektionskrankheiten beim Menschen
unter http://www.gesetze-im-internet.de/ifsg/index.html 05.12.2019

Grundgesetz für die Bundesrepublik Deutschland
unter http://www.gesetze-im-internet.de/gg/BJNR000010949.html 05.12.2019

Haustiermagazin: „Die beliebtesten Hunderassen Deutschland"
unter www.haustiermagazin.com/beliebteste-hunderasse-deutschland/ 05.12. 2019

Hundesteuer Trier
www.trier.de/icc/internet_de/broker.jsp?uMen=0af70f72-90a0-9c31-9577-29a532ea-d2aa&class=net.icteam.cms.utils.externalContents.ExternalContentManager&class_lookup=d115&id=07001148&prefix=b&uTem=84a0abf1-6113-e313-21fb-121032ead2aa 02.12.2019

Hundesteuer Tübingen
www.tuebingen.de/verwaltung/uploads/hundesteuersatzung.pdf 02.12.2019

IAHAIO
„Weissbuch 2014 rev. 2018"
unter: iahaio.org/wp/wp-content/uploads/2019/07/iahaio-white-paper-2014_18-german_final.pdf 24.01.2020
„Mitglieder" unter: iahaio.org/overview-of-members/ 05.12.2019

IEMT Schweiz
„Heimtiere in Schulen"
unter www.iemt.ch/deu/forschung/international/168-deklaration-von-rio-zum-thema-qheimtiere-in-schulenq-.html 05.12.2019
„Prager Richtlinien"
unter www.iemt.ch/presse/170-die-prager-iahaio-richtlinien 05.12.2019

Industrieverband Heimtierbedarf
www.ivh-online.de/de/presse-medien/archiv/mitteilung-des-ivh-pressedienstes/news/detail/News/in-jedem-dritten-haushalt-lebt-ein-tier-hunde-und-katzen-besonders-beliebt.html

www.ivh-online.de/de/presse-medien/archiv/mitteilung-des-ivh-pressedienstes/news/detail/News/heimtierhaltung-2018-in-fast-jedem-zweiten-haushalt-lebt-ein-heimtier.html

Kids4dogs kids4dogs.de 05.12.2019

Karrierebibel „Konzept erstellen"
karrierebibel.de/konzept-erstellen 05.12.2019

Landtag Bremen kleineanfragen.de/bremen/18/546-das-halten-und-die-obhut-von-tieren-an-schulen-im-land-bremen 05.12.2019

Lehrer auf vier Pfoten
www.kerpenschule.de/schulhund/schulhund.htm 02.11.2019

Lesehund
lesehund.de/das-projekt 25.09.2019

McCreight, Philip: „Die Deutschen lieben Mischlinge"
unter: www.tasso.net/Presse/Pressemitteilungen/2018/Die-Deutschen-lieben-Mischlingshunde 05.12. 2019

Medical Diag
Medical-diag.com/2855-hype-about-hypoallergenic-dogs 09.12.2017

Mein Allergie Portal
www.mein-allergie-portal.com/allergie-gegen-tierhaare/476-allergie-auf-kleintiere-wie-allergen-sind-ratten-maeuse-hamster-co.html 27.12.2018

Melchers, Viola (2017) „Für ein sicheres Miteinander“
www.tfa-wissen.de/fuer-ein-sicheres-miteinander 06.01. 2019

Ministerium für Schule und Weiterbildung NRW „Handreichung Schulhund“ www.schulministerium.nrw.de/docs/Recht/Schulgesundheitsrecht/Schulhund/Allgemeine-Hinweise-Schulhund.pdf 05.12. 2019

Mittelbadischer Rassehunde Club „Schlafentzug“
mrcev.de/index.php/freie-berichte/schlafentzug 05.12. 2019

Natursoziologie
www.natursoziologie.de 05.12.2019

Niedersächsischer Landtag „Schulhund“ Drucksache 17/6113 Juli 2016: https://www.nilas.niedersachsen.de/starweb/NILAS/servlet.starweb?path=NILAS/lisshfl.web&id=nilaswebfastlink&format=WEBLANGFL&search=WP=17 %20AND %20DART=D %20AND %20DNR=5967

Qualitätsnetzwerk Schulbegleithunde e.V.
„Arbeitskreise Schulhund“ unter schulbegleithunde.de/aks-schulhund 05.12. 2019
„Definitionen Schulhund“ unter schulbegleithunde.de/definitionen 05.12. 2019
„Sachkunde § 11 Tierschutzgesetz“ unter schulbegleithunde.de/sachkunde-%c2%a711-tierschg

Rothe/Tsokos/Handrick: „Tier- und Menschenbissverletzungen“
www.aerzteblatt.de/archiv/171000/Tier-und-Menschenbissverletzungen 05.12. 2019

Schulhundkonferenz schulhundkonferenz.de 05.12. 2019

Schulhundweb schulhundweb.de 05.12. 2019

„Alte Schulhunde“
unter schulhundweb.de/index.php?title=Alte_Schulhunde 30.11.2019

„Arbeitskreis Schulhund-Team-Ausbildung“
unter schulhundweb.de/index.php?title=Arbeitskreis_Schulhund-Team-Ausbildung 31.10.2019

„Fachkreis Schulhunde“
unter schulhundweb.de/index.php?title=Fachkreis_Schulhunde 31.10.2019

„Freiwillige Selbstverpflichtung“
unter schulhundweb.de/index.php?title=Freiwillige_Selbstverpflichtung 31.10.2019

„Gemeinschaftsportal“
unter schulhundweb.de/index.php?title=Schulhundweb:Gemeinschafts-Portal 30.11.2019

„Logo“
unter schulhundweb.de/index.php?title=Logo 31.10.2019

„Rheinland-Pfalz"
unter schulhundweb.de/index.php?title=Rheinland-Pfalz 21.08.2019.

„Selbstverpflichtung"
unter schulhundweb.de/index.php?title=Selbstverpflichtung 31.10.2019

„Schulhündin Jule"
unter schulhundweb.de/index.php?title=Schulh %C3 %BCndin_Jule 14.08.2019

Spezifische Immuntherapie
http://www.katzenhaarallergie.spezifische-immuntherapie.com 05.12.2019

Stiftung Naturschutz Berlin
www.stiftung-naturschutz.de/service/schriftliche-anfragen/tiere/ 26.01.2018

Tierhaarallergie Therapie tierhaarallergie-therapie.de 07.02.2018

Tierschutzgesetz
unter www.gesetze-im-internet.de/tierschg/BJNR012770972.html 05.12.2019

TVT-Merkblätter
unter https://www.tierschutz-tvt.de/alle-merkblaetter-und-stellungnahmen 05.12.2019

VDH: „Top-50 der beliebtesten Hunderassen"
unter: www.vdh.de/welpen/top50-beliebteste-hunderassen 05.12. 2019

Veterinärmedizinische Universität Wien „Stressforschung"
www.vetmeduni.ac.at/de/infoservice/presseinformationen/presseinfo2014/therapie-hunde/ 05.12. 2019

Wikipedia:
„Demografie Deutschlands" unter: wikipedia.org/wiki/Demografie/Deutschland 24.01.2020
„Gesundheit" unter: wikipedia.org/wiki/Gesundheit 05.12.2019
„Intervention" unter: wikipedia.org/wiki/Intervention_(P %C3 %A4dagogik)

4.4 Sonstiges

Bundesministerium für Bildung und Forschung (2018): Bildung in Deutschland Bielefeld wbv Medien

Kultusministerkonferenz (2019): Richtlinie zur Sicherheit im Unterricht (RiSU)

Pedigree (2007): Die Pedigree Studie 2007, Verden

Robert Koch Institut (2003): Heimtierhaltung – Chancen und Risiken für die Gesundheit, Heft 19

Robert Koch Institut (2018): Journal of Health Montoring – KiGGS Welle 2 Berlin

Schwarzkopf, Andreas (2015): Tiere in Einrichtungen des Gesundheitsdienstes iund der Pädagogik; Institut Schwarzkopf GbR

Schweizer Tierschutz STS (2003): Positionspapier Tiere im Schulzimmer und Tiere im Unterricht Basel

Qualitätsnetzwerk Schulbegleithunde e.V. (2019): Der Einsatz von Hunden in der Schule – Informationen für Schulleitungen

5. Anlagen

Als Anlage sind hier Infos zu finden, die im Zusammenhang mit dem Einsatz von Hunden in der Schule wichtig sind!

5.1 Basisrichtlinien TGI und Hupäsch

Meine Mitstreiterinnen und ich waren über die fast zwei Jahrzehnte immer bestrebt, beim Einsatz von Hunden in der Schule auch über den Tellerrand zu schauen. Nicht jeder muss das Rad neu erfinden, und wir sind aus meiner Sicht alle erst auf einem Weg. Auch wenn wir uns aus verschiedenen Gründen nicht der ISAAT oder ESAAT angeschlossen haben, so arbeiten wir doch in die gleiche Richtung, und einige Mitglieder des Qualitätsnetzwerk Schulbegleithunde e. V. sind z. B. auch wie ich gleichzeitig Mitglied im Bundesverband Tiergestützte Intervention, der auch unser Kooperationspartner ist.

Ebenso wie die oben genannten Organisationen sehen wir also z. B. die im folgenden aufgeführten Richtlinien der Internationalen Organisation IAHAIO als wichtige Basis unserer Arbeit an. Deshalb sind die Texte hier zur Info aufgeführt.

Die IAHAIO (International Association of Human-Animal Interaction Organisations) entstand 1990 als Dachverband aus verschiedenen Organisationen, die sich bereits ca. 10 Jahre mit der Mensch-Tier-Interaktion beschäftigt hatten. Bei den weltweiten internationalen Konferenzen, die alle drei Jahre stattfinden, werden Richtlinien und Definitionen erarbeitet, von denen wir hier drei veröffentlichen, die den Einsatz von Hunden in der Schule betreffen.

Außerdem wird noch auf die Selbstverpflichtung aus dem Schulhundweb und die TVT-Merkblätter, als wichtige Basispapiere für unserer Arbeit, hingewiesen.

5.1.1 IAHAIO: Prager Richtlinien 1998[213]

Präambel

Mittlerweile stehen viele wissenschaftliche Studien zur Verfügung, die belegen, dass Heimtiere zur Verbesserung der Lebensqualität von Menschen beitragen, wenn sie als praktische oder auch therapeutische Helfer eingesetzt werden.

[213] IEMT Schweiz „Prager Richtlinien" 05.12.2019

Die IAHAIO-Mitglieder sind der Auffassung, dass die Ausbilder dieser Tiere und jene, die die Fähigkeiten dieser Tiere anderen Menschen als Dienstleistung anbieten, in besonderem Maße für die Lebensqualität der Tiere verantwortlich sind. Programme, die zum Nutzen anderer den Einsatz von Tieren bei tiergestützten Aktivitäten und Therapien anbieten, sollten sicherstellen, dass qualifizierte Mitarbeiter eingesetzt und bestimmte Regeln eingehalten werden, die einer regelmäßigen Kontrolle unterliegen. Vor diesem Hintergrund haben die IAHAIO-Mitglieder auf ihrer Vollversammlung in Prag im September 1998 vier grundsätzliche Richtlinien festgelegt. Die IAHAIO appelliert eindringlich an alle Personen und Organisationen, die beim Einsatz von Tieren in helfender bzw. therapeutischer Funktion beteiligt sind – einschließlich aller Institutionen, die entsprechende Programme anbieten – die nachstehenden Richtlinien einzuhalten.

Richtlinien

1. Es werden nur Heimtiere eingesetzt, die durch Methoden der positiven Verstärkung ausgebildet wurden und artgerecht untergebracht und betreut werden.

2. Es werden alle Vorkehrungen getroffen, damit die betroffenen Tiere keinen negativen Einflüssen ausgesetzt sind.

3. Der Einsatz von Tieren in helfender bzw. therapeutischer Funktion sollte in jedem Einzelfall begründete Erfolgsaussichten haben.

4. Es sollte die Einhaltung von Mindestvoraussetzungen garantiert sein, und zwar im Hinblick auf Sicherheit, Risiko-Management, körperliches und psychisches Wohlbefinden, Gesundheit, Vertraulichkeit sowie Entscheidungsfreiheit. Ein angemessenes Arbeitspensum, eine eindeutig auf Vertrauen ausgerichtete Aufgabenverteilung sowie Kommunikations- und Ausbildungsmaßnahmen sollten für alle beteiligten Personen klar definiert sein.

5. Organisationen, die sich verpflichten den vorgenannten vier Richtlinien zu folgen, können als assoziierte Mitglieder in die IAHIAO aufgenommen werden.

5.1.2 IAHAIO: Heimtiere in Schulen 2001[214]

Deklaration von Rio zum Thema „Heimtiere in Schulen“

Präambel

Die in den letzten Jahren gewonnenen Erkenntnisse über den Nutzen des Kontakts mit Heimtieren für Kinder und Jugendliche machen es auch erforderlich, Kindern richtiges und sicheres Verhalten gegenüber diesen Tieren ebenso beizubringen wie die artgerechte Haltung und Pflege der verschiedenen Heimtierarten.

Im Bewusstsein, dass Heimtiere in Unterrichtsplänen die moralische, geistige und persönliche Entwicklung der Kinder fördern, der Schulgemeinschaft Nutzen bringen und neue Möglichkeiten für sinnvolles Lernen in verschiedenen Unterrichtsgegenständen eröffnen, haben die Mitglieder der IAHAIO bei ihrer Jahresversammlung im September 2001 in Rio de Janeiro die nachfolgenden Richtlinien zum Thema „Heimtiere in Schulen“ verabschiedet.

Richtlinien

Die IAHAIO appelliert an alle Schulbehörden, Lehrkräfte und an alle Personen, die an Heimtierprogrammen für Schulen beteiligt sind, die folgenden Richtlinien zu berücksichtigen und einzuhalten:

1. Programme über Heimtiere sollten, zu einem geeigneten Zeitpunkt, den Kindern direkten Kontakt mit solchen Tieren in der Klasse ermöglichen. Abhängig von den jeweiligen Schulbestimmungen und den verfügbaren Einrichtungen können diese Tiere:
   a. unter geeigneten Bedingungen in der Klasse gehalten werden oder
   b. von der Lehrkraft in die Schule mitgebracht werden oder
   c. im Rahmen eines Besuchsprogramms mit ihren BesitzerInnen zu Besuch kommen oder
   d. als Partnerhund für Behinderte ein Kind mit speziellen Bedürfnissen begleiten.

2. Jedes Programm, das direkten Kontakt von Kindern mit Tieren vorsieht, muss sicherstellen, dass
   a. die beteiligten Tiere
      - sicher sind (speziell ausgesucht und/oder ausgebildet),
      - gesund sind (mit tierärztlicher Bestätigung),
      - auf die Schulsituation vorbereitet sind (z. B. an Kinder und, im Falle von Besuchstieren, auch an Ortsveränderungen gewöhnt),
      - ordnungsgemäß untergebracht sind (in der Schule oder zu Hause) und
      - unter ständiger Aufsicht eines sachkundigen Erwachsenen stehen (Lehrkraft oder BesitzerIn),

[214] IEMT Schweiz „Heimtiere in Schulen“ 05.12.2019

b. auf die Sicherheit, die Gesundheit und die Gefühle jedes einzelnen Kindes in der Klasse Rücksicht genommen wird.

3. Vor der Anschaffung von Tieren für die Klasse oder der Durchführung eines Besuchsprogramms mit Heimtieren, die den oben genannten Anforderungen gerecht werden, müssen sowohl die Schulverantwortlichen als auch die Eltern informiert und vom Wert solcher Kontakte überzeugt werden.

4. Es gilt, präzise Lernziele zu definieren, welche die folgenden Anforderungen erfüllen:
   a. Verstärkung des Wissens und der Lernmotivation in verschiedenen Unterrichtsgegenständen,
   b. Förderung des Respekts und des Verantwortungsbewusstseins gegenüber anderen Lebewesen,
   c. Berücksichtigung des Ausdrucksvermögens und des Engagements jedes einzelnen Kindes.

5. Sicherheit und Wohlbefinden der beteiligten Tiere müssen zu jedem Zeitpunkt gewährleistet sein.

5.1.3 IAHAIO: Weissbuch 2014, rev. 2018[215]

Definitionen der IAHAIO für Tiergestützte Interventionen und Richtlinien für das Wohlbefinden der beteiligten Tiere

Mission und Vision

IAHAIO ist die führende globale Assoziation von Organisationen, die sich mit der Förderung des Gebietes der Mensch-Tier Interaktion, mit Forschung, Aus- und Fortbildung und Zusammenarbeit der Mitglieder, Meinungsbildner/Behörden, klinischen Praktiker, weiteren Mensch-Tier-Interaktion Organisationen und der allgemeinen Öffentlichkeit, befasst.

Viele der Mitgliederorganisationen sind aktiv in den Bereichen der tiergestützten Aktivitäten, Therapie, Pädagogik, und/oder Assistenztier-Ausbildung. IAHAIO möchte dabei Verantwortung und vor allem Respekt im Umgang mit den beteiligten Tieren fördern.

Weltweit hat IAHAIO über 75 multidisziplinäre Mitglieder- und Berufsorganisationen wie z. B. AVMA, AAHA, JAHA, WAP, und AAH-ABV im Veterinärmedizin-Bereich, sowie die HABRI Stiftung, ISAZ (die globale Organisation der Wissenschaftler im Bereich Mensch-Tier-Interaktion) und eine große Bandbreite von akademischen Zentren und Organisationen, die tiergestützte Interventionen anbieten.

[215] **IAHAIO** „Weissbuch 2014" 24.01.2020

Durch diese breite Palette von Organisationen nimmt IAHAIO auf dem Gebiet der Mensch-Tier Interaktion eine führende Rolle ein. IAHAIO veranstaltet alle drei Jahre eine internationale Konferenz, welche wichtige neue Informationen liefert und einmalige Netzwerk-Gelegenheiten für Personen in diesem Fachgebiet bietet. Zudem wird ein Symposium in den zwei Jahren zwischen den großen Konferenzen organisiert, um Dialoge, Informationsaustausch und strategische Planung zu ermöglichen, welche das Gebiet der Mensch-Tier Interaktion vorantreibt und um bedeutende Angelegenheiten zu diskutieren.

Definitionen der IAHAIO für Tiergestützte Interventionen

Im März 2013 wurde von IAHAIO eine Arbeitsgruppe ins Leben gerufen, welche aus nominierten Akademikern, Veterinärmedizinern und Praktizierenden aus verschiedenen Ländern besteht, die über persönliche Erfahrungen oder Expertise in verschiedenen Aspekten des Fachgebiets der Mensch-Tier Interaktion (Englisch: Human-Animal Interaction, HAI) verfügen.

International gibt es viele Herausforderungen für das Fachgebiet der Mensch-Tier Interaktion. Zum Beispiel sorgen die vielen unterschiedlichen Terminologien der tiergestützten Interventionen (TGI) für Verwirrung. Meist fehlen Richtlinien für die an der TGI beteiligten Personen, so wie auch für die beteiligten Tiere.

Angesichts der Dringlichkeit dieser Probleme wurde eine Arbeitsgruppe von IAHAIO etabliert, um Klarheit bezüglich der Terminologie der tiergestützten Interventionen zu schaffen und um ethische Richtlinien für das Wohlbefinden der beteiligten Tiere zu erlassen.

Die unten stehenden Empfehlungen der Arbeitsgruppe sind das Ergebnis eines Jahres voller sorgfältiger, detaillierter und offener Diskussionen zur Problematik der Definition und der fehlenden Richtlinien im Fachgebiet der Mensch-Tier Interaktion, von respektvollem und proaktivem Austausch von Informationen und Sichtweisen, und von sorgfältiger Aufarbeitung relevanter Materialien.

Der Vorstand der IAHAIO hat alle Änderungen, die von der Mehrheit der Mitglieder an der Jahresversammlung 2014 vorgeschlagen wurden, begutachtet und jene, die vom Vorstand einstimmig angenommen wurden, hier integriert.

Die Arbeitsgruppe empfiehlt allen IAHAIO Mitgliedern dringend, diese Definitionen und Richtlinien zu übernehmen und in der Theorie, der Forschung und der Praxis – so wortwörtlich wie sie hier wiedergegeben werden in ihre eigenen Programme zu integrieren und diese auch bei anderen Personen und Programmen in ihrer geographischen Region zu propagieren. Ebenfalls empfiehlt die Arbeitsgruppe den IAHAIO Mitgliedern, diese Definitionen und Richtlinien in ihren eigenen Ländern tatkräftig zu fördern.

Definitionen

- Tiergestützte Intervention (TGI)

Eine tiergestützte Intervention ist eine zielgerichtete und strukturierte Intervention, die bewusst Tiere in Gesundheitsfürsorge, Pädagogik und Sozialer Arbeit einbezieht und integriert, um therapeutische Verbesserungen bei Menschen zu erreichen. Tiergestützte Interventionen beziehen Teams von Mensch und Tier in formale Ansätze wie Tiergestützte Therapie (TGT) und Tiergestützte Pädagogik (TGP) ein, unter bestimmten Voraussetzungen auch Tiergestützte Aktivitäten (TGA). Tiergestütztes Coaching (TGC) ist hier auch eingeschlossen.

- Tiergestützte Therapie (TGT):

Tiergestützte Therapie ist eine zielgerichtete, geplante und strukturierte therapeutische Intervention, die von professionell im Gesundheitswesen (einschließlich Psychologie), der Pädagogik oder der Sozialen Arbeit ausgebildeten Personen angeleitet oder durchgeführt wird. Fortschritte im Rahmen der Intervention werden gemessen und professionell dokumentiert.

TGT wird von beruflich (durch Lizenz, Hochschulabschluss oder Äquivalent) qualifizierten Personen im Rahmen ihrer Praxis innerhalb ihres Fachgebiets durchgeführt und/oder angeleitet. TGT strebt die Verbesserung physischer, kognitiver verhaltensbezogener und/oder sozio-emotionaler Funktionen bei individuellen Klienten an, entweder in Einzel- oder Gruppenarbeit.

Die Fachkraft, welche TGT durchführt (oder der Betreuer der Tiere unter Supervision dieser Fachkraft) muss adäquate Kenntnisse über das Verhalten, die Bedürfnisse, die Gesundheit und die Indikatoren/der Regulation von Stress der beteiligten Tiere besitzen.

- Tiergestützte Pädagogik (oder Tiergestützte Erziehung):

Tiergestützte Pädagogik (TGP) ist eine zielgerichtete, geplante und strukturierte Intervention, die von professionellen Pädagogen oder gleich qualifizierten Personen angeleitet und/ oder durchgeführt wird. TGP wird von (durch einen einschlägigen Abschluss) in allgemeiner Pädagogik oder Sonderpädagogik qualifizierten Lehrpersonen entweder in Einzel- oder Gruppenarbeit durchgeführt.

Ein Beispiel für Tiergestützte Pädagogik durch einen Schulpädagogen sind Tierbesuche, die zu verantwortungsbewusster Tierhaltung erziehen sollen. Von einem Sonder- oder Heilpädagogen durchgeführte TGP wird auch als therapeutische und zielgerichtete Intervention angesehen. Der Fokus der Aktivitäten liegt auf akademischen Zielen, auf prosozialen Fertigkeiten und kognitiven Funktionen. Fortschritte der Schüler werden gemessen und dokumentiert.

Ein Beispiel für TGP, die durch einen Sonderpädagogen durchgeführt werden kann, wäre ein hundegestütztes Lesetraining. Die Fachkraft, welche TGP durchführt, einschließlich der regulären Lehrkraft (oder des Betreuers der Tiere unter Supervision dieser Fachkraft) muss adäquate

Kenntnisse über das Verhalten, die Bedürfnisse, die Gesundheit und die Indikatoren/der Regulation von Stress der beteiligten Tiere besitzen.

– Tiergestützes Coaching (TGC):

Tiergestütztes Coaching ist eine zielgerichtete, geplante und strukturierte tiergestützte Intervention, die von einer professionell ausgebildeten Coachingfachperson durchgeführt und/oder angeleitet wird. Die Fortschritte im Rahmen der Interventionen werden gemessen und professionell dokumentiert. TGC wird von beruflich (durch Lizenz, Hochschulabschluss oder Äquivalent) qualifizierten Personen im Rahmen ihrer Praxis innerhalb ihres Fachgebietes durchgeführt und/oder angeleitet.

TGC strebt die Verbesserung von persönlichem inneren Wachstum, eine Verbesserung der sozialen und/oder sozioemotionalen Funktionen individueller Coachee(s) an und bietet Unterstützung bei gruppenbildenen Prozessen. Die Fachkraft, welche TGC durchführt (oder der Betreuer der Tiere unter Supervision dieser Fachkraft) muss adäquate Kenntnisse über das Verhalten, die Bedürfnisse, die Gesundheit und die Indikatoren/der Regulation von Stress der beteiligten Tiere besitzen.

– Tiergestützte Aktivitäten (TGA):

TGA sind geplante und zielorientierte informelle Interaktionen/Besuche, die von Mensch-Tier-Teams mit motivationalen, erzieherischen/bildenden oder entspannungs- und erholungsfördernden Zielsetzungen durchgeführt werden. Die Mensch-Tier-Teams müssen wenigstens ein einführendes Training, eine Vorbereitung und eine Beurteilung durchlaufen haben, um im Rahmen von informellen Besuchen aktiv zu werden.

Mensch-Tier-Teams, die TGA anbieten, können auch formal und direkt mit einem professionell qualifizierten Anbieter von gesundheitsfördernden, pädagogischen oder sozialen Leistungen hinsichtlich spezifischer und dokumentierter Zielsetzungen zusammenarbeiten. In diesem Fall arbeiten sie im Rahmen einer TGT oder TGP, die von einer professionellen, einschlägig ausgebildeten Fachkraft in ihrem jeweiligen Fachgebiet durchgeführt wird.

Beispiele für TGA umfassen tiergestützte Hilfe bei Krisen, die darauf abzielt, Menschen nach einer Traumatisierung, einer Krise oder Katastrophe Trost und Unterstützung zu geben oder auch einfache Tierbesuchsdienste für Bewohner von Pflegeheimen. Die Person, welche TGA durchführt, muss adäquate Kenntnisse über das Verhalten, die Bedürfnisse, die Gesundheit und die Indikatoren/der Regulation von Stress der beteiligten Tiere besitzen.

Richtlinien für das Wohlbefindender Menschen und Tiere in „TGI"

Das Wohlbefinden der Menschen

– Es müssen einige Sicherheitsmaßnahmen für den Empfänger der Dienstleistung (TGI) beachtet werden. Fachkräfte müssen Risiken für den TGI-Empfänger auf ein Minimum reduzieren. Sie müssen sicher sein, dass die Empfänger keine Tierart- oder -rassenallergien haben und sich bewusst sein, dass manche Klienten/Patienten hohe Risiken und möglicherweise sogar Ausschlusskriterien mitbringen (z. B. Infektionen bei immunsupprimierten Patienten; Krankheiten, die über das Tier von Empfänger zu Empfänger übertragen werden können). In manchen Fällen, z. B. bei immunsupprimierten Patienten, können die Gesundheitsbehörden zusätzliche Tests verlangen, um sicherzustellen, dass die Tiere frei von bestimmten Infektionen sind.

– Die Betreuer der Tiere müssen die Bedürfnisse der TGI-Empfänger erkennen. Auch sollten sie während ihres Trainings Erfahrungen gemacht haben mit der Ausgangslage, in welcher die TGI stattfindet.

– Die TGI-Empfänger können unterschiedliche Haltungen gegenüber den beteiligten Tieren/Tierarten in der TGI haben. Falls die Einstellung der TGI-Empfänger im Konflikt mit der empfohlenen TGI steht, sei es aus religiösen, kulturellen oder sonstigen Gründen, wird empfohlen, dass die Fachkraft Alternativen mit dem Empfänger, oder falls indiziert, mit dessen Familienmitgliedern/Betreuern diskutiert.

Das Wohlbefinden der Tiere

TGI soll mit Tieren durchgeführt werden, die sich bester physischer und emotionaler Gesundheit erfreuen und diese Art von Beschäftigung genießen bzw. keine Anzeichen von Ablehnung zeigen. Der Tierbetreuer sollte mit jedem Tier, das an Interventionen beteiligt ist, individuell gut vertraut sein. Die Fachkräfte sind verantwortlich für das Wohlbefinden der Tiere mit welchen sie arbeiten.

Überhaupt müssen die TGI-Fachkräfte die Sicherheit und das Wohlbefinden aller Beteiligten (Menschen und Tiere) berücksichtigen. Sie müssen verstehen, dass das beteiligte Tier, unabhängig von der Tierart, nicht einfach ein Werkzeug ist, sondern ein empfindsames Lebewesen. Es folgen nun Beschreibungen von Best Practices (beispielhaften Praktiken mit Vorbildcharakter) für Tiere in TGI, einschließlich für Assistenz-/Servicehunde.

– Es dürfen nur domestizierte Tierarten (z. B. Hunde, Katzen, Pferde, Nutztiere, Meerschweinchen und Ratten oder in Gefangenschaft gezüchtete Vögel und Fische) bei tiergestützten Interventionen und Aktivitäten eingesetzt werden. Solche Tierarten sind an soziale Interaktionen mit Menschen und/oder an ein Leben in menschlicher Betreuung angepasst. Obwohl viele in Gefangenschaft gezüchtete Fischarten in Aquarien in Institutionen gehalten werden, sind nur wenige an sozialen Interaktionen mit den Menschen adaptiert. (Fische und Vögel dürfen keine Wildfänge sein, sondern müssen aus einer Zucht stammen.)

Die domestizierten Tiere müssen gut mit Menschen verschiedener Altersgruppen sozialisiert und mit humanen Methoden, wie z. B. positive Verstärkung, trainiert worden sein. Wenn möglich (je nach Gepflogenheit des Landes) sollten Hunde, Pferde oder auch Katzen bei einer nationalen/internationalen Organisation registriert werden, welche bestätigt, dass sie den Kriterien für sichere Interaktionen mit Menschen genügen.

Nur erwachsene Tiere mit stabilem Charakter dürfen regelmäßig in Interventionen eingesetzt werden. Trächtige Weibchen (insbesondere während dem letzten Drittel ihrer Trächtigkeit), Muttertiere, die soeben geworfen haben oder noch laktieren, solche die noch für den Nachwuchs sorgen oder an der Entwöhnung ihrer Jungen sind, sollten nicht unmittelbar in einer Intervention eingesetzt werden. Ebenso Jungtiere (z. B. Welpen, Kätzchen), wie auch erwachsene Tiere, die motivationale oder physische Zeichen von hohem Alter aufweisen (bestimmt durch einen beratenden VeterinärIn), sollten nicht direkt an Interventionen oder Aktivitäten beteiligt sein.

Zwecks Sozialisation können Jungtiere unter Aufsicht eines fachkundigen Erwachsenen bis zu einmal pro Woche in Kontakt mit Personen passender Altersgruppen gebracht werden, wobei diese Sitzungen zeitlich kurz gehalten werden sollten.

– Wilde (nicht-domestizierte) und exotische Tierarten (z. B. Delfine, Elefanten, Affen, Präriehunde, Arthropoden, Reptilien), auch zahme Individuen, dürfen nicht an direkten tiergestützten Interaktionen beteiligt sein, sondern höchstens aus der Distanz für edukative oder reflektive Arbeit beobachtet werden. Alle Interaktionen mit direktem Kontakt (z. B. Fütterung, Pflege) müssen mit solchen Tieren auf einem Minimum gehalten werden. Sie sollten ausschließlich der Rettung, der Rehabilitation oder letztendlich der Auswilderung dienen und falls sie nicht wieder freigelassen werden können, zu deren Schutz und Wohlbefinden beitragen (wie z. B. in Green Chimneys, New York).

Die Whale and Dolphin Conservation Society konnte feststellen, dass Delfingestützte Therapie höchstwahrscheinlich weder den psychologischen noch den physischen Bedürfnissen der Klienten, noch jenen der Delphine entspricht (Brakes & Williamson, 2007, S. 18). Dennoch dürfen Beobachtungen und Reflektion über Wildtiere in ihrem natürlichen Umfeld und in Wildtierreservaten, welche nationale/internationale Tierschutzstandards erfüllen, so wie auch in zoologischen Gärten, welche den ethischen Richtlinien der Berufs- und wissenschaftlichen Gesellschaften (Association of Zoos and Aquariums (AZA)/Society for Conservation Biology) entsprechen, durchgeführt werden, solange bei den Tieren kein Stress ausgelöst und ihr Lebensraum nicht beschädigt wird.

Nicht alle Tiere, einschließlich jener, die von ihrem Halter für gute Heimtiere gehalten werden, sind geeignet für TGI. Tiere, die in Betracht gezogen werden, sollten von einem Verhaltensexperten (Veterinär oder Ethologe) sorgfältig evaluiert werden. Nur jene Tiere mit einem geeigneten Temperament und gutem Training sollten für die TGI ausgewählt werden. Um sicherzustellen, dass die Tiere weiterhin ein gutes Wesen zeigen, sollten regelmäßige Überprüfungen durchgeführt werden. Ein Veterinär mit Verhaltenstraining oder ein Veterinär und ein Heimtierethologe sollten gemeinsam die Tiere vor ihrem ersten Einsatz mit Klienten bezüglich Gesundheit, Temperament und Verhalten begutachten, um zu garantieren, dass alle vorbeugenden medizinischen Protokolle angewendet wurden. Für Tiere, die in einer Institution leben, ist diese Sicherstellung der Bedürfnisse der Tiere bezüglich der Umgebung der Klientengruppe ebenso wichtig.

- Die Betreuer der Tiere (in der Regel die Tierhalter) und die Fachkräfte, die mit den Tieren arbeiten, sollten einschlägig ausgebildet worden sein und Kenntnisse über die physischen und emotionalen Bedürfnisse der Tiere, einschließlich deren Zeichen von Unwohlsein und Stress, besitzen. Fachkräfte sollten einen Kurs über allgemeine Tier-Verhaltenskunde und adäquate Mensch-Tier Interaktionen absolviert haben, insbesondere artspezifische (z. B. mit Pferden, Schweinen, Hunden, Rennmäusen usw.) Interaktionen.

- Fachkräfte müssen ein Verständnis der tierspezifischen Grenzen besitzen und einen normalen und respektvollen Umgang mit ihnen haben. Die Sicherheit und das Wohlbefinden der Tiere, die an TGI beteiligt sind, darf nie gefährdet werden. Beispiele von problematischen Aktivitäten und Therapieübungen sind unter anderem

- über das Tier springen oder sich über das Tier beugen;
- das Verkleiden von Tieren mit menschlichen Kleidungsstücken oder Kostümen;
- das Anlegen von unbequemen Accessoires (mit Ausnahme von kennzeichnenden Halstüchern, Wetterjacken, speziellen Socken, die für Tiere angefertigt wurden);
- das Verlangen von physisch unnatürlichen oder stressauslösenden Tätigkeiten (z. B. kriechen, lehnen oder sich biegen, schwere Sachen ziehen),
- oder Vorführungen und Übungen durchführen, die solche Bewegungen und Körperhaltungen verlangen.

Klienten sollten zu jeder Zeit und überall (z. B. in Schulen, therapeutischen Praxen, Seniorenheimen) beaufsichtigt werden, um sicherzustellen, dass die Tiere nicht geärgert werden (z. B. an den Ohren/dem Schwanz ziehen, darauf klettern oder darunter kriechen) oder auf andere Weise abnormal behandelt werden, was sowohl die Klienten selbst, als auch die Tiere gefährden könnte.

- Die Fachkräfte, die für das Wohlbefinden des Tieres während der Intervention verantwortlich sind, müssen sicherstellen, dass das Tier vor, während und nach der TGI Sitzung gesund, ausgeruht, entspannt sowie gut versorgt ist und wird (z. B. Zugang zu frischem Wasser, geeignete Bodenbeschaffenheit/Unterlagen, die sicheres und gutes Arbeiten erlauben). Die Tiere dürfen nicht überarbeitet oder überwältigt werden und die Arbeitssitzungen sollten zeitlich limitiert werden (z. B. 30-45 Minuten pro Sitzung).

- Eine gute veterinärmedizinische Versorgung muss gewährleistet sein. Alle Tiere, die an TGI beteiligt sind und Tiere, die in einer Institution permanent leben, müssen bei ihrer Auswahl und regelmäßig danach von einem Veterinär kontrolliert werden. Die Häufigkeit der Kontrollen wird von der tiergestützten Fachkraft basierend auf der Tierart und der Art der tiergestützten Aktivitäten, an welchen das Tier beteiligt war, bestimmt.

Die Tierpflege muss artgerecht sein. Dies schließt artspezifisch geeignetes Futter und Unterbringung ein, sowie geeignete Raumtemperatur, Lichtverhältnisse, Raumausstattung und Gegebenheiten, die dem Tier ermöglichen sein natürliches Verhalten so gut wie möglich auszuleben. Formelle Protokolle für die Versorgung der Tiere, einschließlich der in Käfigen oder Aquarien und Volieren gehaltenen Tiere (z. B. Meerschweinchen, Fische) müssen erstellt und von einer national anerkannten Tierschutzbehörde genehmigt werden.

Adäquate Protokolle zur Prävention von Zoonosen müssen vorhanden sein. Die Fachkraft muss garantieren können, dass die Tiere regelmäßig bzw. mindestens einmal pro Jahr Gesundheitskontrollen unterzogen werden, die von einem lizensierten Veterinär, insbesondere bezüglich Parasitenbehandlung/-prävention und Screening für potentiell zoonotische Pathogene, einschließlich A-Gruppen Streptococci und Salmonellen, durchgeführt werden.

Die Fachkräfte und Administratoren, die zusammen mit Besuchstieren oder permanent in Institutionen gehaltenen Tieren, z. B. Schulen, Psychiatrien und Strafanstalten oder stationärer Jugendhilfe besuchen, müssen die lokalen (z. B. Schulbehördliche, Bezirksweite-, Bundesland-eigene) Gesetze und Verordnungen beachten.

Innerhalb der eigenen Programme und Institutionen sollten die Fachkräfte für Regeln und Prozeduren einstehen, welche die korrekte Versorgung der an TGI beteiligten Tiere sichern. Die Gründung einer Ethik-Kommission wird empfohlen. Diese muss Individuen mit speziellen Kenntnissen über das Wohlbefinden der Tiere einschließen (z. B. Veterinärmediziner und/oder Ethologen).

– Assistenz- und Servicehunde sind hoch spezialisierte Tiere. Richtlinien für Fachkräfte, die in Partnerschaft mit diesen Hunden arbeiten sind in Vorbereitung.

– IAHAIO Mitgliedern wird empfohlen, die nationalen Gesetze, Verordnungen und Richtlinien ihres eigenen Landes und jener Organisation, mit welcher sie assoziiert sind, zu befolgen.

Auf Basis der biologischen und psychologischen Evidenz für die angeborene Affinität zwischen Menschen und Heimtieren, wie auch durch die Verpflichtung, sich um deren Gesundheit und Wohlbefinden zu kümmern, begrüßen die Mitglieder der Dachorganisation IAHAIO das Konzept „One Health". Dieses besagt, dass die Gesundheit und das Wohlbefinden von Tieren, Menschen und Umwelt untrennbar miteinander verbunden sind.

5.1.4 Selbstverpflichtung Schulhundweb 2015[216]

Das Schulhundweb wurde Ende 205 von mir ins Netz gestellt, um mich mit anderen Kolleginnen an Schulen zu vernetzen, die auch von ihren Hunden in die Schule begleitet wurden. Im Laufe der Jahre entwickelte es sich zur Plattform für den Fachkreis Schulhunde (2007- 2015) und den Arbeitskreis Schulhund-Team-Ausbildung (2011-2017) und wird jetzt noch für allgemeine Infos und die Selbstverpflichtung genutzt.

Die Selbstverpflichtung wurde im **Oktober 2015** vom Arbeitskreis Schulhund-Team-Ausbildung und dem Fachkreis Schulhunde aus der Freiwilligen Selbstverpflichtung des Fachkreises von 2008 entwickelt.

Die Selbstverpflichtung ist zurzeit das einzige bundesweit geltende Gütekriterium, dem sich Hupäschlerinnen anschließen können, um einen qualifizierten Einsatz von Hunden in der Schule zu verdeutlichen!

Sie ist als Formular im Schulhundweb zu finden und muss ausgefüllt und unterschrieben auf dem Postweg verschickt werden.

Voraussetzungen für einen Eintrag im Schulhundeweb sind:

- die von der Hupäschlerin und der Schulleitung unterschriebene Selbstverpflichtung
- eine mindestens 60-stündige Teamweiterbildung, die begonnen oder absolviert wurde
- Nachweise / Zertifikate, die per Mail geschickt werden müssen
- Nachweise von regelmäßigen Fortbildungen von mindestens 16 Stunden in zwei Jahren zu den Bereichen Tiergestützte Intervention und Hund

Der Selbstverpflichtung ist dieses geschützte Logo zugeordnet, das dann genutzt werden darf.

[216] Schulhundweb „Selbstverpflichtung" 05.12.2019

Selbstverpflichtung

Qualitätsstandards (entwickelt vom Fachkreis Schulhunde des ThM e.V. und dem Arbeitskreis Schulhund-Team-Ausbildung) für einen qualifizierten Einsatz in Schulen, vorschulischen oder Schulen angeschlossenen Einrichtungen der sich

die Hundeführerin____

an der ____ anschließt!

Das ausgebildete „Mensch-Hund-Team" besteht aus

- einer erfahrenen Pädagogin oder Therapeutin mit eigenem Hund oder
- einer qualifizierten Hundeführerin mit ihrem eigenen Hund und einer Pädagogin / Therapeutin

Die Hundeführerin verpflichtet sich, die Selbstverpflichtung der Schulleitung, bzw. Leitung zur Kenntnisnahme vorzulegen und sie unterschreiben zu lassen.

Sie verpflichtet sich außerdem, dass der Hund als Familienmitglied art- und tierschutzgerecht im Haushalt lebt und folgende Qualitätsstandards in der hundegestützten pädagogischen Arbeit eingehalten werden:

Ausbildung

- Eine Ausbildung erfolgt immer im Team.
- Ein Grundgehorsam auf dem Niveau des Hundeführerscheins ohne Einsatz aversiver Ausbildungsmethoden ist erforderlich.
- Eine qualifizierte Teamausbildung mit umfassenden ethologischen Kenntnissen u.a. über die Körpersprache und das Lernverhalten des Hundes sind grundlegende Voraussetzungen für einen qualifizierten Einsatz.
- Die Hundeführerin muss besonders die Kompetenz besitzen, Stress bei sich, den Schülern und dem Hund zügig zu erkennen und adäquat zu reagieren.
- Für den dauerhaften Einsatz ist neben der Grundausbildung (Hundeführerschein o.ä.) eine adäquate Aus- und Weiterbildung im Bereich hundegestützter Pädagogik für Mensch-Hund-Teams (z.B. Schulhund, Therapiebegleithund, Berufsbegleithund) von mindestens 60 Stunden erforderlich.
- Die Hundeführerin verpflichtet sich, regelmäßig an Fort- und Weiterbildungen in der tiergestützten Pädagogik im Umfang von mindestens 16 Stunden in zwei Jahren teilzu-

nehmen, dies zu dokumentieren und mit ihrem Hund regelmäßig zu trainieren. Der AK Schulhund-Team-Ausbildung hat dazu Richtlinien erarbeitet. Die Teilnahme an Fortbildungsveranstaltungen der verschiedenen Arbeitskreise Schulhund und tiergestützten Kongressen können angerechnet werden.

- Die oben aufgeführten Empfehlungen beziehen sich auf alle weiteren eingesetzten Hunde der Hundeführerin.

Hygienebestimmungen

- Das Gesundheitsattest des Tierarztes muss über die gute Allgemeinverfassung des vorgestellten Hundes Auskunft geben.
- Außerdem ist für eine regelmäßige Endoparasitenprophylaxe (entweder durch regelmäßige Entwurmung oder Kontrolle durch Abgabe von Kotproben) und Ektoparasitenprophylaxe zu sorgen.
- Der aktuelle Impfstatus muss im Heimtierpass vorliegen.
- Der Hund darf keinen Zugang zur Küche erhalten, in der Lebensmittel zubereitet werden.
- Eine Möglichkeit zum Händewaschen muss vorhanden sein.
- Hundeutensilien, wie z. B. Gefäße (Wasserschüssel, Futternapf), Spielzeug, Hundedecken usw., müssen separat aufbewahrt und regelmäßig gereinigt werden.
- Ein Hygieneplan für den Einsatz des Hundes muss erstellt werden und individuelle Aspekte des Schuleinsatzes (z. B. Umgang mit Allergien etc.) enthalten.

Einsatz

- Jeder Einsatz in der hundegestützten Pädagogik erfolgt nur im aus- bzw. weitergebildeten Mensch-Hund-Team und setzt ein sicheres Vertrauensverhältnis voraus.
- Der Einsatz zwischen Schülern und Hund erfolgt ausschließlich unter ständiger Aufsicht der Hundeführerin. Ein Einsatz des Hundes ohne Hundeführerin ist nicht zulässig.
- Die Entscheidung über den aktuellen Einsatz des Hundes in der tiergestützten Pädagogik liegt in der alleinigen Verantwortung der Hundebesitzerin.
- Der Einsatz muss immer nach Hunde- und Tierschutzaspekten sowie tierethischen Grundsätzen geplant und durchgeführt werden. Der Hund darf nicht instrumentalisiert werden. Individuelle Stärken sollten berücksichtigt werden.

- Um den professionellen Einsatz eines Schulhundes zu gewährleisten, ist das Erstellen eines Schulhundkonzepts unabdingbar. Zusätzlich sind eine kontinuierliche Reflexion, Evaluation und Anpassung der Arbeit notwendig.

- Rituale für den Hund und Regeln für die Schüler müssen etabliert werden, um dem Hund Hilfestellungen beim Einsatz zu geben und um Stress zu reduzieren.

- Die Möglichkeit des selbstständigen Rückzugs des Hundes auf einen eigenen und ungestörten Ruheplatz muss gewährleistet sein.

- Der Einsatz des Hundes muss entsprechend seiner Bedürfnisse und Voraussetzungen und denen der Hundeführerin / Pädagogin, der Schüler und der Schule individuell angepasst werden.

- Vor dem ersten Einsatz muss eine schriftliche Haftpflicht-Versicherungsbestätigung vorliegen, damit der tiergestützte Einsatz in der Schule / Einrichtung versichert ist.

5.1.5 TVT Merkblätter[217]

Die Tierärztliche Vereinigung für Tierschutz e.V. (TVT) wurde im Jahr 1985 gegründet. Die Mitglieder sind Spezialisten aus verschiedenen Tätigkeitsfeldern, von der Großtier- bis zur Kleintierpraxis, von Universitäten, Zoos, Veterinärämtern und aus der Wirtschaft. Sie setzen sich für einen unabhängigen, kompetenten, wirksamen und zielgerichteten Tierschutz ein.

Die TVT beurteilt, entscheidet und arbeitet im Sinne der Tiere (= in dubio pro animale) naturwissenschaftlich und evidenzbasiert, zielorientiert, feindbildfrei und überparteilich.

Die verschiedenen Arbeitskreise haben zu verschiedenen Themenbereichen Merkblättern veröffentlicht, die immer wieder den neuen gesetzlichen Bestimmungen angepasst werden. Alle Veröffentlichungen sind urheberrechtlich geschützt und das Copyright liegt bei der TVT.

Der TVT freut sich aber, wenn die Informationen für Tierschutzzwecke verwenden werden und somit dürfen sie gern kopiert und weiterverbreitet werden, allerdings dürfen die Informationen nicht inhaltlich verfälschend gekürzt werden und als Urheber ist immer die Tierärztliche Vereinigung für Tierschutz e.V. anzugeben.

Die Merkblätter können Hilfestellung beim Einsatz eines Hundes in der Schule geben, sind allerdings nicht immer auf dem neusten Stand der Entwicklungen.

Zu Tieren im sozialen Einsatz wurden verschiedene Merkblätter veröffentlicht:
Nr. 131 – Nutzung von Tieren im sozialen Einsatz
Nr. 131.01 – Esel im sozialen Einsatz
Nr. 131.03 – Hühner im sozialen Einsatz
Nr. 131.04 – Hunde im sozialen Einsatz
Nr. 131.05 – Kaninchen im sozialen Einsatz
Nr. 131.06 – Katzen im sozialen Einsatz
...
Auch zu Hunden allgemein gibt es viele Merkblätter
Nr. 104 – Wie sind Verletzungen von Kindern durch Hunde zu vermeiden
Nr. 108 – Verhalten beim Aufeinandertreffen mit einem freilaufenden Hund
Nr. 120 – Kastration von Hunden und Katzen
Nr. 132 – Tierschutz oder Hundehandel
Nr. 141 – Qualzucht und Erbkrankheiten beim Hund
Nr. 181 – BARF
Nr. 183 – vegetarische Ernährung bei Hunden und Katzen

[217] TVT Merkblätter 05.12.2019

5.2 Gesundheitsprävention Schulbegleithund

In dieser Anlage geht es um Infos zur gesundheitlichen Risikobewertung und Prävention von Hunden in der Schule.

Nach dem **Infektionsschutzgesetz**, einem Bundesgesetz, das seit dem 01.01. 2001 gilt, müssen Gemeinschaftseinrichtungen (also auch Schulen) nach § 36 Hygienepläne erstellen, die übertragbaren Krankheiten beim Menschen vorbeugen, Infektionen frühzeitig erkennen und ihre Weiterverbreitung verhindern sollen. Dabei soll die Eigenverantwortung der Träger und Leiter von Gemeinschaftseinrichtungen, sowie des Einzelnen gefördert werden (siehe § 1).

Verantwortlich für den Hygieneplan und die damit im Zusammenhang stehenden Maßnahmen (Erstellung, Überarbeitung, Belehrungen, Protokolle etc.) ist die Schulleitung, die ggf. einen Hygienebeauftragten einsetzen kann.

Die in den Bundesländern unterschiedlich strukturierten staatlichen bzw. kommunalen unteren Gesundheitsbehörden sind u.a. auch verantwortlich für die Umsetzung des Infektionsschutzgesetzes und somit auch für die Hygienepläne in den Gemeinschaftseinrichtungen.

In diesem Zusammenhang spielt auch noch das Robert Koch-Institut, als zentraler Einrichtung des Bundesministeriums für Gesundheit, eine Rolle, da es z. B. auch für die Risikobewertung auf dem Gebiet der Zoonosen als Forschungseinrichtung der Bundesrepublik Deutschland ausschlaggebend ist (siehe § 4).

Grundsätzlich muss es also in jeder Schule bereits einen Hygieneplan geben, und der muss nur um den „Schulhund" ergänzt werden.

Nach dem Robert Koch-Institut sind „mögliche Gefährdungen der menschlichen Gesundheit, die durch Tiere verursacht werden, ... insbesondere Infektionen, Unfälle und allergische Reaktionen"[218].

Der Hygieneplan soll in erster Linie die Übertragung von Zoonosen verhindern. Zoonosen sind nach einer Definition der WHO Infektionskrankheiten, die sowohl vom Tier auf den Menschen als auch vom Menschen auf das Tier übertragen werden können!

„Erwachsene haben dabei eine wichtige Vorbildfunktion für Kinder!"[219]

In dieser Anlage sind folgende Materialien zu finden:
5.2.1 Beispiel für eine Hygieneplanergänzung zum Schulhund
5.2.2 Übersicht über Zoonosen, die im Zusammenhang mit Hunden in der Schule eine Rolle spielen
5.2.3 Entwurf für ein Gesundheitsprophylaxe-Protokoll
5.2.4 Quellen zum Thema

[218] Robert Koch-Institut, S. 19

[219] Infektionsschutz.de

5.2.1 Beispiel Hygieneplanergänzung Schulbegleithund

nach § 36 Infektionsschutzgesetz erstellt am ....

Eine Infektions- bzw. Unfallgefahr durch den Einsatz eines Schulhundes kann durch entsprechende Maßnahmen so reduziert werden, dass nach dem Robert Koch-Institut der positive Einfluss des Hundes auf Menschen die möglichen Gefahren übersteigt[220].

Die Hundegestützte Pädagogik in der Schule verursacht somit „keine über das bevölkerungsübliche Maß hinausgehende Infektions- und Verletzungsrisiken".[221]

Dafür müssen aber präventiv folgende Maßnahmen erfolgen, für die die BesitzerIn des Hundes Frau/Herr .... stellvertretend für die Schulleitung verantwortlich ist:

I. Anforderungen an den Hund

(Alle unten aufgeführten Unterlagen werden im Einsatzordner hinterlegt und sind jederzeit einzusehen.)

1. Individuelle Kennzeichnung des Hundes

Der Schulhund ist durch einen implantierten Transponder gekennzeichnet.

....

2. Überprüfte Gesundheit

Der gute Gesundheitsstatus des Hundes ist vor dem Einsatz in der Schule durch einen Tierarzt attestiert worden und wird regelmäßig, mindestens einmal jährlich, neu dokumentiert.

3. Impfungen

Der Hund wird regelmäßig gegen die häufigsten Infektionserkrankungen entsprechend der Empfehlung der ständigen Impfkommission geimpft.

4. Endoparasiten

Vor dem Tätigkeitsbeginn in der Einrichtung wurde der Hund entsprechend der Empfehlungen des European Scientific Counsel Companion Animal Parasites (ESCCAP) mit geeigneten Präparaten entwurmt/ bzw. eine Kotuntersuchung auf Parasiten veranlasst. Die zukünftigen Entwurmungen/Kotuntersuchungen werden in vierteljährlichen Abständen durchgeführt und dokumentiert.

5. Ektoparasiten

Der Hund wird regelmäßig auf Zecken, Flöhe etc. untersucht. Bei Bedarf werden in Rücksprache mit dem Tierarzt entsprechende Maßnahmen ergriffen.

---

[220] vgl. Robert Koch-Institut, S. 21

[221] Schwarzkopf, S. 21

6. **Überprüftes Verhalten**
Dem Hund wurde durch Experten im Bereich der Hundegestützten Pädagogik attestiert, dass der Einsatz in der Schule unter Berücksichtigung der entsprechenden Voraussetzungen möglich ist. Regelmäßig, nach ca. 18 Monaten, erfolgt jeweils eine weitere Begutachtung.

7. **Versicherung**
Es liegt eine Tierhalter-Haftpflichtversicherung für den Hund vor und die Versicherung ist über den Einsatz in der Schule informiert.

8. **Einsatzverbot des Hundes**
Bei Verdacht auf das Vorliegen einer Erkrankung des Hundes (inklusive Parasiten wie Flöhe, Würmer etc.) wird möglichst schnell ein Tierarzt zu Rate gezogen. Sollte eine auf den Menschen übertragbare Erkrankung vorliegen, darf der Hund die Einrichtung erst wieder nach völliger Genesung besuchen.

Auch deutliche Anzeichen von Stress bzw. eine Überprüfung mit negativem Ergebnis haben einen Einsatzabbruch zur Folge.

II. Anforderungen an die HundebesitzerIn

(Alle unten aufgeführten Unterlagen werden ggf. ebenfalls im Einsatzordner hinterlegt und sind jederzeit einzusehen.)

1. **Versorgung des Hundes**
Die Versorgung des Hundes liegt in der Verantwortung der HundebesitzerIn, in deren Haushalt der Hund lebt. Er/Sie ist auch verantwortlich für eine art- und tierschutzgerechte Haltung sowie einen guten Gesundheitszustand des Hundes.

2. **Hundesachkenntnis**
Die HundebesitzerIn besitzt nachweislich die entsprechende Sachkunde für Hunde. Es sollte mindestens eine 60-stündige Weiterbildung zur Hundegestützten Pädagogik in der Schule im Team mit dem Hund absolviert worden sein und später regelmäßig Fortbildungen von mindestens 16 Stunden in zwei Jahren.

3. **Einsatz des Hundes**
Der Einsatz des Hundes liegt in der alleinigen Verantwortung der HundebesitzerIn, die aufgrund ihrer Weiterbildung, ihrer Erfahrung und der guten Kenntnisse ihres Hundes täglich art- und tierschutzgerecht abschätzen muss, ob der Einsatz des Hundes gefahrlos für alle Beteiligten erfolgen kann.

4. **Protokoll Verletzungen bzw. Unfälle**
Jeder Unfall in der Schule muss dokumentiert werden. Dies gilt natürlich auch für Unfälle oder Verletzungen, die durch den Hund verursacht wurden.

III. Organisatorische Anforderungen in der Schule

(Alle unten aufgeführten Unterlagen werden ggf. ebenfalls im Einsatzordner hinterlegt und sind jederzeit einzusehen.)

1. Information von Eltern und KollegInnen

Der Einsatz des Hundes kann erst erfolgen, wenn neben der Schulleitung auch Eltern, KollegInnen und SchülerInnen informiert wurden. Kontraindikationen wie Allergien, Ängste, inadäquates Verhalten etc. müssen Beachtung finden und entsprechende Maßnahmen ergriffen werden.

2. Gepflegter Hund

Der Hund nimmt nur sauber und gepflegt Kontakt zu den SchülerInnen auf. Ggf. muss er bei schlechtem Wetter vorher gereinigt und trockengerieben werden.

3. Einsatz nur im Team

Um Gefahren zu minimieren erfolgt der Einsatz des Hundes nur im Team mit der BesitzerIn.

4. Regeln zum Umgang mit dem Hund

Neben der Gesundheitsvorsorge für den Hund spielt die Schulung eines adäquaten Umganges der Schüler mit dem Hund eine entscheidende Rolle bei der Unfall- und Infektionsprävention.[222]

Deshalb müssen entsprechende Regeln für den Umgang mit dem Schulhund aufgestellt werden und auf ihre Einhaltung ist zu achten. Zum Bereich Hygiene sind besonders folgende Regeln zu beachten:

- Nach dem Kontakt mit dem Hund müssen regelmäßig die Hände gründlich gewaschen werden, besonders vor dem Essen und nach dem Füttern.
- Die Hunde sollten nicht geküsst werden und sie sollten nicht über das Gesicht und offene Wunden lecken.[223]

5. Aufbewahrung und Reinigung der Hundeutensilien

Hundeutensilien, wie z. B. Gefäße (Wasserschüssel, Futternapf), Spielzeug, Hundedecken usw., müssen separat aufbewahrt und regelmäßig bei mindestens 60°C gewaschen bzw. gereinigt werden.[224]

6. Reinigung der Räumlichkeiten

Der Einsatz des Schulhundes erfordert keine Änderungen des üblichen Reinigungs-/ bzw. Desinfektionsablaufes in den betretenen Räumen.

---

222 vgl. Robert Koch-Institut, S. 19

223 www.infektionsschutz.de

224 www.infektionsschutz.de

7. **Zugangsbeschränkungen für den Hund**
Zu folgenden Bereichen der Einrichtung hat der Hund keinen Zutritt:

- Küche und Räume, in denen Lebensmittel verarbeitet werden
- Sanitäre Anlagen
- Räume, die von Kindern oder Kollegen mit bekannter Tierhaarallergie genutzt werden. Sonderregelungen sind ggf. schriftlich festzuhalten.
- Räumlichkeiten/Außenbereiche, in denen sich Kinder/KollegInnen aufhalten, die aus verschiedenen Gründen keinen Kontakt zum Hund wünschen. Sonderregelungen sind ggf. schriftlich festzuhalten.

8. **Entsorgung von Körperausscheidungen**
Körperausscheidungen innerhalb von Räumlichkeiten werden sofort mit saugfähigen Einmaltüchern entsorgt und die entsprechende Stelle wird desinfiziert. Im Außenbereich werden Fäkalien ggf. mit entsprechenden Beuteln aufgenommen und entsorgt. Nach dem Kontakt mit Körperausscheidungen werden die Hände gründlich gewaschen und ggf. desinfiziert.

5.2.2 Zoonosen Schulbegleithund

Unter Zoonosen versteht man Infektionskrankheiten, die unter natürlichen Bedingungen vom Tier auf den Menschen oder vom Menschen auf das Tier übertragen werden können. Als Erreger von Zoonosen kommen Viren, Bakterien, Pilze, Einzeller, Würmer und Insekten in Frage. Weltweit sind etwa 200 Zoonosen bekannt.[225]

In den letzten Jahren wurde eine Zunahme solcher Erkrankungen verzeichnet. Dies ist vermutlich auf den intensiveren Kontakt zwischen Mensch und Tier im Rahmen der Haustierhaltung zurückzuführen. Aber auch die zunehmende Zahl der Fernreisen und die Mitnahme sowie die Ansteckung der Haustiere vor Ort spielen hierbei eine Rolle.

In Anlehnung an das Heft 19 des Robert Koch-Instituts „Heimtierhaltung – Chancen und Risiken für die Gesundheit“ von 2003 hier ein Überblick über Zoonosen, die Hunde betreffen:

[225] vgl. Robert Koch-Institut, S. 10

Virusbedingte Zoonosen	
Tollwut (meldepflichtig)	– Übertragung durch Hunde, Katzen, Füchse – Die vorbeugende **Tollwutimpfung** schützt auch die Menschen!
Bakterienbedingte Zoonosen	
Campylobakteriose (meldepflichtig)	– Übertragung durch Hunde und Katzen – Durchfallerkrankungen auch beim Menschen (in Großbrit. 5% auf mutmaßl. Kontakt mit Hunden zurückgeführt; bes. Gefährdung von Kleinkindern durch Welpen!) Befallsrate bei erw. Hunden ca. 50%; bei Hunden in Privathaushalten weniger! **Hände waschen!**
EHEC (meldepflichtig)	– Übertragung überwiegend durch Kälber und Rohmilchverzehr evtl. durch Hunde und Katzen – Hunde und Katzen haben als direkte Ansteckungsquelle für den Menschen nur eine untergeordnete Rolle!
Pasteurellose	– Übertragung durch Hunde und Katzen – Nach Hundebissen kann in ca. 5% eine Infektion mit Pasteurellen auftreten! **Wunddesinfektion!**
Salmonellose (meldepflichtig)	– Übertragung durch Hunde, Katzen und Reptilien – 10% aller menschlichen Salmonellen-Erkrankungen sind auf Hunde, Katzen und besonders auf Reptilien zurückzuführen. Sterilisiertes Fertigfutter weist nur sehr selten Salmonellen auf!!!
Tuberkulose (meldepflichtig)	– Übertragung selten durch Hunde, Katzen etc. – äußerst selten – wahrscheinlich Übertragung vom Menschen auf das Tier
Pilzbedingte Zoonosen	
Mikrosporie	– Übertragung besonders durch Hunde und Katzen – Pilzbedingte Hautveränderung bei Hunden zu 20–50% Mikrosporie. Auch bei Kindern häufig nachgewiesen. **Hände waschen!**
Trichophytie	– Übertragung durch Hunde und viele andere Tiere – Bei 20% der erkrankten Menschen lässt sich die Übertragung durch Tiere nachweisen; sehr selten durch erkrankte Hunde! **Hände waschen!**
Parasitenbedingte Zoonosen	
Kryptosporidiose (meldepflichtig)	– Übertragung durch Hunde und Katzen – Ansteckung des Menschen durch orale Aufnahme. Nachweisrate in Hundekot 0%–1,3%. **Hände waschen!**

Giardiose (meldepflichtig)	– Übertragung vor allem durch Hunde und Katzen – Ansteckung des Menschen durch orale Aufnahme. Nachweisrate in Hundekot 4–9 %; bei Welpen bis 20 %. **Hände waschen!**
Alveoläre Echinokokkose (Fuchsbandwurm) (meldepflichtig)	– Übertragung durch Hunde, Katzen und Füchse – Ansteckung des Menschen durch orale Aufnahme. 1–6 % der Hunde (vor allem streunende) infiziert. 1998 bei 806 Hunden kein Befall! **Regelmäßige Wurmkur/Kotprobe(?)**
Zystische Echinokokkose (Hundebandwurm) (meldepflichtig)	– Übertragung durch Hunde und Katzen – Ansteckung des Menschen durch orale Aufnahme. Kann lebensbedrohlich sein! 1998 bei 806 Hunden kein Befall! **Regelmäßige Wurmkur/Kotprobe(?)**
Toxocariasis (Spulwurm)	– Übertragung durch Hunde und Katzen – Erkrankungen beim Menschen symptomlos oder wird nicht erkannt! 5–21 % der Hunde in Privathaushalten befallen! **Regelmäßige Wurmkur/Kotprobe(?)**

Hieraus ergeben sich die folgenden Maßnahmen, die die Übertragung von Zoonosen unterbinden bzw. einschränken und auch in der Hygieneplanergänzung Beachtung gefunden haben:

- Hände waschen!!
- Kot einsammeln!
- Tollwutimpfung
- regelmäßige Entwurmung/Kotproben ca. 2–4 × im Jahr (bei erwachsenen Hunden)
- ggf. Wunddesinfektion
- sterilisiertes Fertigfutter
- Hunde von Sandkästen fernhalten

Nach Dr. Andreas Schwarzkopf gibt es folgende Übertragungswege von Zoonosen zwischen Tier und Mensch[226]:

- **Tier – Tier – Mensch** Die Übertragung erfolgt hier oft über Kontakt und Belecken der Tiere untereinander und danach Kontakt zum Menschen.
- **Futter – Tier – Mensch** Über kontaminiertes Futter erkranken die Hunde und/oder werden Ausscheider.
- **Tier – Vektor – Mensch** Insekten nehmen durch Stiche oder Bisse Erreger auf und geben sie an den Menschen weiter.

[226] vgl. Schwarzkopf, S. 12 f.

- **Tier – Lebensmittel – Mensch** Tiere übertragen Erreger auf Lebensmittel, die gegessen werden.
- **Tier – Luft – Mensch** Erreger gelangen z.B. von getrocknetem Tierkot in die Luft und werden eingeatmet.
- **Tier – Wasser – Mensch** Über das Wasser können Erreger z.B. über kleine Wunden oder Trinken auf den Menschen übertragen werden.
- **Mensch – Tier – Mensch** Auch Menschen können Tiere kontaminieren, und die Erreger werden dann über das Tier an andere Menschen weitergegeben.

Weiterführende Informationen zu den Zoonosen sind u.a. auch auf der Homepage www.msd-tiergesundheit.de zu finden.

5.2.3 Gesundheitsprophylaxe-Protokoll Schulbegleithund

Name des Hundes:

Geburtsdatum:

Rasse:

Geschlecht:

Mikrochip-Nr.:

Versichers.-Nr.:

Name des Halters:

Adresse:

Telefon, E-Mail

Datum	Art der Prophylaxe / Behandlung	nächster Termin

5.2.4 Quellen

Hygieneplanergänzung – Hundeeinsatz in der Kindertagesstätte; Anlage aus dem Buch **Markgraf, Anne / Grünig, Christina** (2018): Hunde in Kita und Vorschule, Nerdlen/Daun: Kynos Verlag

Infektionsschutz.de
unter https://www.infektionsschutz.de/hygienetipps/hygiene-und-tiere/ 06.01.2020

Infektionsschutzgesetz
unter https://www.gesetze-im-internet.de/ifsg/ 06.01.2020

Rahmen-Hygieneplan für Schulen und sonstige Ausbildungseinrichtungen für Kinder und Jugendliche unter
https://www.lzg.nrw.de/_php/login/dl.php?u=/_media/pdf/service/Pub/krankenhaushygiene/3a_hygieneplan_schulen_april_2015.pdf 06.01.2020

Robert Koch-Institut (2003): Heimtierhaltung – Chancen und Risiken für die Gesundheit, Heft 19

Schulhundweb schulhundweb.de
„Selbstverpflichtung“ unter schulhundweb.de/index.php?title=Selbstverpflichtung 06.01.2020

Schwarzkopf, Andreas (2011): Tiere in Einrichtungen des Gesundheitsdienstes und der Pädagogik – Eine Handreichung zur Planung Tiergestützter Therapie aus hygienischer Sicht

TVT-Merkblatt Nr. 131.4 Hunde
unter https://www.tierschutz-tvt.de/alle-merkblaetter-und-stellungnahmen 06.01.2019

5.3 Stress

Das Thema „Stress“ spielt in unserer heutigen Gesellschaft eine große Rolle, und ihm wird seit ca. zwei Jahrzehnten auch beim Hund größere Bedeutung beigemessen. Es geht hier aber nicht um den umgangssprachlichen Begriff „Stress“, sondern um den biologischen Vorgang bei „Stress“ im Körper.

„In diesem Zusammenhang stellt Stress eine messbare Reaktion des Körpers auf bestimmte innere und äußere Einflüsse dar“, schreibt Heike Westedt. Aber „es bleibt festzustellen, Stress gehört zum Leben und ist nicht per se schlecht. Das Übermaß und die mangelnde Möglichkeit, Stressreaktionen richtig abzuarbeiten, stellen das eigentliche Problem dar“[227].

Bei Menschen und bei Hunden zeigt sich Stress nach außen auf sehr unterschiedliche Weise, und als Hundehalter ist es nicht möglich, den Stress z.B. anhand des Cortisolspiegels im Speichel des Hundes zu messen. Deshalb müssen wir lernen, Reaktionen unseres Hundes differenziert wahrzunehmen, ihre Bedeutungen zu erfassen um ggf. adäquat zu reagieren.

[227] Westedt 2013, S. 37

Die folgenden Übersichtstabellen sollen helfen, Verhaltensweisen von Hunden gezielter wahrzunehmen, sie zunehmend besser zu interpretieren und somit besonders die Hunde, die in der Schule agieren, adäquater zu unterstützen.

Nach Manuela Nemeth wird häufig eine „Vielzahl an Körpersignalen gar nicht gesehen oder erkannt, falsch gedeutet oder auch überzogen eingereiht"[228]. **Definitiv muss immer die gesamte Situation und der individuelle Hundetyp betrachtet werden, um die Signale richtig einschätzen zu können!**

Es muss auch immer im Blick behalten werden, dass Stress normal und lebenswichtig ist! Nur ein Zuviel ist schädlich und kann nach Westedt z.B. durch folgende Faktoren verursacht werden:

Soziologische Stressoren:
Schlechte Sozialisierung, Veränderung der Umwelt, schlechter Kontakt mit Hunden und/oder Menschen, kein Sozialkontakt, Strafe, Druck

Psychologische Stressoren:
Angst, Unsicherheit, unerfüllte Erwartungen, nicht erfüllte Grundbedürfnisse, Liebes- und Vertrauensentzug, Gewalt und Zwang in der Erziehung, Erwartungsunsicherheit und erlernte Hilflosigkeit

Physiologische Stressoren:
Hunger, Durst, falsche Ernährung, Krankheit, Schmerz, Kälte oder Hitze, zu wenig Schlaf und Ruhe, zu wenig oder zu viel Bewegung, die falsche Bewegung, Medikamente[229]

5.3.1 Stresssymptome Hund

Nach dem Buch von Martina Nagel und Clarissa von Reinhardt „Stress bei Hunden" von 2003 wurde hier eine Übersicht von Stress-Symptomen erstellt, da diese dort besonders ausführlich dargestellt wurden.[230] Sie können dabei helfen, den Stress des eigenen Hundes etwas besser einzuschätzen.

Wichtig ist dabei, dass es kein allgemeingültiges Maß für Stress gibt, sondern nur die genaue Beobachtung des Hundes weiterhilft.[231] Stress hat unzählige Gesichter, aber in vielen Fällen zeigen Hunde immer ein ähnliches Stressverhalten.[232]

Die Stress-Symptome wurden zur besseren Übersicht in Gruppen unterteilt.

[228] Nemeth 2017, S. 9

[229] vgl. Westedt, S. 39

[230] Nagel/v.Reinhardt 2003, S. 26 ff.

[231] vgl. Westedt 2013, S. 39

[232] vgl. Westedt 2013, S. 40

Allgemeine Stress-Symptome	++	+	+ -	-	- -
Nervosität					
Ruhelosigkeit					
Überreaktion					
Beschwichtigungssignale (vermehrt)					
ungesundes Aussehen					
Gegenstände zerstören					
übertriebene Lautäußerungen					
Allergien					
verhärtete Muskeln durch erhöhten Muskeltonus					
schlechte Konzentrationsfähigkeit					
Vergesslichkeit					
Übersprungshandlungen					
Passivität					
Haut-/Fellveränderungen	++	+	+ -	-	- -
übertriebene Körperpflege					
Tasthaare im Kopfbereich aufstellen					
Fell im Nacken- und Rückenbereich aufstellen					
Schuppenbildung (plötzlich)					
Haarausfall (plötzlich)					
schlechte Fellbeschaffenheit, starker Haarausfall					
Hautprobleme					
Veränderungen Nahrungsaufnahme und -abgabe	++	+	+ -	-	- -
Koten und Urinieren (vermehrt)					
Störungen im Magen-Darm-Trakt					

Appetitlosigkeit					
Fresssucht					
unangenehmer Körper- und Mundgeruch					
Stressanzeichen aus dem Sexualverhalten	++	+	+ -	-	- -
Ausschachteln des Penis beim Rüden					
Aufreiten					
Hypersexualität /Hyposexualität					
veränderter Sexualzyklus					
Sonstige körperliche Veränderungen	++	+	+ -	-	- -
veränderte Augenfarbe					
weit aufgerissene Augen/flackernder Blick					
Hecheln					
tropfende Nase					
Schweißpfoten					
Zittern					
Verhaltensveränderungen	++	+	+ -	-	- -
Hektisches Um-sich-Schnappen					
Fixierung eines Lebewesens oder Gegenstandes					
Fixierung auf Reize wie Lichtkegel, Fliegen etc.					
Stereotypien					
in die Leine beißen					
Schütteln (nach einer stressigen Situation)					

5.3.2 Beschwichtigungssignale Hund

In diesem Zusammenhang erscheint es mir wichtig, sich auch noch einmal die von Turid Rugaas erläuterten „Calming Signals“ bzw. „Beschwichtigungssignale“ genauer anzuschauen, auch wenn sie allgemein recht unterschiedlich bewertet werden.

Sie dienen bei Hunden dazu, einen Konflikt zu vermeiden und ein Gegenüber oder den Hund selbst zu beruhigen. Somit tragen sie ggf. auch dazu bei, Stress zu vermeiden oder zeigen bei gehäuftem Auftreten auch deutlich Stress an.

Auch James O'Heare weist darauf hin, dass manche der Beschwichtigungssignale zu Stresssignalen oder Übersprunghandlungen werden können.[233]

Hier sind Beschwichtigungssignale nach Manuela Nemeth aufgeführt.[234]

Beschwichtigungssignale können bei gehäuftem Auftreten Stresssignale sein	++	+	+ -
Kopf /Blick abwenden			
Körper abwenden			
am Boden schnüffeln (Blick in andere Richtung)			
im Bogen gehen			
Pfote heben			
züngeln / Nase lecken			
verlangsamte Bewegungen			
erstarren / einfrieren			
Schwanz wedeln (tiefe Rutenhaltung)			
Spielsignale			
Vorderkörpertiefstellung			
Spielbeißen			
Lächeln			
hinsetzen/ hinlegen			
splitten / dazwischengehen (übertrieben)			
gähnen			
markieren / urinieren			
Ohrenstellung			

233 O'Heare 2009, S. 42

234 vgl. Nemeth 2017, S. 16ff.

Nach James O'Heare führt jede biologische und psychische Anforderung zu Stress, und die Reaktion auf Stress wird auch „durch ererbte Merkmale des limbischen Systems und des vegetativen Nervensystems bestimmt"[235]. So reagieren manche Hunde ruhiger und emotional ausgeglichener, andere sensibler und überemotional, manche neigen zu neurotischen Entwicklungen und andere sind anfällig für psychosomatische Erkrankungen.[236]

Bei chronischem Stress „hält der Körper den Notfallstatus über einen längeren Zeitraum aufrecht und verbraucht dadurch selbst die wertvollen Ressourcen seines Körpers"[237]. „Früher hat man Stress in ‚Dystress' und ‚Eustress' unterteilt." „In der heutigen Literatur findet man zunehmend die Unterscheidung von kontrollier- und unkontrollierbarem Stress."[238]

Neben einer guten Beobachtung des Hundes kann auch der Pulsschlag des Hundes Aufschluss darüber geben, ob er mehr oder weniger gestresst ist. Dazu muss aber zunächst eine langsame Gewöhnung an das regelmäßige Pulsmessen erfolgen, damit es nicht selbst zum Stress wird.

Der Puls beim Hund wird am besten an der Oberschenkelarterie gemessen, die an der Schenkelinnenseite liegt. Eine gute Anleitung ist unter www.erste-hilfe-beim-hund.de zu finden. Grundsätzlich geht es, wie beim Menschen, um den Pulsschlag innerhalb einer Minute. Es kann aber auch nur über 15 Sekunden gezählt werden, und das Ergebnis wird mit 4 multipliziert.

Dabei ist zu beachten, dass der Pulsschlag bei allen Hunden eine Arrhythmie aufweist, also unregelmäßig schlägt und nach unseren Erfahrungen die allgemein angegebenen Werte im Netz (große Hunde 80 – 100; kleinere Hunde 100 – 120) zu hoch angesetzt sind. Bitte auf keinen Fall, wie auf der angegebenen Seite für den Notfall angegeben, den Hund mit Maulschlinge und Seitenlage zum Pulsmessen zwingen!!

Eine regelmäßige Messung (in verschiedenen Erregungszuständen ...) über einen längeren Zeitraum und das Erstellen eines individuellen Pulsprotokolls, kann zunächst einmal helfen, einen Ruhepuls zu ermitteln. Dieser kann dabei unterstützen, Stresssituationen für den Hund besser zu erkennen und einzuschätzen.

235 O'Heare 2009, S. 30 f.

236 vgl. O'Heare 2009, S. 31 f.

237 O'Heare 2009, S. 33

238 Westedt 2013; S. 39

5.3.3 Muster Pulsprotokoll

Datum/Uhrzeit	Pulsfrequenz	vorherige Tätigkeit

5.4 Leitfaden Qualitätsanalyse Schulbegleithund

In Orientierung an Dr. Rainer Wohlfarth und Prof. Dr. Erhard Olbrich „Qualitätsentwicklung und Qualitätssicherung in der Praxis der tiergestützten Intervention" 2014.

1.	**Qualifikationen HundebesitzerIn und Mensch-Hund-Team**
1.1	**Berufliche Qualifikationen der HundebesitzerIn**
1.1.1	Abschluss des Studiums/der Ausbildung als ____ Beruflich tätig seit _________________ bis ____________________________
1.1.2	Abschluss des Studiums/der Ausbildung als ____ Beruflich tätig seit _________________ bis ____________________________
1.1.3	Abschluss des Studiums/der Ausbildung als ____ Beruflich tätig seit _________________ bis ____________________________
1.2	**Qualifikationen der HundebesitzerIn zur „Tiergestützten Intervention"**
1.2.1	Weiterbildung bei ____ Stundenumfang: ______________ Zertifikat am ___________________________
1.2.2	Weiterbildung bei ____ Stundenumfang: ______________ Zertifikat am ___________________________
1.2.3	Weiterbildung bei ____ Stundenumfang: ______________ Zertifikat am _________________
1.3	**Qualifikationen im Mensch-Hund-Team**
1.3.1	Weiterbildung bei ____ _ Stundenumfang: ______________ Zertifikat am ___________________________ mit dem Hund ____
1.3.2	Weiterbildung bei ____ Stundenumfang: ______________ Zertifikat am ___________________________ mit dem Hund ____

1.3.3	Weiterbildung bei ____ Stundenumfang: ______________ Zertifikat am ___________________________ mit dem Hund ____
1.4	**Fortbildungen der HundebesitzerIn zur „Tiergestützten Intervention“**
1.4.1	Fortbildung bei ____ Stundenumfang: ______________ Datum _________________________________
1.4.2	Fortbildung bei ____ Stundenumfang: ______________ Datum _________________________________
1.5	**Fortbildungen der HundebesitzerIn zum Thema „Hund“**
1.5.1	Fortbildung bei ____ Stundenumfang: ______________ Datum _________________________________
1.5.2	Fortbildung bei _ Stundenumfang: ______________ Datum _________________________________
1.6	**Fortbildungen im Mensch-Hund-Team zur „Tiergestützten Intervention“**
1.6.1	Fortbildung bei ____ Stundenumfang: ______________ Datum _________________________________
1.6.2	Fortbildung bei ____ Stundenumfang: ______________ Datum _________________________________
1.7	**Fortbildungen im Mensch-Hund-Team zum Thema „Hund“**
1.7.1	Fortbildung bei ____ Stundenumfang: ______________ Datum _________________________________
1.7.2	Fortbildung bei ____ Stundenumfang: ______________ Datum _________________________________

2. Voraussetzungen des Hundes

2.1 Allgemeine Voraussetzungen

2.1.1 Name des Hundes ________________
2.1.2 Rasse des Hundes ________________
2.1.3 Geburtsdatum ________________
2.1.4 Chipnummer ________________

2.1.3 Der Hund lebt

- ☐ bei einer Einzelperson
- ☐ bei einem Paar
- ☐ in einer Familie mit ein bis zwei Kindern
- ☐ in einer Familie mit mehr als zwei Kindern
- ☐ in einem Haushalt mit mehr als 6 Personen

2.1.4 Der Hund lebt

- ☐ in einer Etagenwohnung
- ☐ in einer Parterrewohnung
- ☐ in einer Wohnung mit Garten
- ☐ in einem Haus mit Garten
- ☐ in der Innenstadt
- ☐ in einem städtischen Außenbezirk
- ☐ in einem Dorf
- ☐ sehr ländlich
- ☐ in Einzellage

2.1.5 Der Hund kann

- ☐ sich selbstständig überall in Haus und Garten frei bewegen
- ☐ sich kontrolliert frei in Haus und Garten bewegen
- ☐ sich nur in begrenzten Bereichen frei bewegen
- ☐ sich außerhalb der Wohnräume nur mit seiner Besitzerin frei bewegen
- ☐ sich außerhalb der Wohnräume teilweise unter Aufsicht frei bewegen
- ☐ sich außerhalb der Wohnräume nur angeleint bewegen

2.2 Hygienische Voraussetzungen

2.2.1 Impfpassnummer ____________________________
2.2.2 letztes Gesundheitsattest ____________________________
2.2.3 letzte Tollwutimpfung ____________________________

2.2.4 letzte Entwurmung/negative Kotprobe ____________________________
2.2.5 letzte Zeckenprophylaxe ____________________________
2.2.6 sonstige Prophylaxe/Behandlung ____________________________

2.3 Rechtliche Voraussetzungen

2.3.1 Tierhalterhaftpflicht bei ____________________________
2.3.2 Versicherungsnummer ____________________________
2.3.3. Bestätigung auch für den Schuleinsatz am ____________________________

2.3.4 Verhaltensüberprüfung des Hundes/ Freigabe zum Einsatz in der Schule
am ___________________________
durch ____

2.4 Finanzielle Voraussetzungen

2.4.1 Die Finanzierung
- ☐ erfolgt ausschließlich durch die Hundebesitzerin
- ☐ der Weiterbildung wird anteilig von der Schule/dem Förderverein übernommen
- ☐ der Weiterbildung wird von der Schule/dem Förderverein übernommen
- ☐ der Weiterbildung und die Hundesteuern werden von der Schule/dem Förderverein übernommen
- ☐ des Hundes wird von der Schule vollständig übernommen

3.	Voraussetzungen in der Schule	
3.1	**Rechtliche Voraussetzungen**	
3.1.1	Information der Schulleitung am	______________
	Genehmigung der Schulleitung am	______________
3.1.2	Information der Lehrerkonferenz am	______________
	mehrheitliche Zustimmung der Lehrerkonferenz am	______________
3.1.3	Information der Schulpflegschaft / Schulkonferenz am	______________
3.1.4	Information des Schulträgers am	______________
3.1.5	Information des Hausmeisters am	______________
3.1.6	Information der Eltern am	______________
3.2	**Fahrtechnische Voraussetzungen**	
3.2.1	Für den Einsatz des Hundes kann die Besitzerin ☐ den Hund immer nur für den ganzen Schultag mitbringen ☐ den Hund ggf. in den Pausen wieder nach Hause bringen oder holen ☐ den Hund bringen oder abholen lassen	
3.2.2	Auslaufmöglichkeiten ☐ bestehen direkt im Umfeld der Schule ☐ sind in der näheren Umgebung möglich ☐ erfordern einen etwas längeren Lauf- oder Fahrweg	
3.3	**Räumliche Voraussetzungen in der Schule**	
3.3.1	Der Einsatz des Hundes ☐ erfolgt überwiegend in einem (Klassen-)raum ☐ erfolgt in ein bis zwei (Klassen-)räumen ☐ erfolgt in mehreren (Klassen-)räumen	
3.3.2	Für den Einsatz des Hundes steht in dem Raum/den Räumen ☐ ein separater Nebenraum zur Verfügung ☐ eine spezielle Hundebox zur Verfügung ☐ eine geschützte Ruheecke zur Verfügung	
3.3.3	Der Hund ☐ ist immer bereits vor den Schülern in dem Raum ☐ kommt mit den Schülern in den Raum ☐ kann nach den Schülern in den Raum geholt werden	

3.3.4 Für den Hund steht außerhalb des Einsatzes

- ☐ ein spezieller Ruheraum zur alleinigen Nutzung zur Verfügung
- ☐ ein relativ ruhiger Raum zum Ruhen in der Box zur Verfügung
- ☐ ein Raum ohne Publikumsverkehr bei einer Kollegin zur Verfügung
- ☐ das Lehrerzimmer zum Ruhen in der Box zur Verfügung
- ☐ ....

3.3.5 Für Materialien zur hundegestützten Pädagogik steht

- ☐ ein Raum zur alleinigen Nutzung zur Verfügung
- ☐ ein Raum zur allgemeinen Nutzung zur Verfügung
- ☐ ein separater Schrank in jedem Raum zur Verfügung
- ☐ ein separater Schrank in einem Raum zur Verfügung
- ☐ kein besonderer Raum oder Schrank zur Verfügung

3.4 Stundenplantechnische Voraussetzungen

3.4.1 Für den Einsatz des Hundes kann die Besitzerin

- ☐ Stundenplanwünsche äußern, die Priorität besitzen
- ☐ Stundenplanwünsche äußern, die tendenziell erfüllt werden
- ☐ wenig Einfluss auf die Stundenplangestaltung nehmen
- ☐ keinen Einfluss auf die Stundenplangestaltung nehmen

3.5 Geplanter Einsatz des Hundes

3.5.1 Der Einsatz des Hundes erfolgt

- ☐ nur in einer Klasse mit _____ SchülerInnen
- ☐ in zwei Klassen mit _____ bzw. _____ SchülerInnen
- ☐ in mehreren Klassen mit jeweils ca. _____ SchülerInnen
- ☐ in Einzelarbeit
- ☐ in Kleingruppen mit ca. _____ SchülerInnen
- ☐ in der Ganztagsbetreuung mit _____ SchülerInnen
- ☐ in ____

3.5.2 Der Hund wird in der Regel eingesetzt

- ☐ nur eine Stunde in der Woche
- ☐ ca. 2 Stunden in der Woche
- ☐ ca. 3 – 4 Stunden in der Woche
- ☐ 5-10 Stunden in der Woche an 2 – 3 Tagen
- ☐ 10 – 15 Stunden in der Woche an _____ Tagen
- ☐ täglich an _____ Tagen in der Woche

4.	Konzept und Pläne
4.1	**Konzept Schulhund**
4.1.1	Erstellt am ________________ Überprüfung am ________________
4.1.2	Enthaltene Daten zu Schule, Hundebesitzerin und Hund ☐ Name der Schule ☐ Schulart ☐ Anzahl der Schülerschaft ☐ Schulhundbesitzerin ☐ Funktion an der Schule ☐ Kontaktdaten ☐ Name des Hundes ☐ Rasse ☐ Geburtsdatum
4.1.3	Enthaltene rechtliche Voraussetzungen ☐ Datum der Genehmigung der Schulleitung ☐ Information/Genehmigung weiterer Gremien bzw. Ämter ☐ abgeschlossene Tierhalterhaftpflichtversicherung ☐ begonnene/absolvierte Team-Weiterbildung ☐ ggf. unterschriebene Selbstverpflichtung ☐ Finanzierung ☐ aufgestellte Regeln ☐ Abfrage Allergien und massive Ängste ☐ Hygieneplan ☐ Notfallplan
4.1.4	Angaben zum Einsatzhintergrund ☐ Informationen zum Einsatzhintergrund ☐ allgemeine Einsatzziele bzw. -schwerpunkte
4.1.5	Angaben zum Einsatz des Hundes ☐ Einsatz seit ☐ Einsatz nur im Mensch-Hund-Team ☐ Freiwilligkeit aller Beteiligten ☐ aufgestellte Regeln ☐ zurzeit Einsatz in den Klassen, Gruppen mit Schülerzahl ☐ Stärken des Hundes ☐ individuelle Ziele des Hundeeinsatzes

4.2 Hygieneplan	
4.2.1 Erstellt am	________________
Überprüfung am	________________
4.2.2 Erstellt für den Hund/die Hunde	
Name des Hundes	______________________________
Geburtsdatum	______________________________
Chipnummer	______________________________
letztes Gesundheitsattest am/durch	______________________________
letzte Tollwutimpfung am	______________________________
letzte Entwurmung/Kotprobe	______________________________
Ektoparasitenbehandlung/-prophylaxe	______________________________
letzte Begutachtung Verhalten am/durch	______________________________
4.2.3 Die verantwortliche HundebesitzerIn	______________________________
erfüllt folgende Voraussetzungen	
☐ umfassende Hundesachkunde der Besitzerin	
☐ artgerechte, tierschutzgerechte Unterbringung des Hundes	
☐ adäquate Versorgung des Hundes	
☐ gut geplanter, gezielter Einsatz des Hundes	
☐ Dokumentation des Einsatzes	
4.2.4 Der Einsatz des Hundes erfolgt nur nach	
☐ der Zustimmung der Schulleitung	
☐ der Information aller Beteiligten im schulischen Bereich	
☐ der Information der Eltern und Schüler	
☐ der Abfrage von Allergien, massiven Ängsten etc.	
4.2.5 Der Einsatz des Hundes erfordert	
☐ ein gesundes, gepflegtes Tier	
☐ eine adäquate Aufbewahrung und Reinigung der Hundeutensilien	
☐ einen Einsatz nur im Team	
☐ aufgestellte Regeln für die Schüler	
☐ eine Zugangsbeschränkung für Küchenbereiche	
4.3 Notfallplan	
4.3.1 Erstellt am	________________
Überprüfung am	________________

4.3.2 Bei kleinen Problemen/Verletzungen in der Klasse

- ☐ kann der Hund sicher auf seinem Ruheplatz abgelegt werden
- ☐ wird der Hund in einer verschließbaren Hundebox untergebracht
- ☐ wird der Hund in einen Nebenraum geschickt
- ☐ ....

4.3.3 Bei größeren Problemen/Verletzungen in der Klasse

- ☐ wird der Hund in einer verschließbaren Hundebox untergebracht
- ☐ wird der Hund in einen Nebenraum geschickt
- ☐ wird der Hund von einem/r bekannten SchulmitarbeiterIn abgeholt
- ☐ ....

4.3.4 Bei einer Feueralarmübung in der Schule

- ☐ bleibt der Hund zu Hause
- ☐ wird der Hund im Vorfeld langsam an die Übung gewöhnt
- ☐ muss der Hund, wie die Schüler, den Ablauf praktisch absolvieren
- ☐ bleibt der Hund einfach in der Klasse

4.3.5 Bei einer Erkrankung/Verletzung des Hundes in der Schule

- ☐ kann er von einer vertrauten Person abgeholt und versorgt werden
- ☐ kann er von der Besitzerin betreut werden, und Vertretung für die Schüler wird organisiert
- ☐ wird der Hund von einem/r bekannten SchulmitarbeiterIn versorgt
- ☐ muss der Hund bis zum Unterrichtsende im Unterricht bleiben

4.3.5 Bei einer plötzlichen Erkrankung/Verletzung der Besitzerin in der Schule

- ☐ wird der Hund von einer vertrauten Person abgeholt und versorgt
- ☐ wird der Hund von einem/r bekannten SchulmitarbeiterIn versorgt
- ☐ wird der Hund irgendwo separiert
- ☐ ....

5. Dokumentation und Evaluation

5.1 Dokumentation

5.1.1 Eine Basisdokumentation zum Einsatz des Hundes

- ☐ wird ins Klassenbuch eingetragen
- ☐ wird in einem separaten Logbuch für den Hundeeinsatz notiert
- ☐ ist integriert in eine ausführlichere Verlaufs-Dokumentation
- ☐ ....

5.1.2 Vor dem Einsatz des Hundes werden angestrebte Ziele herausgearbeitet und

- ☐ in den Förderplänen der Schüler notiert
- ☐ für einzelne Schüler notiert
- ☐ für die gesamte Klasse notiert
- ☐ durch Filmaufnahmen dokumentiert
- ☐ ....

5.1.3 Die angestrebten Ziele werden

- ☐ stündlich überprüft
- ☐ täglich überprüft
- ☐ wöchentlich überprüft
- ☐ monatlich überprüft
- ☐ immer vor den Ferien überprüft
- ☐ halbjährlich überprüft
- ☐ jährlich überprüft

5.2 Evaluation

5.2.1 Eine Bestandsaufnahme vor dem Einsatz des Hundes erfolgt

- ☐ nicht
- ☐ nach Aktenlage
- ☐ durch Befragung der Schüler
- ☐ durch Befragung der KollegInnen
- ☐ durch Befragung der Eltern

5.2.2 In die Verlaufsdokumentation sind

- ☐ feste Evaluationszeitpunkte jährlich eingeplant
- ☐ feste Evaluationszeitpunkte halbjährlich eingeplant
- ☐ feste Evaluationszeitpunkte vierteljährlich eingeplant
- ☐ feste Evaluationszeitpunkte monatlich eingeplant

5.2.3 In die Evaluation sind mit eingebunden ☐ die betroffenen SchülerInnen ☐ die beteiligten PädagogInnen ☐ die Eltern
5.2.4 Die Evaluation erfolgt über ☐ die Fehltage der SchülerInnen im Klassenbuch ☐ Aussagen der SchülerInnen ☐ Verhaltensbeobachtungen der SchülerInnen ☐ eine Fragebogenaktion der SchülerInnen ☐ einen wissenschaftlichen Test der SchülerInnen ☐ eine Fragebogenaktion der KollegInnen ☐ eine Fragebogenaktion der Eltern
5.2.5 Die Evaluationsergebnisse werden ☐ mit den SchülerInnen besprochen ☐ den anderen PädagogInnen zur Verfügung gestellt ☐ den Eltern zur Verfügung gestellt ☐ in den Medien der Schule veröffentlicht

5.5 Geschichte der Doodle

Als Anlage möchte ich hier kurz über die interessante Entstehung der Doodle berichten, die im Verlauf des Buches etwas unangebracht erschien, aber aus meiner Sicht trotzdem mitteilenswert ist. Doodle werden in den letzten Jahren vermehrt im Bereich der Tiergestützten Intervention eingesetzt, wie die Übersicht über die Hunde in unseren Seminaren und in Rheinland-Pfalz belegt hat.

Die Geschichte der Doodle begann 1988 in Australien, da eine Frau aus Hawaii einen Blindenführhund benötigte, deren Mann allergisch auf Hundehaare reagierte. Da sich über 30 ausgesuchte Großpudel nicht als Blindenführhunde eigneten, wurde schließlich ein weißer Großpudel aus Schweden mit einem Labrador in Australien gepaart. In dem Wurf aus 3 Welpen verursachte ein Hund bei dem Ehemann keine Allergie, aber keine Patenfamilie wollte einen Mischling aufnehmen, und so wurde von Wally Conron die Rasse „Labradoodle" erfunden.[239]

Über die Medien verbreitete sich die Geschichte über den neuen „Designerhund", der keine Allergien auslöst, schnell, aber der australische Zuchtverband verhinderte zunächst durch Zuchtverbote, dass die beiden Rassen bewusst verpaart wurden. Trotzdem wurden in den folgenden zwei Jahren 31 Welpen geboren, von denen 29 Blindenführhunde wurden. Aber da nur ein Teil der Welpen allergikerfreundlich war, stellte die Royal Guide Dog Association bereits zwei Jahre später die Zucht des Labradoodle wieder ein.

Zwei australische Züchterinnen gründeten aber kurz darauf *„die Zuchtforschungsorganisation Rutland Manor und Tegan Park. Hier führten sie gezielt die Zucht der allergikerfreundlichen Labradoodles, allerdings als Familienhunde, fort und verpaarten nicht nur Labradore mit Großpudeln, sondern ebenfalls Labradoodle mit Labradoodle in mehreren Generationen. Um die von ihnen gewünschten Eigenschaften, wie für Allergiker und Asthmatiker geeignet zu sein, sowie Felltypen und die Eignung als Therapie- und Familienhunde zu verbessern, kreuzten sie Irish Water Spaniel, sowie den Amerikanischen und Englischen Cocker Spaniel ein. Diese neue Rasse nannten sie den Australian Labradoodle"*[240].

Seit Mitte 2000 werden in Deutschland sowohl Labradoodle als auch Australian Labradoodle gezüchtet. *„Durch die enorme Popularität der Rasse der Australian Labradoodle versuchen viele ‚Hunde-Vermehrer' ein Stück von ‚Kuchen' ab zu bekommen. Nicht nur, dass diese ‚Züchter' experimentieren, sie nutzen die Möglichkeit gute Zuchthunde in ihre Zuchtlinien einzukreuzen um ihre eigenen Hunde aufzuwerten. Die Welpenkäufer solcher ‚Züchter' wissen nicht ob die Welpen über die versprochenen Eigenschaften und/oder über die richtige Abstammung verfügen."*

„Die seriösen und verantwortungsvollen Züchter haben sich zur Aufgabe gemacht den original Australian Labradoodle zu bewahren und sind sich einig, dass keine weiteren Einkreuzungen

[239] vgl. Arnold, Barbara: Rasseporträt Labradoodle – Der Hilfshund. In: Dogs & Jobs September /Oktober 2016 S. 61ff.

[240] vgl. Arnold, Barbara: Rasseporträt Labradoodle – Der Hilfshund. In: Dogs & Jobs September /Oktober 2016 S. 64

in diese Rasse mehr vorgenommen werden dürfen. Diese Züchter werden sorgfältig die Ahnentafeln studieren um verantwortungsvoll weiter zu züchten."[241]

„Da es sich beim Australian Labradoodle ... um eine sehr junge Rasse ... handelt, die sich noch in der Entwicklung befindet, schreiben alle Zuchtverbände vor, dass die Hunde zwingend kastriert oder sterilisiert werden müssen. Die Züchter in Australien und in Amerika kastrieren/sterilisieren ihre Hunde bereits im Welpenalter. Auch einige Züchter in Europa gehen so vor."[242]

Zurzeit ist der Australian Labradoodle m. W. aber noch nicht als Rasse anerkannt, und parallel haben sich vielfältige Mischungen des Pudels mit anderen Rassen ausgebreitet, die als Labradoodle, Goldendoodle, Aussiedoodle, Flatdoodle etc. bezeichnet werden und sich sehr erfolgreich verkaufen.

Nach Aussagen auf der Homepage ist demgegenüber der Australian Cobberdog durch das Internationale Register reinrassiger Hunde MDBA seit Januar 2012 anerkannt und besitzt seine eigene DNA-Sequenz. Auf der Homepage zum Australian Cobberdog wird geschrieben:

- Australian Cobberdog ist der Name, der dem reinrassigen Labradoodle zugeteilt wurde.
- Der Rassename bezieht sich auf die Aufgabe als Therapiehund. Cobberdog bedeutet Hund-Freund.
- Der Cobberdog ist reinrassig und besitzt seine eigene stabile DANN-Sequenz, und ausschließlich die Züchter, die Mitglieder des MDBA sind, können Pedigrees des Australian Cobberdogs ausstellen.
- Die grundlegenden Zuchtkriterien des Australian Cobberdogs bestehen aus der Auswahl eines Charakters, der geeignet für Therapie- und Assistenzhunde ist, sowie einem hypoallergenen Fell.
- Der Cobberdog entwickelte sich mit einer anderen genetischen Diversität als der Labradoodle, um eine Rasse zu etablieren, die das ursprüngliche Ziel des Labradoodle beibehält: ein perfekter Therapie- und Assistenzhund zu sein.
- Der Australian Cobberdog ist beim MDBA als reinrassig eingetragen, hat einen einzigartigen Rassestandard und ein Zuchtrüden und -hündinnenregister.[243]

Jede Leserin muss sich aus diesen Informationen ihre eigene Meinung bilden.

[241] www.alfa-europe.org/DLD/Entstehungs-Geschichte.html 05.12.2019

[242] www.australianlabradoodlevomklewen.ch/w%C3%BCrfe/kastration-sterilisation 05.12.2019

[243] https://www.cobberdogking.com/de/about-australian-cobberdog/australian-cobberdog/ 06.02.2020

Bildnachweis

	Fotos Seite
Andreas Agsten	12; 102
Lydia Agsten	2; 13; 16; 24; 30; 33, 36; 40; 45; 72; 104,109; 118; 120; 121; 126; 138; 139
Industrieverband Heimtierbedarf / Zentralverband Zoologischer Fachbetriebe Deutschlands e.V.	17
Janina Blau	35
Patricia Führing	62
Nina Kerkhof	Titelfoto, 134
Annika Krüger	123
Katria Rauber	58; 63; 76
Sylke Schmidt	47, 112
Britta Schulze-Niedack	128
Petra Wegner	73
Martina Windscheif	19; 27; 43; 51; 57; 59; 61; 67; 69;71; 80; 84; 85; 87; 88; 96; 97; 108; 131; 135; 141; 147

Raum für Notizen

Raum für Notizen

So bleiben Sie im Gleichgewicht ...

Dieter Schwartz

Vernunft und Emotion

Die Ellis-Methode – Vernunft einsetzen, sich gut fühlen, mehr im Leben erreichen

Wenn wir uns schlecht fühlen und im Privat- wie im Berufsleben nicht erreichen, was wir gerne hätten (oder auch manchmal bekommen, was wir gar nicht wollen), dann liegt das nicht nur an der Wirklichkeit, wie sie ist – sondern häufig daran, wie wir die Wirklichkeit durch unsere Brille sehen. Verständlich und klar zeigt das Buch den Zusammenhang von Denken, Fühlen und Handeln. Der Leser wird angeleitet, sein Denken mit Hilfe der Vernunft zu überprüfen und eine neue hilfreiche Lebensphilosophie zu entwickeln. Diese ermöglicht es, in so unterschiedlichen Lebensbereichen wie Partnerschaft, Liebe, Sexualität und Beruf mehr persönliche Zufriedenheit zu erlangen. Auf der Grundlage Rational-Emotiver & Kognitiver Verhaltenstherapie zeigt Dieter Schwartz wie • hinderliche, negative Gefühle, beispielsweise Angstzustände, Ärger, Schuldgefühle, depressive Stimmungen u.a., in gesunde zielförderliche Gefühle umgewandelt werden können • ungesunder Stress und dysfunktionales Verhalten zu überwinden ist • man eine Lebensphilosophie im Dienste seelischer Gesundheit entwickeln und so vorbeugend mit den Widrigkeiten und möglichen Schicksalsschlägen des Lebens umgehen kann

8. Auflage, 200 S., Format DIN A5, br

ISBN 978-3-86145-344-4 | Bestell-Nr. 8395 | 15,30 Euro

Jürgen Hargens

Gut eingestimmt?

Zum Umgang mit Stimmungslagen

„Fangen Sie damit an, indem Sie daran denken, wie Sie aufgewacht sind. Überlegen Sie, was Ihnen als Erstes einfällt, was gelaufen ist, was geklappt hat, was gut war – und was dabei so unauffällig war, dass Sie es zunächst ganz selbstverständlich für nicht der Rede wert halten. Das könnte als Erstes sein, dass Sie sich sagen, ich habe schlafen können ... und das ist mein Bett. Was war das nächste kleine Selbstverständliche? Dass Sie in Ruhe Ihr Klo benutzen konnten? Dass Sie etwas zum Essen gefunden haben? Dass Sie ein Dach über dem Kopf haben? Diese Selbstverständlichkeiten gerade an trüben Tagen einmal aufzuschreiben, ist eine der vielen praktischen Übungen in Jürgens Hargens' Buch über Stimmungen.

Unsere Stimmungen schwanken, und das ist gut so. Wenn ich mich auf das natürliche Auf und Ab des Lebens einstelle, bin ich besser darauf vorbereitet und kann dann anders damit umgehen.

Ich sehe aus einer anderen Perspektive auf das, was im Augenblick angeblich nicht so gut läuft.

Jedes der elf Kapitel enthält eine bis drei Übungen, die Spaß machen, nicht länger als eine Viertelstunde dauern, und bei denen ich lerne, meine Krisen besser zu managen." Evangelische Zeitung

2. Auflage, 128 S., Format 11,5x18,5cm, Klappenbroschur

ISBN 978-3-86145-336-9 | Bestell-Nr. 8573 | 9,60 Euro

Martin Brentrup / Brigitte Geupel

Selbstwert, Selbstfürsorge und Achtsamkeit

Verfahrensübergreifendes Übungsbuch für zentrale Variablen psychotherapeutischer Prozesse

In diesem Band stellen die Autoren eine Sammlung ihrer in langjähriger Praxis erprobten Übungen aus verfahrensübergreifender Perspektive vor. Sie fokussieren mit einem ressourcenorientierten Ansatz auf die Wechselbeziehung von Selbstwert, Selbstfürsorge und Achtsamkeit.

Diese 3 Faktoren stellen Hauptziel- und Wirkebenen psychotherapeutischer Prozesse dar. Die Übungen sind leicht an Patientenmerkmale, Phasen und Prozesse anzupassen. Sie wurden aus anderen Methoden und Ansätzen verdichtet bzw. weiterentwickelt.

Wie im ersten Band der Autoren „Ideen aus der Box" wird die Textsammlung durch eine CD ergänzt. Diese enthält Materialien zum Ausdrucken und Fotos für die Arbeit mit Kraft-Quellen-Karten.

Das Buch wendet sich sowohl an Einsteiger mit entsprechender supervisorischer Unterstützung, als auch an erfahrene Tätige in den Bereichen: Psychotherapie, Beratung und Coaching.

2., verb. Auflage, 128 S., Beigabe: Bildkarten und Materialien auf CD-ROM, Format DIN A5, Ringbindung

ISBN 978-3-942976-19-0 | Bestell-Nr. 9444 | 18,80 Euro

Ben Furman

Es ist nie zu spät, eine glückliche Kindheit zu haben

In Wissenschaft und Öffentlichkeit ist der Mythos fest verankert, dass schwierige Bedingungen in der Kindheit unweigerlich zu einem unglücklichen, gefährdeten Erwachsenenleben führen. Dies kann so sein, ist aber in den meisten Fällen nicht zwangsläufig so. Furman lässt eine große Zahl von Betroffenen selbst zu Wort kommen, die einen schwierigen Start ins Leben hatten und trotzdem oder gerade deshalb ein gelungenes Leben führen konnten. Hier geht es nicht darum, die Wahrheit zu schönen oder zu verbiegen und uns selbst zu belügen, damit wir die traurige Vergangenheit in rosarotem Licht sehen! Wir sollen auch nicht so tun, als hätten wir eine glückliche Kindheit gehabt, wenn es nicht so war. Aber tief in ihrem Herzen wissen die Menschen oft, was ihnen helfen könnte, und schaffen es trotz widriger Umstände glücklich zu werden. Das Buch will Mut machen, auf die innere Stimme zu hören.

Das Buch wurde in die Liste der „Einhundert Meisterwerke der Psychotherapie" aufgenommen.

„Dieses Buch ist sehr interessant. Ich habe es in zwei Tagen ausgelesen. Es trifft meine Vergangenheit und auch meine Zukunft, und ist hilfreich für meinen Sohn, der gerade 4 1/2 Jahre alt ist. DANKE!" Leserzuschrift

8. Auflage, 112 S., Format DIN A5, br

ISBN 978-3-8080-0845-4 | Bestell-Nr. 8398 | 15,30 Euro

614/10-21

Schleefstraße 14, D-44287 Dortmund
Telefon 02 31 12 80 08, Fax 02 31 12 56 40
E-Mail: info@verlag-modernes-lernen.de
Leseproben und Bestellen im Internet: www.verlag-modernes-lernen.de

Lösungen erfinden ...

Filip Caby / Andrea Caby

Die kleine Psychotherapeutische Schatzkiste • Teil 1

Tipps und Tricks für kleine und große Probleme vom Kindes-, Jugend und Erwachsenenalter

„Das handliche Buch ist hervorragend geeignet, immer wieder eine einzelne Intervention herauszugreifen, sich mit ihr zu beschäftigen und zu üben. Dabei erheben die Cabys getreu dem systemisch-lösungsorientierten Ansatz keineswegs den Anspruch, das allein selig machende Rezept erfunden zu haben. Sie sprechen freundliche Einladungen aus, was daraus wird, bleibt jedem selbst überlassen. Wahre Kompetenz lässt sich nicht verbergen.

Deshalb mein Tipp: Greifen Sie zu, lassen Sie die exzellenten Anregungen wirken und probieren Sie aus, was Ihnen schmeckt. Finden Sie ganz im Sinne Milton Ericksons die Lösungen, von denen Sie NOCH nicht wissen, dass Sie sie kennen!" Monika Bohn, Oberursel

„Meines Erachtens darf dieses kompakte Sammelsurium 'spannender und aufregender' Interventionen in keinem Bücherregal eines Praktikers fehlen. Insgesamt kann ich konstatieren, dass das Buch 'up-to-date' ist auf dem systemischen Büchermarkt." Dennis Bohlken, systemagazin.

4., überarb. und erw. Auflage, 224 S., Format 16x23cm, Ringbindung
ISBN 978-3-942976-18-3 | Bestell-Nr. 9403 | 19,95 Euro

Andrea Caby / Filip Caby

Die kleine Psychotherapeutische Schatzkiste • Teil 2

Weitere systemisch-lösungsorientierte Interventionen für die Arbeit mit Kindern, Jugendlichen, Erwachsenen oder Familien

Das bietet die zweite Schatzkiste: • Neue Interventionen • Neue Indikationen • Erweiterung der Topics aus Band 1 • Noch mehr Beispiele! Die Arbeit mit Kindern, Jugendlichen, Erwachsenen, Familien oder Gruppen fordert den Therapeuten, Psychologen, Arzt, Pädagogen oder Berater immer wieder aufs Neue heraus ... Für jede noch so ungewöhnliche Herausforderung eine Idee zu haben, kreativ und flexibel reagieren zu können und dabei möglichst lösungsorientiert zu sein, ist nicht immer einfach. Aber es kann durchaus leichter werden, wenn erprobte Interventionen, besondere Fragen oder „verstörende" Kommentare griffbereit sind. Dies ist auch das Anliegen der Autoren in diesem zweiten Band – einer Übersicht über weitere originelle Ideen und Handlungsmöglichkeiten im beratenden oder therapeutischen Alltag. Mit etwas Phantasie, wohl platzierten Worten, einer Portion Humor, gewohnten Dingen oder unerwarteten Aktionen kann ein Gespräch plötzlich eine andere Wendung bekommen, eine Perspektive entstehen oder der Klient bzw. Patient erneut zum Nachdenken angeregt werden.

3., durchges. Auflage, 256 S., farbige Abb., 16x23cm, Ringbindung | **ISBN 978-3-942976-23-7 | Bestell-Nr. 9423 | 19,95 Euro**

Lilo Schmitz

Gut beraten in der Schule

Ein Praxisbuch

Respektvolle, klare, sparsame und humorvolle Bausteine, die das tägliche Beratungsgeschäft einfacher machen. Beratung gehört zum Kerngeschäft in der Schule. In diesem Praxisbuch finden sich respektvolle, klare, sparsame und humorvolle Bausteine, die das tägliche Beratungsgeschäft einfacher machen. Sie wollen keine Schablonen sein, sondern einen sicheren professionellen Rahmen bilden, in dem sich das individuelle ExpertInnen-Wissen und die persönliche Sensibilität der Beratenden entfalten können.

Hier finden Sie Bausteine und Anregungen für

- Beratende Gespräche mit SchülerInnen
- Beratende Gespräche mit Eltern
- Beratende Gespräche mit KollegInnen
- Moderation von kollegialer Beratung

Die Anregungen dieses Buches wollen in den Alltag übersetzt werden. Sie sind so angeordnet, dass einzelne Ideen und Bausteine gleich am nächsten Schultag erprobt und eingesetzt werden können und sich Beratung damit schrittweise verändert und leichter wird.

InteressentInnen: LehrerInnen, Schulleitungen, SchulsozialarbeiterInnen

2020, 176 S., Format 16x23cm, Klappenbroschur
ISBN 978-3-8080-0880-5 | Bestell-Nr. 4369 | 19,95 Euro

Lilo Schmitz

Lösungsorientierte Gesprächsführung

Richtig beraten mit sparsamen und entspannten Methoden

„Alles wird, trotz knackiger Kürze plausibel und anregend eingeleitet und lädt ein – entsprechend dem Wunsch der Autorin – zur Weiterentwicklung eigener Übungen in eigenen Kontexten. Besonders gut gefällt mir ihre ‚Übung in achtsamer Gelassenheit – Klagende klagen lassen' (S. 110). Hierin, wie auch in dem gesamten kleinen Buch zeigt sich eine Haltung ernsthafter Leichtigkeit mit dem Ziel, Selbstwirksamkeits-Überzeugung, Mut und Energie der KlientInnen zu fördern, ohne Mangel und Not schön zu reden." Elizabeth Kandziora, panama

„Das Buch ähnelt einem Danaergeschenk. Vergleichbar mit dem trojanischen Pferd entwickelt es während und nach der Lektüre eine Eigendynamik. Es verstört gewohnte und bewährte Beratungsstrategien. Es fordert zu einer Auseinandersetzung, zu Neuem, zu Wachstum und Weiterentwicklung heraus. Es bereichert die Welt methodischen, beratenden und therapeutischen Handelns – ein Arbeitsbuch und Handwerksinstrument, das man nicht mehr missen möchte." Jürgen Raab, socialnet.de

3., verbesserte und erweiterte Auflage, 192 S., Format DIN A5, br
ISBN 978-3-8080-0769-3 | Bestell-Nr. 8411 | 18,80 Euro

vml verlag modernes lernen

Schleefstraße 14, D-44287 Dortmund
Telefon 02 31 12 80 08, Fax 02 31 12 56 40
E-Mail: info@verlag-modernes-lernen.de
Leseproben und Bestellen im Internet: www.verlag-modernes-lernen.de

Entspannung und Konzentration

Dieter Krowatschek / Gita Krowatschek / Caroline Reid

Marburger Konzentrationstraining (MKT) für Schulkinder

„Insgesamt fällt positiv auf, dass das Training sehr konkrete Anweisungen für den Materialeinsatz gibt und somit auch LehrerInnen damit umgehen können, die für diesen Bereich keine individuelle Einweisung erhalten haben. Dieses ist um so wichtiger, wenn man bedenkt, dass im schulischen Bereich die Konzentrationsstörungen stetig zunehmen und es sich gezeigt hat, dass Kurzverfahren zur Steigerung der Konzentrationsfähigkeit und zum Abbau von Ängsten sich selten für jüngere Kinder eignen." AOL-Bücherbrief

„Im Konzept befinden sich neben ausführlicher theoretischer Anleitung auch zahllose Übungsblätter und Spielvorschläge (feste DIN A4 Kopiervorlagen), die eine leichte Durchführung ermöglichen. Dieses Programm ist gut durchdacht, leicht durchführbar und hervorragend ausgearbeitet." Nadine Wöhler, ergoXchange

11. Auflage, 260 S., farbige Abb., Groß-Format DIN A4, im Ordner, Alter: 6-12

ISBN 978-3-8080-0860-7 | Bestell-Nr. 8365 | 40,00 Euro

Dieter Krowatschek / Sybille Albrecht / Gita Krowatschek

Marburger Konzentrationstraining (MKT) für Kindergarten, Vorschule und Eingangsstufe

„Das MKT schließt jedoch eine große Lücke und bietet nun auch für Kinder, die noch nicht eingeschult wurden, die Möglichkeit einer aktiven Förderung der Konzentration und Aufmerksamkeit. Das Training kann Kinder und Eltern dabei unterstützen, die Aufmerksamkeitsspanne bewusster zu steuern sowie eine effektivere Kommunikation, Arbeitshaltung und Arbeitsstrategien zu entwickeln.

Besonders gelungen ist das Herausstellen der Bedeutung von positiven Verstärkern – dafür ein besonders großes Lob. Es ist zu hoffen, dass möglichst viele Kinder in den Kindergärten die Möglichkeit bekommen an dieser Trainingsmaßnahme teilzunehmen."

Dr. med. Bodo Pisarsky, Zeitschrift für systemische Therapie und Beratung

„Konzept, Umsetzung und die im Material angeführten Studien überzeugen. Der Ordner gehört zum grundlegenden Handwerkszeug eines jeden Pädagogen, der mit Kindern im Kindergarten- bzw. Vorschulalter zu tun hat." lernen heute

„Die Mappe gehört in jeden Kindergarten und sollte in therapeutischen Fördergruppen nicht fehlen." Uta Hengst, praxis ergotherapie

5., unveränderte Auflage, 244 S., farbige Abb., mit 100 Kopiervorlagen, Groß-Format DIN A4, im Ordner, Alter: 5-7

ISBN 978-3-86145-269-0 | Bestell-Nr. 8334 | 40,00 Euro

Dieter Krowatschek / Gordon Wingert

Das neue Marburger Verhaltenstraining (MVT)

Kinder wahrnehmen – stärken – begleiten – Ein ressourcenorientiertes Programm für die Praxis

Motorisch unruhige Kinder stellen ihre Lehrkräfte, Erzieher, Therapeuten und Familien vor besondere Herausforderungen: Aufgrund ihres Temperaments, ihrer Lebhaftigkeit und Impulsivität haben sie Schwierigkeiten • beim Einhalten von Regeln • bei der Regulation von Emotionen und • bei der Steuerung ihres Redeflusses. Anhand der bewährten Struktur haben Gordon Wingert (enger Mitarbeiter und Ko-Autor von Dieter Krowatschek) zusammen mit Prof. Dr. Caterina Gawrilow, Dr. Friederike Blume und Florian Erle das erprobte Programm komplett überarbeitet. Zusätzlich haben sie die ursprünglichen Erfolgsmerkmale um solche erweitert, die sich in den Jahren seit der ersten Manualisierung als wertvoll herausgestellt haben: Die Prinzipienorientierung – Jede Gruppe trainiert vor dem Hintergrund vereinbarter Prinzipien des Umgangs miteinander. Sie geben den Kindern wertvolle Hinweise darauf, was es heißt, erfolgreich zu sein. Der Methodenplan – Als völlig neues Element ermöglicht dieser die Systematisierung psychologischer Methoden.

6., völlig überarbeitete Auflage, 344 S., farbige Abb., viele Kopiervorlagen, Beigabe: Material zusätzlich als Download, Format DIN A4, im Ordner, Alter: 6-14

Mit Online Material

ISBN 978-3-8080-0846-1 | Bestell-Nr. 5234 | 40,00 Euro

Dieter Krowatschek / Gita Krowatschek / Gordon Wingert

Marburger Konzentrationstraining für Jugendliche (MKT-J)

„Wie in den anderen MKTs wird wieder auf die bewährte Mischung zurückgegriffen von sog. dynamischen Übungen, die für die Bewegung, Aktivität und Dynamik sorgen (z.B. Lebende Mühle), Entspannungsübungen und Trainingsangeboten zur verbesserten Handlungsplanung (besonders veränderte verbale Selbstinstruktion) und zur Wahrnehmungsförderung. Die Umsetzung auf die besondere Klientel pubertärer Jugendlicher scheint insgesamt gut gelungen. Die Materalien findet man wie bei den Vorgängern in einem großformatigen Ringbuch, das genügend detaillierte Anweisungen und Beschreibungen enthält." Manfred Mickley, Praxis Kinderpsychologie und Kinderpsychiatrie

„Zusammenfassend kann gesagt werden: Das MKT-J ist alles andere als langweilig. Es unterscheidet sich völlig von anderen, vergleichbaren Trainingsverfahren (mit langweiligen, sinnlosen Testaufgaben) und hebt sich damit von diesen sehr deutlich positiv ab. Den Autoren kann nur zu solch einer Entwicklungsarbeit gratuliert werden." Armin Krenz

4., unveränderte Auflage, 240 S., farbige Abb., Groß-Format DIN A4, im Ordner, Alter: ab 12

ISBN 978-3-938187-58-6 | Bestell-Nr. 9386 | 40,00 Euro

639/10-21

Schleefstraße 14, D-44287 Dortmund
Telefon 0231 128008, Fax 0231 125640
E-Mail: info@verlag-modernes-lernen.de
Leseproben und Bestellen im Internet: www.verlag-modernes-lernen.de